Edition Paashaas Verlag

Autor: **Peter Winkel**
Originalausgabe: Mai 2018
Covermotive: Heinz Obermann, privat
Covergestaltung: Michael Frädrich
Printed: BoD GmbH, Norderstedt

www.verlag-epv.de

ISBN: 978-3-96174-022-2

Trotz sorgfältiger Recherche kann keine Garantie für Vollständigkeit und absoluter Korrektheit der Daten und Adressen übernommen werden.

Die Deutsche Nationalbibliothek verzeichnet diese Publikation in der Deutschen Nationalbibliografie; detaillierte bibliografische Daten sind im Internet über http://dnb.d-nb.de abrufbar.

Vom Korn zum Brot

Bäckereien in Mülheim früher und heute

FSC
www.fsc.org
MIX
Papier aus verantwortungsvollen Quellen
Paper from responsible sources
FSC® C105338

Inhaltverzeichnis

Vom Korn zum Brot

Die Entwicklung vom Getreide bis zu den heutigen Bäckereien begann vor Tausenden von Jahren. Die Menschen wurden sesshaft und ernährten sich nicht mehr nur von der Jagd. Sie domestizierten verschiedene Tierrassen und suchten Pflanzen aus, die sie zu ihrer Ernährung anbauten und züchteten. Die aus Gräsern weitergezüchteten Getreidesorten essbar zu machen, erforderte aus heutiger Sicht sehr viel Ausdauer. Der Verzehr dieser Getreidearten erfolgte zunächst hauptsächlich in Breiform, später auf erhitzten Steinen als gebackene Fladen. Gebacken wurde im Familien- oder Stammesbereich. Die Stämme wuchsen und wurden zu immer größeren Siedlungszusammenschlüssen, bis hin zu großen Städten – und so musste auch die Ernährung der Stadtbevölkerung sichergestellt werden.
Die ersten Bäckereien entstanden bei den alten Ägyptern zur Sicherstellung der Volksernährung. Die Backprozesse entwickelten sich weiter. Die vorher erhitzten Steine wurden ummauert, wodurch man die Wärme effektiver nutzen konnte. Zu einer Zeit, in der sich die keltischen und germanischen Bewohner Mitteleuropas noch mit Hafer- und Gerstenbrei ernährten, entstand im Mittelmeerraum der Beruf des Bäckers. Griechen und Römer experimentierten mit verschiedenen Zutaten wie Milch, Eiern, Trockenfrüchten, Ölen und anderen Fetten sowie Honig. Zum Süßen von Gebäck und Speisen gab es in Europa fast ausschließlich Honig sowie Rohrzucker aus dem asiatischen Raum. Diese Rohstoffe waren sehr kostbar und teuer. Später gab es Rohrzucker etwas günstiger von amerikanischen Plantagen. Etwa um1800 kam unser heutiger Rübenzucker auf den Markt, der vom deutschen Chemiker Franz Carl Achard aus der Zuckerrübe entwickelt wurde, um die wachsende Bevölkerung zu versorgen.
Zurück zu den Römern: Schon im alten Rom gab es Bäckereien, die manchen heutigen Brotfabriken in der Produktionsmenge nicht nachstanden. Brot war das wichtigste Nahrungsmittel. Es galt der Satz des römischen Dichters Juvenal "panem et circenses" – übersetzt: Brot und Spiele. Mit beiden Bedürfnissen war das Volk zu befriedigen und ruhigzustellen und somit ein Politikum.
Auf diese kulturelle Errungenschaft wollten die Römer bei ihren Eroberungen in Nord- und Mitteleuropa nicht verzichten, also wurden in allen größeren Niederlassungen, wie Garnisons- und Stadtgründungen, Bäckereien betrieben.
Wenn man sich unsere Region, das Rheinland – insbesondere den Niederrhein, also

die Nachbarschaft Mülheims – ansieht, erkennt man gut, welche Städte durch die Römer gegründet wurden. Xanten, Nimwegen, Neuss und vor allem Köln sind römische Gründungen und hatten bereits zur damaligen Zeit eine erhebliche Größe.
Köln hatte zur römischen Blütezeit um die 30 000 Einwohner, Xanten unter dem Feldherrn Varus um 9 nach Christus ca. 20 000 Bewohner. Für diese Bevölkerung musste natürlich Nahrung hergestellt werden, und so entstanden die ersten eigenständigen Bäcker und Bäckereien in unserer Nachbarschaft.
Nach dem Niedergang des römischen Reiches übernahmen die nachrückenden germanischen Stämme die römischen Einrichtungen. Auch die Karolinger bauten im frühen Mittelalter das Backgewerbe weiter aus. Die Römer und Mittelmeervölker bevorzugten Weizen, die Germanen kannten hauptsächlich Hirse, Roggen, Hafer und Gerste und verstanden es, aus diesen Rohstoffen Brot zu backen. Bei der Landbevölkerung wurde das Brot weiter von den Bäuerinnen und Hausfrauen hergestellt.
Im Mittelalter, Köln hatte schon über 40 000 Einwohner, entstanden in den Städten berufsspezifische Gruppierungen mit teilweise großem Einfluss, die Zünfte oder Innungen. In Mülheim kam die erste Bäckerzunft um 1740 auf.
Diese Zünfte vereinbarten Regeln und Ordnungswerke, welche die Mitglieder streng überwachte. Zum Beispiel war das Brotgewicht festgeschrieben, oder die Zeiten, wann jeder backen oder seine Backwaren verkaufen durfte. Mit dem Einzug Napoleons begann 1808 die Gewerbefreiheit und damit das Ende der Zünfte.
Bereits weit vorher war bei uns mit den Klostergründungen, in Werden im Jahr 798 oder dem Kloster Saarn im Jahr 1153, das Bäckerhandwerk als eigenständiger Beruf weiterentwickelt worden.
Die Klöster hatten ursprünglich eine autarke Versorgung. Sie haben sich aus eigenen Gärten versorgt gekocht, gebacken und gebraut. Das Backen und Brauen ist sehr eng miteinander verbunden, da sich beide Nahrungsmittel ähneln. Beide haben als Rohstoff Getreide, und es müssen Gärprozesse zur Herstellung dieser Nahrungsmittel in Gang gesetzt werden.

Wie auf dem Bild auf der nächsten Seite sahen Geschäfte, Bäckereien und Konditoreien bis Mitte des neunzehnten Jahrhunderts aus. Schaufenster zur Anpreisung der Waren gab es in Mülheim laut Andreas ten Brink erst nach 1860.
Nur auf dem Marktplatz wurde die Ware ausgestellt.
Im Jahre 1891 bekam auf dem Kirchenhügel der Kolonialwarenladen der Familie Auer die Erlaubnis von der Baupolizei, ein Schaufenster ins Fachwerk zu bauen.

Backwarenverkauf 1860

Bäckerei im Römischen Reich

Der Bäcker benötigte Bierhefe zur Lockerung des Brotes und holte diese beim Nachbarn, dem Brauer. Wenn der Bäcker beim Bier hängen blieb, was schon vorgekommen sein soll, gab es kein Brot. Ab dem späten Mittelalter entwickelten sich aus dem Bäckerberuf spezielle Berufe, wie der des Zuckerbäckers oder des Lebküchners, später kam der Konditor hinzu.
Die Bierhefe war qualitativ oft sehr unterschiedlich und so entwickelte man um 1850 in Wien die Reinzuchthefe zur Teiglockerung. Nun konnte man auch Weizengebäcke ohne Sauerteig herstellen, welches eine große Qualitätsverbesserung darstellte. Brauer und Bäcker trennten sich.

Ebenso nahm sich die Wissenschaft des Backgewerbes an.
Die Wissenschaftler Justus von Liebig und Louis Pasteur forschten und bewirkten viel in der Volksversorgung mit Nahrungsmitteln. Die Verbesserung der Haltbarkeit von Lebensmitteln, eine Verbesserung der Hygiene in der Produktion, weniger verdorbene Lebensmittel durch verbesserte Lagerung, die Erfindung des Backpulvers für feine Backwaren ... waren nur einige Fortschritte und Errungenschaften dieser Zeit. Lebensmittelvergiftungen kamen immer weniger vor.
Auch die Backofentechnik verbesserte sich. Aus den direkt beheizten Öfen entwickelten sich Öfen, welche von unterhalb der Backkammer oder seitlich davon be-

heizt wurden. Später wurde die Beheizung durch geschlossene Dampfrohre weiterentwickelt und man konnte nun auch Kohle verwenden. Es kam der so genannte „Königswinterofen“ – benannt nach den Ofensteinen aus Königswinter, welche besonders gut zum Backen geeignet waren. Die Öfen wurden von Firmen aus der nahen Umgebung gebaut, wie Zapp aus Hilden oder Mauermann aus Köln. Diese Öfen revolutionierten das Backen. Man konnte die Temperatur besser steuern und „Schwaden geben“, zur Verbesserung des Volumens. Auch die Teigherstellung wurde ab Mitte des 19. Jahrhunderts enorm verbessert.

Wo vorher die Teige vom Lehrling mit den Füßen getreten wurde, kamen nun Kessel mit einem anderen Antrieb. Zuerst wurden diese Trommeln, später Kessel, mit Göpelwerken über Transmissionen – angetrieben von Hunden, Pferden oder Menschen – in einem Laufrad bewegt. Später kamen Elektromotoren als Antrieb.

In Mülheim machte der Schmied und spätere Fabrikant Johann Wilhelm Kleinbrahm ab 1888 mit seinen patentierten Knetmaschinen auf sich aufmerksam. Seine Firma baute bis 1983 Bäckereimaschinen für Handwerk und Industrie, in fünf Generationen.

Bis ins späte Mittelalter war die Bevölkerungszahl in Mülheim relativ konstant geblieben, und die Bevölkerung konnte sich durch Landwirtschaft und Selbstversorgung, sowie durch den eigenen Garten oder Zukauf beim benachbarten Bauern, selbst versorgen. Auch im Dorf Mülheim, der größten Wohnansiedlung im Mülheimer Raum, backten die Bewohner ihr Brot selbst. Erst mit wachsender Bevölkerung gegen Ende des 17. Jahrhunderts entwickelten sich spezielle Berufe wie Bäcker und Metzger für den täglichen Grundbedarf.

Es gab schon 1858 Zeitungsanzeigen, welche z. B. für den Verkauf von Mainzer Brod, Bäcker oder Kleinhändler in Mülheim und Umgebung suchten, um ihre Spezialitäten an den Mann zu bringen.

Durch die Industrialisierung wuchs Mülheim an der Ruhr, und damit stieg auch die Zahl der Bäckereien und Konditoreien. 1929 gab es in Mülheim 117 Betriebe bei einer Einwohnerzahl von ca. 133 000. Ein Bäckereibetrieb konnte, grob gesehen, ca. 1000 Einwohner mit Brot und feinen Backwaren versorgen.

In den Jahren zwischen den Weltkriegen wurde von der Bäckerinnung der Bezug der Hefe preislich kontrolliert und in Eigenverwaltung beaufsichtigt. Alle Mitglieder zahlten einen Einheitspreis, welcher etwas höher lag als in den Nachbarstädten Essen und Duisburg. Dies resultierte aus größeren Mengenrabatten, den diese Innungen erzielten.

Ab Mitte der1980er Jahre ging die Zahl der selbst produzierenden Bäckereien dramatisch zurück. Einige Bäckereien und Konditoreien wuchsen und eröffneten Filialen, Betrieben, welche zum Teil über 100 Mitarbeiter in der Produktion haben. Die Backproduktionen dort sind Hightech-Betriebe, mit teilweise Fachhochschulingenieuren als Führungskräften. Parallel ging die Zahl der kleinen, einzelnen Bäckereien zurück.
In Mülheim gibt es 2015 noch 10 einheimische Bäckereien und Konditoreien, dazu mehrere Großbetriebe, die aus Nachbarstädten kommen und bis zu 200 und mehr Filialen haben, wie auch die über 100-jährige Bäckerei Horsthemke aus Oberhausen.
Damit die Pioniere der Mülheimer Bäcker- und Konditorenzunft nicht in Vergessenheit geraten und die Entwicklung vom 17ten. Jahrhundert bis heute dargestellt wird, habe ich diese Daten gesammelt.
Ich will damit meinen Hut ziehen vor den enormen Leistungen der Bäcker aus dem 17. – 20. Jahrhundert, die mit sehr einfachen Backöfen, kaum Maschinen und schlechten Rohstoffen gute Qualität zu produzierten.

Ein paar allgemeine Worte:

Bevölkerungsentwicklung

Im Jahre 1400 hatte Mülheim ca. 1200 Einwohner. 200 Jahre später waren es ca. 2000 und weitere 200 Jahre später ca. 5400. Im Jahr 1850 waren es dann ca. 11 000 EW und um 1900 ca. 38 000 EW. Es folgten die Einbürgerungen der Vororte und die Industrialisierung, sodass Mülheim im Jahre 1910 schon 113 000 Einwohner hatte. Nach dem 2. Weltkrieg ging es von ca. 130 000 bis zum Höchststand im Jahre 1972 auf 192 700 Einwohner.
Danach erfolgte ein Rückgang der Einwohnerzahl auf den heutigen Stand von ca. 160 000 Einwohnern. All diese Einwohner wollten und wollen natürlich von unseren heimischen Bäckern und Konditoren mit Brot, Gebäck, Feingebäck und süßen Köstlichkeiten versorgt werden. Wo früher Brot und Brötchen noch ein Grundnahrungsmittel und überlebensnotwendig war, herrscht heute Luxus und Überfluss.

Brötchen (k)ein Genuss?!?

Der heute meistgehörte Spruch eines Bäckers lautet: "Die Brötchen kann man nicht essen, die schmecken ja gar nicht." Den Schuh müssen sich die Bäcker selbst aber nur bedingt anziehen.

Bis nach dem zweiten Weltkrieg wurden einmal am Tag Brot und maximal zweimal am Tag Brötchen gebacken. Alle waren zufrieden. Dann in den sechziger Jahren wurden Backzutaten entwickelt, welche das Gashaltevermögen des Mehleiweißes enorm verbesserten. Alle wollten für kleines Geld große bis riesengroße Brötchen, bis man merkte, dass diese weniger gut schmeckten, denn Luft schmeckt eben nicht. Daraufhin wurden die Brötchen wieder etwas kleiner. Nun wurde bemängelt, dass der Bäcker am Teig spare, um sich eine goldene Nase zu verdienen.

In den siebziger Jahren fingen die Bäcker an, mehrmals am Tag Brötchen zu backen. Zum Ofen in der Backstube musste ein Ladenbackofen in den Verkaufsraum oder in die Filiale. Der Bäcker macht Riesenklimmzüge und betreibt einen sehr großen Aufwand, um die zu backenden Teiglinge zu seinen Backstationen zu liefern. Das gelingt auch recht gut. Die Verkäuferinnen sind angehalten, die Teiglinge rehbraun, 18 - 19 Minuten lang auszubacken.

Viele Kunden frieren ihre Brötchen aber zu Hause ein und backen sie später selber wieder auf. Dafür müssten diese Brötchen aber heller und kürzer gebacken sein. Der Kunde, welcher gut gebackene Brötchen möchte, bekommt diese Aufbackbrötchen, weil die Verkäuferin ja nicht drei oder vier verschiedene Helligkeitsgrade der Brötchen backen kann. Hinzu kommt noch die Verzehrzeit des Brötchens. In der Brötchenkruste entwickeln sich beim Backen Röst- und Aromastoffe. Je besser das Brötchen gebacken ist, umso mehr Aromastoffe sind in der Kruste. Die Kruste verliert beim Backen viel Feuchtigkeit und die verbackene Feuchtigkeit holt sich das Brötchen aus seiner Umgebung zurück.

Backstube und Verkauf um 1840

Je höher die Luftfeuchtigkeit der Gebäckumgebung ist, umso kürzer ist die genussvolle Verzehrzeit. Bei trockener bis normaler Luftfeuchtigkeit hat ein gutgebackenes Brötchen vier bis fünf Stunden, um den Feuchtigkeitsunterschied auszugleichen. Bei kaltem und oder regnerischem Wetter verkürzt sich diese Zeit aber extrem. Das Brötchen wird weich und zäh und verliert seine knackige Rösche, welche eine gute Brötchenkruste auszeichnet.
Die meisten Kunden möchten helle Brötchen zum Aufbacken, welche naturgemäß erst einmal nicht gut schmecken können.
Also: Entweder die Brötchen aufbacken oder hellbraune Brötchen kaufen. Dann kann man die Brötchen wieder mit Genuss essen!
Nebenbei bemerkt: Alle Bäcker, auch die Filialbäcker aus Mülheims Nachbarstädten, stellen ihre Teiglinge selber her. Dieses Geschäft würde kein Bäcker und Konditor abgeben.

Polizei - Verordnung, von 1860 in der Rhein Ruhr Zeitung:

Auf Grund der §§ 5 und 6 des Gesetzes über die Polizeiverordnung vom 11. März 1850
des § 90 der Gewerbeordnung vom Jan. 1845 und des § 72 der Geweberordnung vom 9. Feb. 1849, betreffend, die Errichtung von Gewerberäthen und verschiedener Abänderungen der Gewerbeordnung vom Jan. 1845 wird für die Stadt Mülheim folgende Polizeivorschrift erlassen:
§ 1
Die bisher bestandene Brodtaxe, so wie die Polizeiverordnung über die Preise und das Gewicht der verschiedenen Weißbrod- Bäckerwaaren vom 11. Dez. 1846 wird aufgehoben.
§ 2
Jeder Bäcker und Verkäufer von Backwaaren ist verpflichtet, den Preis und das Gewicht des ungebeutelten Schwarz- oder Roggenbrodes und des Weißbrodes zur Kenntniß des Publikums zu bringen.
§ 3
Zu dem Zweck hat jeder Bäcker, resp. Verkäufer von Backwaaren die mit dem deutlichen, mindestens 1/2 Zoll hohen Buchstaben gedruckte Preisangaben des Roggen oder Schwarzbrodes, sowie des Weißbrodes zum ersten Mal am 14. Feb. C.

(esr. § 9) und später jedesmal bei einer beabsichtigten Aenderung der Preise, auf dem Büreau der hiesigen Polizei Verwaltung in zwei Exemplaren vorzulegen, wonächst ihm das eine mit dem polizeilichen Stempel versehene Exemplar zurückgegeben wird.

§ 4

Das auf diese Art gestempelte Exemplar der Preisangabe, Selbsttaxe, ist in dem Verkaufslokal an einer den Käufern bequemen sichtbaren Stelle auszuhängen, auch so anzubringen, daß solche auch von der Straße aus gelesen werden kann und darf dieses Exemplar für die Dauer der Gültigkeit nicht von dort entfernt werden.

§ 5

Die einmal aufgestellte Selbsttaxe darf nicht verändert werden, solange nicht eine neue gestempelte Taxe an deren Stelle getreten ist. Für das Gewicht, sowie für den Preis des Brodes ist die aushängende Taxe maßgebend, auch darf kein Brod ein geringeres Gewicht oder geringeren Preis, als darin angegeben, haben. Es ist deshalb auch nicht gestattet, für den in der Taxe bestimmten Preis ein Brod unter dem taxmäßigen Gewicht mit einer sogenannten Zugabe zu verkaufen.

§ 6

Die Taxe bezieht sich auf das ungebeutelte Schwarz- und Roggenbrod, pr. Zu 11 Pfund resp. 5 1/2 Pfund Zollgewicht, und darf nur reines Roggenbrod zum Verkauf kommen, hinsichtlich des Weißbrodes ist das Gewicht eines

2 Pfennig Brödchens
4 Pfennig Brödchens
2 Pfennig Reihen-Weißbrodes o. Weckes
4 Pfennig Reihen-Weißbrodes o. Weckes
einer 8 Pfennig Micke und
1 Sgr. in Zollgewicht anzugeben

§ 7

Die Selbsttaxe der Bäcker wird von Zeit zu Zeit durch die öffentlichen Blätter zur Kenntnis des Publikums gebracht.

§ 8

Überschreitungen von den Bäckern und Verkäufern selbst aufgestellten Taxe, werden nach § 186 der Gewerbeordnung vom 17. Jan. 1845 mit einer Geldbuße bis zu fünfzig Thalern oder verhältnismäßigen Gefängnisstrafe, Übertretungen der gegen-

wärtigen Verordnung aber mit einer Geldstrafe von 1 bis 3 Thalern oder im Unvermögensfalle mit verhältnismäßigen Gefängnisstrafe geahndet.

§9

Gegenwärtige Verordnung tritt mit dem 15. Feb. C. in Kraft.

Mülheim an der Ruhr den 26, Jan. 1860

Der Polizeicommissar

v. Jüchen

März 1860, RR Zeitung

Die neue Brodtaxe war bei der Bevölkerung umstritten, zumal in Stadt und Landgemeinde unterschiedliche Preise, vor allem von Kaltbäckern erhoben wurden.

Statt jeder besonderen Anzeige!

Allen Freunden, Verwanden, Bekannten und Leidensgenossen geben wir hiermit die tieftraurige Nachricht bekannt, dass unser innigstgeliebtes letztes

Brot

im Alter von 5 Tagen, wohlverschmiert mit Marmelade aus der Fabrik Kohl und Steckrübe, sanft und szhmerzlos in unseren Magen eingegangen ist.

Wegen seiner hungerstillenden Güte war es der Trost unserer ganzen Famielie, all, die von ihm gekostet haben, werden ihm ein treues Andenken bewahren.

Alle diejenigen, die von gleichem Schicksal betroffen wurden, werden sich erklären können, daß sein Heimgang für uns ein schwerer Verlust bedeutet. Von Kondolenzbesuchen bitten wir abzusehen. Statt dessen wären uns einige Brot-, Butter-, Speck- und Eiermarken sehr erwünscht.

Im Namen der tieftrauernden Hinterbliebenen

Peter Kohldampf
Erna Fettlos, geb. Ohnemilch
Paul Hungerdarm

Flugblatt aus dem Jahr 1919 von A. ten Brink

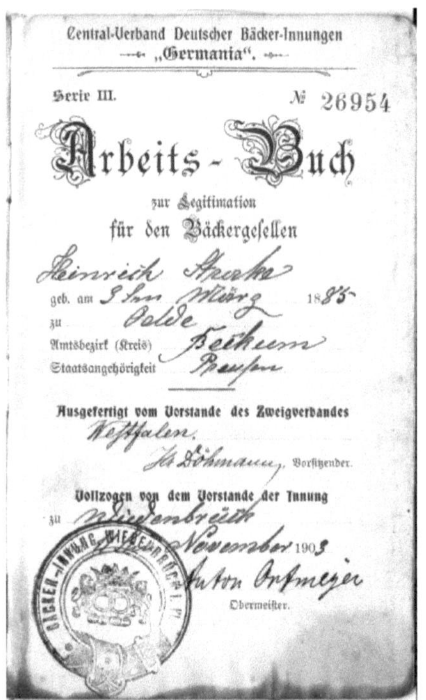

Central-Verband Deutscher Bäcker-Innungen
„Germania".

Serie III. № 26954

Arbeits-Buch

zur Legitimation
für den Bäckergesellen

geb. am ... 18..
zu ...
Amtsbezirk (Kreis) ...
Staatsangehörigkeit ...

Ausgefertigt vom Vorstande des Zweigverbandes

..., Vorsitzender.

Vollzogen von dem Vorstande der Innung

zu ...
... 190..

Obermeister.

Arbeitsbuch H. Strake, 1903

Einführung:

Um den Umgang mit dieser Sammlung der Bäcker und Konditoren zu vereinfachen und meinen Aufbau zu erklären, hier eine kleine Handhabung. Angefangen hat alles mit dem Adressbuch von 1958, welches mein Eigentum ist. Alle Bäckereien und Konditoreien sind nach Stadtteilen gegliedert.

In der ersten Spalte stehen, gelegentlich die Jahreszahlen, in welcher diese Bäckerei im Adressbuch genannt wurde, oder ein Ereignis, welches in einer Akte des Archivs, in einem Buch zur Stadtgeschichte und weiteren Unterlagen oder durch Zeitungsartikel und Zeitzeugen bekundet wurde.

In der zweiten Spalte stehen, wenn gefunden, die Geburtsdaten der Personen, welche in der Spalte drei aufgeführt sind. Hausnummern wurden ab 1806 durch Napoleon eingeführt.

Straße mit Hausnummer, also der Standort, ist, wenn zweckmäßig, aufgeführt.

Manchmal wechselte der Standort und manchmal wechselt auch der Straßenname und/ oder die Hausnummer, welches mit der Vergebung neuer Straßennamen nach der Eingemeindung um 1900 oder der Stadterweiterung durch das Wachstum der Stadt nach dem zweiten Weltkrieg zu tun hat. Auch zogen Betriebe schon mal in einen neuen Standort oder sie übernahmen den Betrieb eines Kollegen.

Ich habe versucht, alle Bäcker und Konditoreibetriebe seit dem 18. Jahrhundert bis heute, welche jemals in Mülheim gegründet wurden oder heute noch bestehen, über diese Daten zu sammeln.

In der „Blütezeit“ der Stadt, als auch die größte Einwohnerzahl vorhanden war, lag die Zahl der Bäckereien und Konditoreien bei ca. 170.

Um 1800 gab es etwa. 45 Bäcker und Konditoren. Heute sind leider nur noch zehn Betriebe übriggeblieben. Bei meiner umfangreichen Recherche der Vergangenheit in Dateien und Archiven kamen natürlich auch Lücken in der Datensuche vor. Eine solche Sammlung ist nie ganz fertig oder vollständig. Ich würde mich freuen, wenn Sie mir, falls Sie Datenlücken aufspüren, Berichtigung und somit eine Ergänzung der Sammlung ermöglichen.

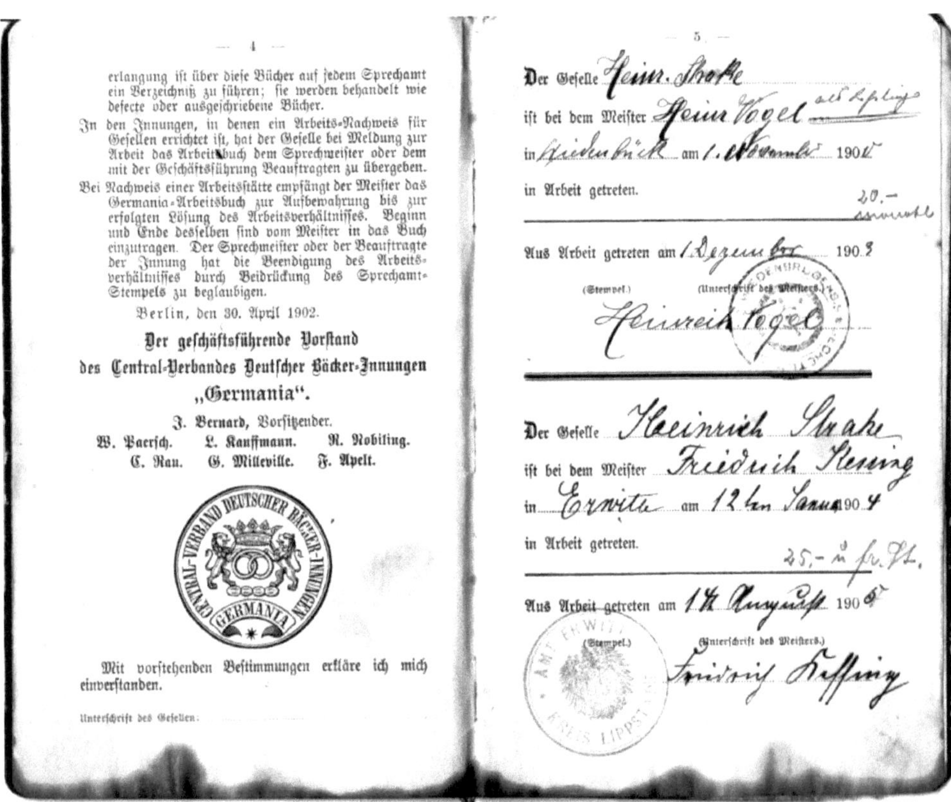

— 4 —

erlangung ist über diese Bücher auf jedem Sprechamt ein Verzeichniß zu führen; sie werden behandelt wie defecte oder ausgeschriebene Bücher.

In den Innungen, in denen ein Arbeits-Nachweis für Gesellen errichtet ist, hat der Geselle bei Meldung zur Arbeit das Arbeitsbuch dem Sprechmeister oder dem mit der Geschäftsführung Beauftragten zu übergeben.

Bei Nachweis einer Arbeitsstätte empfängt der Meister das Germania-Arbeitsbuch zur Aufbewahrung bis zur erfolgten Lösung des Arbeitsverhältnisses. Beginn und Ende desselben sind vom Meister in das Buch einzutragen. Der Sprechmeister oder der Beauftragte der Innung hat die Beendigung des Arbeitsverhältnisses durch Beidrückung des Sprechamt-Stempels zu beglaubigen.

Berlin, den 30. April 1902.

Der geschäftsführende Vorstand des Central-Verbandes Deutscher Bäcker-Innungen „Germania".

J. Bernard, Vorsitzender.

W. Paersch. **L. Kauffmann.** **R. Nobiling.**
C. Rau. **G. Milleville.** **F. Apelt.**

Mit vorstehenden Bestimmungen erkläre ich mich einverstanden.

Unterschrift des Gesellen:

— 5 —

Der Geselle Heinr. Strake
ist bei dem Meister Heinr Vogel [illegible]
in [illegible] am 1. November 190[illegible]
in Arbeit getreten. 20.– [illegible]

Aus Arbeit getreten am 1 Dezember 190[illegible]

(Stempel.) (Unterschrift des Meisters.)

Heinrich Vogel

Der Geselle Heinrich Strake
ist bei dem Meister Friedrich [illegible]
in Erwitte am 12ten Januar 1904
in Arbeit getreten. 25.– [illegible]

Aus Arbeit getreten am 1ten August 190[illegible]

(Stempel.) (Unterschrift des Meisters.)

Friedrich [illegible]

Arbeitsbuch von meinem Opa, Bäckermeister Heinrich Strake

Bäckereien in Mülheim

Konditorei Sander, Kohlenkamp:

geb. 1714	Sander, Jörgen	verst. 1790
geb. 1760	Sander, Dietrich	verst. 1837
geb. 1802	Sander, Hermann	verst. 1863
geb. 1841	Sander, August	verst. 1885
geb. 1872	Sander, August jun.	
geb. 1881	Sander, Gustav	verst. 1950
geb. 1914	Sander, Gustav jun.	gef. 1941
geb. 1921	Großenbeck, Friedhelm	verst. 2014
geb. 1959	Großenbeck, Friedhelm jun.	

Das Jahr 1760 am Kohlenkamp 10

Im 18. Jahrhundert entwickelte sich aus der Zuckerbäckerei die Konditorenkunst.
In diese Zeit fällt die Gründung des Unternehmens Sander. Allerdings war Georg, genannt Jörgen, Sander, * 22.05.1714, verst. 02.05.1790 zunächst nur Bäcker. 1791 verstarb auch seine Frau, Anna Catharina geb. Heckmann.
Zu jener Zeit verkaufte Sander, neben einigen traditionellen Brotsorten und einer „handvoll trockener Mehlbackwaren“ in der Anfangszeit bereits Pfefferkuchen und Zuckerwaren. Zudem konnten Mülheimer Familien ihren selbst hergestellten Teig backen lassen, wie es in jener Zeit üblich war.
Inzwischen arbeitete Sohn Dietrich, *09.07.1760, verst. 9.02.1837 mit im Betrieb. Im Gründungsjahr der Bäckerei geboren, hatte er das Bäckerhandwerk von seinem Vater gelernt. In den 1780er Jahren überschrieb ihm Georg Sander das Geschäft. Süßes, feines Backwerk kam immer mehr in Mode. Dietrich Sander erkannte die Zeichen der Zeit. Er kreierte ein Schokoladentörtchen, das begeisterten Absatz fand. Die Bäckerei florierte, Sander beschäftigte einen Gesellen und einen Lehrling.
Auch seine1764 geborene Ehefrau Catharina Bergfried arbeitete mit im Geschäft. Ihr gemeinsamer Sohn Hermann, *08.02.1802, verst. 22.10.1863 wurde ebenfalls Bäcker. Hermann überflügelte mit seinem Angebot die anderen Bäckereien. Er backte das durch die Franzosen in Mode gekommene Weißbrot und Kuchen. Zu seinem Sortiment gehörten englischer Kuchen, Königskuchen, Mandelkuchen und der in dieser Gegend so beliebte Sandkuchen.

Verheiratet war Hermann mit der 1805 geborenen Marie Gertraud Bever (verst.1870). In der Biedermeierzeit nahm Sander auch die Produktion von Bonbons auf. Als erster in Mülheim stellte Sander „Fondants", kandierte oder mit Zucker überzogenen Früchte, her.
Erst die vierte Unternehmergeneration der Familie Sander nannte sich ausschließlich „Konditor" und grenzte sich damit vom bodenständigeren Bäckereihandwerk ab. August Sander, 04.11.1841 - 09.01.1885, Sohn von Hermann, wurde Konditormeister und stellte die Bäckerwaren ein. Er fertigte nur noch feines Backwerk und Konditorware. Der Bruder Wilhelm Sander, 1839 geb. eröffnete am Notweg nach seiner Lehr- und Wanderzeit eine Konditorei.
Feinere Kundschaft traf sich im Café Sander und wurde dort dienstfertig bedient. Als August Sander 1885 starb, war seine Frau Marie 42 Jahre alt und hatte 5 Kinder. Die Witwe Sander, 1843 geboren, stammte aus der Bäckereifamilie Halfmann und führte das Unternehmen allein weiter. Sie stellte einen Konditormeister ein, erweiterte den Verkaufsraum und renovierte das Café. Als Chefin lenkte sie erfolgreich die Geschicke der Firma. Im Jahre 1895 ließ sie das alte Stammhaus, ein Fachwerkhaus, abreißen und an gleicher Stelle einen prächtigen Neubau im neobarocken Stil mit zwei flügelschlagenden Adlern errichten.
Dieser Firmensitz war ein Eckhaus mit Kuppeldach in bester Geschäftslage Mülheims. 1910 übernahm Gustav Sander, 01.07.1881 - 25.06.1950 das Unternehmen und hat es maßgeblich weiterentwickelt und geprägt.
Tragisch für die Familie Sander war der Tod der Söhne Gustav und Helmut, die beide das Konditorenhandwerk erlernt hatten. Beide fielen im zweiten Weltkrieg. 1950 starb Gustav Sander, seine Frau Ermine, geborene Tübben, 1894 geboren, führte den Betrieb 13 Jahre – tatkräftig unterstützt von ihren vier Töchtern – weiter.
Den 2. Weltkrieg überstand das Sandersche Haus bis auf einige Bombenschäden, die neue Planung der Mülheimer Innenstadt nicht. Das herrliche Gebäude samt Café wurde zur „verkehrsmäßigen Aufschließung der Innenstadt" abgerissen. Ein neues Gebäude wurde an anderer Stelle errichtet. Das neue Café bot rund 200 Gästen Platz. Ermine Sander richtete es zeitgemäß ein. Die Tochter Marie, geboren 12.08.1921 heiratete 1949 mit Friedrich Großenbeck, geboren 07.05.1921, ebenfalls einen Konditor. Friedrich war 1948 aus russischer Kriegsgefangenschaft zurückgekehrt und hatte Arbeit bei Gustav Sander gefunden.
Als Gustav 1950 starb, machte Fritz seine Meisterprüfung in Wolfenbüttel, um seinen Schwiegervater ersetzen zu können.

1963 übernahm Fritz als Schwiegersohn das Stadtcafé Sander. Das Café konnte im Familienbesitz weitergeführt werden.
Alle drei Kinder von Friedrich und Marie Großenbeck – Ursula, geb. 31.07.1950, Monika, geb. 14.05.1954 und Friedhelm, geb. 27.12.1959 blieben der Branche der Familie treu:
Friedhelm und Ursula machten die Ausbildung zum Konditor, Monika zur Konditorei-Fachverkäuferin. Friedhelm Großenbeck setzt als Geschäftsführer und Konditormeister die Tradition des Unternehmens fort. Seine Frau Anke, geborene Holthaus *10.03.1965 arbeitet wie alle Sander Frauen mit großem Engagement im Betrieb mit. Sie besitzt große Sachkenntnis. Sie absolvierte ihre Ausbildung zur Konditorin bei Sander. Wie es Sander-Tradition entspricht, ist heute ihr Platz hinter dem Verkaufstresen, wobei sie auch immer noch gerne in der Backstube mithilft.
Anke und Friedhelm haben zwei Kinder, Martin *24.2.1989 und Anja, *1.8.1991.

Mit freundlicher Unterstützung von Frau Dr. Barbara Kaufhold.

1760–1985

225 Jahre

Konditorei

Stadtcafé Sander

Qualität die man schmeckt

Bäckerei Scholl Eppinghofer Str. 3:

geb. 1726	Scholl, Gerhard	
	Scholl, Matthias	
geb. 1763	Scholl, Gerhard	
geb. 1801	Scholl, Wilhelm	
geb. 1804	Scholl, Hermann	
geb. 1837	Scholl, Gerhard	verst. 1912
geb. 1867	Scholl, Hermann Heinrich	
geb. 1905	Scholl, Erich	

Der Name Scholl war in Mülheim sehr verbreitet und Gerhard Scholl geb. 1726 hatte im heutigen Forumbereich umfangreichen Grundbesitz. Gerhard Scholl war Bierbrauer, lt. B. Brinkmann, Brauereien in Mülheim, und wohl auch Bäcker. Zunächst unter der Hausnummer 262, später auch Eppinghofer Str. 3.
Sein Sohn Matthias setzte diese Tätigkeiten fort, verstarb aber kinderlos und vererbte seinen Besitz an seinen Neffen Gerhard, der das Erbe aber mit der Verwandtschaft und der Kirchengemeinde teilen musste.
Ab 1872 ist im Adressbuch von Gerhard Scholl (geb. 1837, verst. 1912) als „Bäckermeister“ die Rede.
So manch später selbstständiger Bäckermeister, wie Lorenz Rasche oder Heinz Loos, machten in der Bäckerei Scholl ihre ersten Berührungen, sprich Ausbildung, mit dem Bäckerhandwerk.
Gerhard Scholl war in der Bäckerinnung sehr aktiv und wurde 1907 zum Ehrenmitglied ernannt. Auf Gerhard Scholl folgte Bäckermeister Heinrich Scholl, geb. 1867 und auf Heinrich kam Sohn Erich Scholl, geb. 1905. 1957 war die Bäckerei und Konditorei Erich Scholl trotz sehr großer Zerstörung im Krieg noch an der Eppinghofer Str. 3. Das Gebiet war stark von Bomben getroffen worden.
1971 wurde das Areal abgerissen und gegenüber das heutige Einkaufszentrum „Forum“ errichtet. Für eine Konditorei mit einer Backstube war dort kein Platz mehr.Im heutigen Forum sind der heimische Bäcker Hemmerle und der Oberhausener Bäcker Horsthemke, der Wattenscheider Biobäcker Backbord, sowie einige Billigbäcker mit Verkaufsstellen vertreten.

Bäckerei Hens, Teinerstr. 15+17+21:

1834		Kriens, Wilhelm
1787		Halfmann, Johann
1850		Halfmann, Wilhelm
1859		von Delft, Hermann
1862	geb. 1839	Brand, Heinrich
1905	geb. 1876	Brand, Fritz sen.
		Hens, Hermann
1875	geb. 1856	Hens, Richard
1912	geg. 1883	Hens, Hugo
1927	geb. 1879	Hens, Emil sen.
1937	geb. 1906	Hens, Emil jun.
1938	geb. 1912	Hens, Wilhelm
1940	geb. 1919	Hens, Hans Hugo
1948	geb. 1929	Hens, Wolfgang
1971		Hens, Emil u. Änne

Mitarbeiter der Bäckerei Hens, ca. 1920

1862 steht im Adressbuch Heinrich Brandt, geb. 1839, mit einer Bäckerei an der Teinerstraße 17. Das ist die Wiege und das Gründungsjahr der späteren Konditorei Brandt an der Leineweberstr. 1887 wird von einem Konditor Hermann Hens berichtet, zuerst in Saarn, dann in Speldorf und Broich wohnhaft.

Folgende Geschichte ist im Stadtarchiv aktenkundig:
Am 15.2.1887 wird Hermann Hens angezeigt, mit der geschiedenen Frau Schlieper in Speldorf eine Wohnung mit Schlafzimmer zu bewohnen. Zeugen sind vorhanden. Um sich einer Strafe zu entziehen, haben sich beide, von Amtswegen als arm und pfandlos bezeichnet nach Burg an der Wupper, der Heimat von H. Hens, abgemeldet. Am 13.3.1887 kommt H. Hens zurück und beteuert, dass er seine Braut nur bei Tage bei sich hatte, und er für sie bei Nachbarn für die Nacht eine Bleibe hatte.

Hermann Hens hatte 1908 an der Bachstr. 46 eine Konditorei, welche 1911 abgerissen wurde. Das Haus Teinerstr. 3 kaufte 1903 Richard Hens, riss es ab und baute ein modernes Wohnhaus dort. Richard Hens, 1856 - 1952, war in erster Ehe mit Gertrud Beekes, geboren 1852, aus Saarn, verheiratet. Sie hatten acht Kinder, drei sind früh verstorben.
1885 kaufte Richard Hens das Haus Teinerstr. 15 für 16500,- Reichsmark von dem Konditor August Schackert, welcher das Anwesen 1873 für 4500,- Taler erworben hatte. (Das berichtet A. ten Brink in seinem Buch über den Kirchenhügel).
1863 hat ein August Schackert aus Burg an der Wupper am Kohlenkamp 1 eine Burger Brezel Bäckerei und empfahl sich in einer Zeitungsanzeige auch andere Mürbbackwaaren.
Folgende Geburtsjahre der Söhne Richards sind bekannt:
Johann Wilhelm geb. 1878, Emil geb. 1879, Otto, geb. 1889, Ewald geb.1891, verstorben 1892 und zwei Töchter.
Emil Hens, geb. 1879 war der Vater von Emil Hens jun., geb. 1906. Emil Hens jun. machte von 1923 bis 1926 eine Bäckerlehre beim Vater und schloss sie mit „sehr gut“ ab.
Als ursprüngliche Burger Bürger haben die Hens'es natürlich zuerst hauptsächlich Burger Brezel hergestellt. Sie spezialisierten sich auf Zwieback und sogenannte „Schwanenhälse“, welche auch an andere Bäcker geliefert wurden.
Als einer der letzten in der Hens-Dynastie machte Wolfgang Hens bei Hugo Hens seine Bäckerausbildung bis zur Gesellenprüfung 1948.
1971 schloss die Bäckerei und Keksfabrik Hens an der Teinerstraße für immer ihre Pforten. Emil und Änne Hens setzten sich zur Ruhe.

Conditorei H. Hens, Bachstr. Ca. 1908

Knetmachinen bei Hens

Café August Sander:

geb. 1872 Sander, August
Sander, August jun.
geb. 1942 Sander, Karin

August Sander, 1872 geboren, führt erst ab 1900 den elterlichen Betrieb am Kohlenkamp, ehe er sich 1910 an der Lessingstr. 3 und später am Werdener Weg 48 selbständig machte und sich vom Elternhaus trennte. Das elterliche Café am Kohlenkamp übergab er seinem Bruder Gustav. Bis 1964 steht der Betrieb am Werdener Weg 48 als Konditorei – Café in den Adressbüchern.

Bäckerei - Conditorei Eppinghofer Str. 24:

Küpper, Eduard
geb. 1871 Herzbruch, August
Herzbruch, Heinrich
Hühnermann, Johann Georg
geb. 1878 Hühnermann, Wilhelm
geb. 1907 Hühnermann, Wilhelm Hugo

Im Adressbuch von 1872 wird an der Eppinghofer Str. 24 ein Eduard Küpper als Konditor genannt. Schon 1858 suchte er per Zeitungsinserat einen fleißigen Konditorgesellen. 1900 steht der 1871 geborene August Herzbruch im Adressbuch und im Mitgliedsverzeichnis der Bäcker- und Konditoreninnung. Sein Sohn Heinrich konnte die Nachfolge in der Konditorei nicht antreten. Er fiel 1917 im 1. Weltkrieg.
Johann Georg Hühnermann war in Herzburg Konditor. Es zog ihn nach Mülheim, wo 1878 Sohn Wilhelm Hühnermann geboren wurde. Wilhelm Hühnermann heiratete 1905, zwei Jahre später, 1907, wurde Sohn Wilhelm Hugo geboren. 1920 übernahm Wilhelm Hühnermann als Nachfolger den verwaisten Betrieb von August Herzbruch an der Eppinghofer Str. 24. Konditormeister Wilhelm Hühnermann verstarb 1934. Mit der Geburt von Wilhelm Hugo Hühnermann war jedoch die Nachfolge gesichert. In den Jahren 1922 bis 1925 hatte der Junior seine Konditorenausbildung bei H. Lohscheidt am Notweg absolviert. 1935 legte er seine Meisterprüfung ab. Im selben Jahr heiratete er Anna Dreidoppel, 1912 geboren. Die letzte Eintragung über die Konditorei Hühnermann stammt aus dem Adressbuch 1957.

Bäckerei Blumenkamp, Köhler:

	Blumenkamp, Wilhelm sen	
geb. 1854	Blumenkamp, Wilhelm	verst. 1873
	Häuser, Friedrich	
geb. 1890	Blumenkamp, Johannes Wilhelm	
geb. 1892	Blumenkamp, Johannes	
	Köhler, August	

1830 wurde Wilhelm Blumenkamp an der Jackenstr. als Bäckermeister, verheiratet mit Anna Häuser, erwähnt. 1854 wird Sohn Wilhelm, der später nicht Bäcker, sondern Mälzer wurde, geboren und 1863 Sohn Friedrich Heinrich. 1891 heiratet Johannes Wilhelm die 1861 geborene Maria Enk.
1890 kommt Sohn Johannes Wilhelm zur Welt. 1892 folgt Bruder Johannes.
Friedrich Heinrich und seine Söhne hatten eine Bäckerei an der Jackenstr. 1, später die Nr. 3 unter dem veränderten Straßennamen Kettenbrückstr. 3 und ab 1927 Schloßstr. 3. Das Geschäft lag an der Ecke Riekenhaus/Kaufhof.

Die Jackenstr. war ein Verbindungsweg zwischen dem Notweg und dem Kohlenkamp und lag zwischen der heutigen Wallstraße und Schloßstraße. Die Schloßstraße gab es an dieser Stelle nicht. Erst nach der Fertigstellung der Kettenbrücke, 1844, führte von der Kettenbrücke bis zum Kohlenkamp die Kettenbrückstraße.
Erst 1930 wurde die Schloßstraße oder Kettenbrückstr. bis zur Eppinghofer Straße ausgebaut. 1862 suchte August Köhler per Anzeige einen Bäckerlehrling.
Ein Bruder von Anna Blumenkamp, Friedrich Häuser, war 1857 in Wesel des Gattinnenmordes angeklagt. Er soll seine Frau mit Phosphor vergiftet haben. Er wurde aber freigesprochen und es zog ihn nach Mülheim. Dort übernahm er die Bäckerei Jackenstr. 3, welche später von seinem Schwager Wilhelm Blumenkamp weitergeführt wurde.

Bäckerei - Konditorei Rossenbeck:

	Rossenbeck, Otto sen.
geb. 1872	Rossenbeck, Gerhard
geb. 1901	Rossenbeck, Otto jun.

Erstmals urkundlich erwähnt wurde der Bäcker Otto Rosenbeck 1842, als er wegen Ungenauigkeiten beim Brotgewicht der Obrigkeit auffiel. Ab 1900 wird ein Gerhard Rosenbeck als Eigentümer des Anwesens Kettenbrückstr.16 genannt. Dieser Gerhard Rosenbeck, 1872 geboren übernimmt 1906 die Geschäfte, also die Bäckerei und Konditorei von Ludwig Speckmann, Obermeister der Bäcker und Konditoreninnung, welcher vorher an der Kettenbrückstr. 16 sein Geschäft hatte und sich nun zur Ruhe setzte.
1929 stieg der 1901 geborene, jetzt Rossenbeck geschrieben, Sohn Otto ins Geschäft ein. Nach dem Abriss der Kettenbrücke und dem Neubau der Steinernen Schlossbrücke 1910 hieß die Kettenbrückstr. 16 nun Schloßstr. 20.
Nach dem Ende der zwanziger Jahre, als die Schloßstraße über den Kohlenkamp hinaus weitergeführt wurde, lag die Bäckerei Konditorei Rossenbeck an der Schloßstr. 60, im Krieg auch Schloßstr. 75. Ab 1957 wurde aus dem gleichen Haus dann die Leineweberstr. 10. Dieses Haus befand sich an der Ecke zur Ruhrstraße, wo auch die Buchhandlung Röder beheimatet war. Der Bäckermeister Otto Rossenbeck heiratete 1929 Martha Lisette Monning, geboren 1904, die Tochter des Bäckermeisters

Wilhelm Monning aus Styrum. 1965 verkauft Otto Rossenbeck seine Backwaren an der Bachstr. 7 - 9.
Nach 1970 findet sich kein Eintrag mehr im Adressbuch.

Bäckerei Faßbender:

1842		Fassbender, Heinrich
1859		Fassbender, Wilhelm
1887		Fassbender, Robert F.
1894		Fassbender, Robert Wwe.
1900		vom Berge, Wilhelm
1920	geb. 1884	Fassbender, Artur
1957	geb. 1920	Fassbender, Karl Ulrich

Bereits 1872 wird ein Wilhelm Fassbender an der Bachstr. 21 als Wirt und Bäcker geführt, 1872 ein Robert F. Fassbender am Dickswall. Robert war auch bei den ersten Versammlungen der 1885 gegründeten Bäckerinnung dabei. 1879 meldete Robert F. Fassbender seiner Feuerversicherung einen Brandschaden in seiner Bäckerei. 1917 feierte Wilhelm vom Berge am Dickswall 69 sein 25-jähriges Bäckermeisterjubiläum. 1920 wurde Karl Ulrich Fassbender, der letzte Spross der Bäckerdynastie geboren. Er erlernte das Bäckerhandwerk von 1934 bis 1937 bei Ernst Altenrath in Broich an der Prinzess Luise Str. Nach dem zweiten Weltkrieg und der politischen Prüfung führte U. Fassbender die Bäckerei Fassbender wieder auf Hochtouren.
In den fünfziger und sechziger Jahren hatte er schon mehrere Filialen, unter anderem an der Kaiserstr. und am Kohlenkamp neben dem Café Sander, ab 1958 befindet sich dort das Miederwarengeschäft Herta Oehler.
Die Produktion an der Dümptener Str. 64 wurde zeitweise bis zur Schließung von dem ehemals selbstständigen Bäckermeister Friedhelm Westermann geleitet. Nach der Schließung arbeitete F. Westermann bei der Bäckerei Wälken's Bäckereien.

Teinerstr. 14 Teiner Hof vormals Bäckerei Fleckner:

	Fleckner, Heinrich
geb. 1819	Fleckner, Karl Wilhelm
geb. 1825	Fleckner, Heinrich Ludwig

Langmann, Heinrich
Hüls, August

Über die Bewohner des Hauses Teinerstr. 14 hat Andreas ten Brink in seinem Buch ausführlich berichtet. Hier sei die Zeit, in der dort Bäckermeister residierten, erwähnt. 1822 wird der Wirt und Bäcker Heinrich Fleckner dort genannt. Sohn Karl Wilhelm kommt 1819 zur Welt und 1825 kommt Heinrich Ludwig zur Verstärkung dazu. 1849 verstarben beide Söhne und das Haus mit Gaststätte und Bäckerei erwarb Heinrich Langmann für 300 Taler. Er war der letzte Bäcker im Hause Teinerstr. 14. 1875 übernahm August Hüls den Laden als Wirtschaft und Fischgeschäft. Heute ist dort die Gaststätte Teiner Hof beheimatet.

Bäckerei - Konditorei Oehler:

Konditorei und Café
OEHLER Inhaber H. L. Enaux
Eppinghofer Str. 25. 4330 Mülheim. Tel. (02 08) 47 32 00
Das gemütliche Familiencafé im Herzen der Stadt
Für Diabetiker halten wir ein großes Sortiment an Köstlichkeiten bereit.

geb. 1779 Oehler, Johann Georg
geb. 1821 Oehler, Friedrich
geb. 1849 Oehler, Gustav, Sohn
geb. 1857 Oehler, Fried. jun.
geb. 1890 Oehler, Ernst
geb. 1900 Oehler, Ernst
geb. 1907 Oehler, Wilhelm verst. 1972
geb. 1911 Oehler, Heinrich
geb. 1938? Oehler, Hermann
geb. 1934 Enaux, Hans Leo verst. 2015

1820 wird ein Johann Georg Oehler im Buch von B. Brinkmann über Brauereien in Mülheim als Bäckermeister zu Eppinghofen 66 b erwähnt. Unter dieser Hausnummer, Eppinghofen 66 b wurde 1821 Friedrich Oehler, der spätere Bäckermeister geboren und bei der Volkszählung 1861 genannt. Seine Ehefrau war Bertha Fischer, 1834 geboren. 1842 bekam Johann Oehler vom Polizisten Neumann eine Beanstandung wegen Verstoßes gegen das Brotgewicht, also der Brottaxe. Mal lag es an der Waage, mal am Wiegebalken, mal am Ofenausbackgewicht, aber nie am Bäcker. Ab 1870 war F. Oehler am Muhrenkamp 5 ansässig.
1871 verkauften die Erben von Johann Oehler Grundstücke in Nähe der FW-Hütte.

1849 wurde Sohn Gustav, 1857 Sohn Friedrich und 1860 Sohn Johann geboren. Die Nachfolge war gerettet. 1890 wurde Ernst Oehler geboren. Ernst Oehler machte eine Bäckerlehre bei Robert Roentgen und war ab 1906 Bäckergeselle. Ab 1940 wird an der Schloßstr.69, die Konditorei Oehler betrieben. Ab den fünfziger Jahren Eppinghofer Str. 25 Wilhelm Oehler, geboren 1907 führt den Betrieb durch den Krieg und wird von 1960 bis 1969 Obermeister der Konditoreninnung. 1938 wird Hermann Oehler geboren. Er erlernt das Konditorenhandwerk von 1954 bis 1957.
Im Jahr 1970 setzt sich Wilhelm Oehler zur Ruhe und übergibt den Betrieb an den Saarner Konditormeister Hans Leo Enaux, geboren 1934 und dessen Frau Renate.
1971 wird Wilhelm Oehler zum Ehrenobermeister der Innung ernannt. 1997 wird die Konditorei Oehler-Enaux aus Altersgründen geschlossen und ein Eiscafé übernimmt den Laden.

Bäckerei Oetter Dichswall 4:

	Rademacher, Wilhelm	
geb. 1877	Oetter, Bernhard	verst. 1935
geb. 1905	Oetter, Wilhelm	
geb. 1907	Oetter, Hans	
geb. 1937	Oetter, Wolfgang	
geb. 1940	Oetter, Knuth Hans	

Ein Vorgängerbäcker von Bernhard Oetter am Dickswall war der Bäcker Wilhelm Rademacher. Bernhard Oetter, geboren 1877, wird nach dem ersten Weltkrieg am Dickswall 4 selbständiger Bäckermeister. Verheiratet war er mit Adele Janson. 1905 wird Wilhelm Oetter und 1907 Hans Oetter geboren. Beide machen beim Vater 1923 bis 1926 eine Ausbildung zum Bäckergesellen. In den fünfziger Jahren übernimmt Wilhelm den Betrieb. 1937 kommt Sohn Wolfgang zur Welt und 1940 Knuth Hans. Wolfgang macht die Lehre 1952 bis 1955 beim Vater Wilhelm, ebenso 1954 - 1957 Knuth Hans. Knuth Oetter ist ein bekannter, noch aktiver Fechter und Organisator im Turnverein 1866 Mülheim.
Die Bäckerei Oetter ist für ihre große und außergewöhnliche Kaffeekannensammlung bekannt. Lange wurde dort in alter Tradition gebacken. Aus Altersgründen wurde der Betrieb nach der Jahrtausendwende geschlossen.

Bäckerei Oetter, 1999

Teinerstr. 17

Bäckerei Konditorei Café Brandt:

geb. 1839	Brandt, Heinrich
	Brandt, Ernst
geb. 1876	Brandt, Fritz sen.
geb. 1905	Brandt, Fritz jun.
geb. 1934	Brandt, Hildegard
geb. 1937	Brandt, Dieter

1862 eröffnete Heinrich Brandt, geb. 1839, im Haus Teinerstr. 17 eine Bäckerei. Damit gründete er einen Bäcker- und Konditoren-Familienbetrieb, der eine über 100jährige Tradition haben sollte. Er war verheiratet mit Anna Ohle, welche 1843 geboren wurde und 1920 verstarb. Heinrich Brandt war 1886 stellvertretender Obermeister im ersten Innungsvorstand. Sein Sohn, Fritz Brandt, geb. 1876 und verheiratet mit Anna Hussmann, zog es 1901 von der Teinerstr. zur Delle, wo er sich neben den Bäckereibackwaren den aufstrebenden Konditoreiartikeln zuwandte. 1908 wechselte der Betrieb zur Leineweber Str. 9 - 11, wo auch ein Café eröffnet wurde und der Wechsel von dem Bäckereigeschäft zur Konditorei und Café vollzogen wurde.

1905 wurde Stammhalter Fritz Brandt jun. geboren. Die Anschrift lautete jetzt Leineweber Str. 13 - 17. Fritz Brandt jun. machte von 1920 - 1922 seine

Konditorenausbildung in der bekannten Konditorei Wild in Duisburg. Beim Bombenangriff 1943 wurde das Haus in der Leineweber Straße getroffen. Fritz Brandt sen. mit Ehefrau und Tochter kamen in dieser Nacht ums Leben. 1947 wurde das Café neu eröffnet und von Fritz Brandt jun. mit seiner Tochter Hildegard, geb. 1934 und seinem Sohn Hans Dieter weitergeführt. 1954 wurde das Café unter der Adresse Leineweber Str. 42 - 44 vollkommen neu im 60er Jahre Stil renoviert.

Heinrich Brandt · Obermeister 1885

Das Café Brandt war über Jahrzehnte ein beliebter Treffpunkt fürJung und Alt, sowie Musik- und Kunstgrößen der Stadt. In meiner Lehrzeit, 1962 – 1965, fiel einmal der Berufsschulunterricht aus, und wir wurden in die Betriebe geschickt. Mit fünf oder sechs Lehrlingen wollten wir aber nicht zur Arbeit, wir schwänzten und gingen ins Cafè Brandt. Wir waren noch nicht ganz zu Hause, da wussten unsere Eltern oder Lehrherren schon Bescheid. Fritz Brandt und der gegenüber liegende holländische Bäcker hatten von unserem Schwänzen Meldung gemacht. Mülheim ist nun mal ein Dorf. Fritz‘ Enkel, Konditormeister Dieter Brandt, setzte die Firmentradition fort, bis 1974 der Betrieb geschlossen wurde. Heute ist dort ein chinesisches Restaurant beheimatet.

Leineweberstraße 42 - 44
Ruf 45240

Seit über 50 Jahren
DIE Konditorei

Altstadtbäckerei Hagdorn 17:

erbaut 1838 Locks, Hermann
Locker, Gustav

geb. 1835 Billstein, Hermann sen
geb. 1860 Billstein, Hermann jun.
geb. 1876 Bröker, Theodor sen.
geb. 1903 Bröker, Theodor jun
geb. 1905 Bröker, Anton
geb. 1908 Bröker, Erich
geb. 1903 Bröker, Heinrich
geb. 1911 Bröker, Theo sen
geb. 1935 Bröker, Theo jun.
geb. 1924 Krieger, Helmut

Bäckerei Bröker, gestern und heute

1838 erbaute ein gewisser Hermann Locks das Gebäude Hagdorn 17 und gründete dort ein Gasthaus, Bäckerei und Spezereienladen.1859 wird im Adressbuch unter Hagdorn 17 die Bäckerei und Spezereienhandlung Gustav Locker erwähnt. 1872 ist der Bäckermeister Hermann Billstein sen. geb. 1835, Inhaber der Bäckerei am Hagdorn 17. Er war einer der Teilnehmer der Innungsversammlung 1887 und kurzzeitig Obermeister der neu gegründeten Bäcker- und Konditoren-Innung. Verheiratet war er mit Maria Hammel. Verstorben ist er 1923. 1866 und 1870/71 war er für Kaiser und Vaterland ein Kriegsteilnehmer.

Hermann Billstein jun. ,1860 geboren, übernahm den Betrieb vom Vater und heiratete 1888 Johanna Hetzler. Nur fünf Jahre später verstarb Hermann jun. Weil auch seine Kinder früh verstarben oder noch viel zu jung fürs Geschäft waren, übernahm der 1876 geborene Theodor Bröker die Bäckerei.

Theo sen. hatte 5 Söhne. Der 1903 geborene Theo jun. führte den Betrieb weiter. Er heiratete 1933 Hilde Rodenberg. Ihr Sohn, Theo jun. geb. 1935, machte 1950 - 1953

beim Vater zwar die Bäckerlehre, aber er führte den Betrieb nicht weiter. 1953 übernahm Helmut Krieger, geb. 1924, den Brökerbetrieb und nannte sich Altststadtbäcker. Bis kurz vor der Jahrtausendwende war die Altstadtbäckerei eine historisch markante Bäckerei in der Mülheimer Altstadt.
Heute befindet sich dort ein italienisches Restaurant.

Bäckerei Noll, Froschenteich 22:

	Noll, August	
geb. 1853	Noll, Carl	
	Noll, Johannes Walter	verst. 1948

1843 wird der Bäcker August Noll auffällig bei der Obrigkeit. Bei der Überprüfung seiner Brote stellte man ein zu leichtes Gewicht bei einigen seiner Backwaren fest. Neffe Carl, geboren 1853 bekam davon noch nichts mit. Die Bäckerei und Wirtschaft mit Colonialwarenladen lag am Froschenteich 22 und begrenzte das 3. Nachtwächter-Revier, welches im Band 4 der Volkszählung von 1861 von Frau Essers vermerkt wurde. Verheiratet war Karl Noll seit 1883 mit der Tochter von Gerhard Scholl, Bäcker von der Eppinghofer Straße. Die Tochter hieß Helene.

Beſtes Vorſchußmehl zu 2 Sgr. pr. Pfund,
Zweite Sorte zu 1 Sgr. 9 Pf. " "
Dritte Sorte zu 1 Sgr. 8 Pf. " "
Buchw. Mehl gebeutelt 1 Sgr. 10 Pf. " "
Beſte Qualität Kocherbſen 2 Sgr. 4 Pf. pr. Maaß
empfiehlt
Carl Noll,
in Mülheim an der Ruhr.

Carl Noll nahm auch Bestellungen von frischem Wildprett an. Lt. RuRZ. 1858
Von 1875 bis 1900 war Karl Inhaber der Bäckerei an der Auerstr. 34, später wurde Johann Mühlenbeck Eigentümer des Betriebes.
1948 wird beim Standesamt der Tod des Bäckermeisters Johannes Walter Noll, Teinerstr. 15, registriert. Verheiratet war dieser mit Elisabeth Boerma, sein Sohn war Christian Heinrich Noll. Wie weit die Verwandtschaft zum Froschenteich reicht, konnte ich nicht klären.

Bäckerei Heckhoff und Schmäring, Bogenstr. 10:

	Heckhoff, Friedrich
	Heckhoff, Heinrich
	Renkhoff, August
	Renkhoff, August
	Schmidt, Otto
	Pfingstmann, Wilhelm
geb. 1882	Schmäring, Reinhold

Magenbrot!
Bekommen Sie nach dem Genuß von hiesigem sauerem Schwarzbrot Sodbrennen, oder saueres Aufstoßen, sind Sie sonst magenschwach, oder magenleidend, so müssen Sie mein speziell zubereitetes Schwarzbrot (Magenbrot) versuchen, worin ich schon jahrelang großen Kundenkreis besitze.
Als Kindernährmittel empfehle meine hochfeinen Kindernährbretzeln.
Dampfbäckerei Schmäring,
früher Schmidt
Bogenstraße 10. Fernruf 1349.

Die Bäckerei Heinrich und Friedrich Heckhoff gab es 1861 an der Bogenstr. 10. Dann gab es noch einen Bäcker und Wirt, Wilhelm Heckhoff, an der Kettwiger Straße 48. Die Bogenstr. 10 hatte 1806 unter der napoleonischen Verwaltung die Hausnummer 145. 1836 lautete die Nummer 128 und schließlich 1856 Bogenstr. 10. Laut Andreas ten Brinks Buch kauften die Gebrüder Heckhoff das Anwesen 1846 für 2500,- Taler vom Spezereienhändler Hermann von Eicken. 1869 wurde der 1842 geborene Bäckergeselle Wilhelm Lierhaus als Hilfsnachtwächter eingestellt.

Nach dem Nachtwächterdienst machte er bei Heckhoff die Brötchen – oder anders herum? 1875 ging das Haus in den Besitz der Bäckerfamilie Renkhoff, Wirt vom Froschenteich 60. 18 Jahre vorher reichte August Renkhoff einen Bauantrag über ein Wohnhaus in Dümpten ein. 1864 wird in der RuR Zeitung über einen Diebstahl beim Wirt, Bäcker und Kaufmann August Renkhoff berichtet. Gestohlen wurde eine Uhr und Kleidung.

1882 wechselte das Gebäude für kurze Zeit in den Besitz des Konditors Wilhelm Pfingstmann. Ihm folgte der Bäcker Otto Schmidt welcher 1910 von Reinhold Schmäring abgelöst wurde. Ab 1910 stand also wieder ein Bäckermeister an Ofen und Theke, der 1882 geborene Reinhold Schmäring, in erster Ehe 1909 mit Maria Schmitz verehelicht.

Die Söhne Alfred Gustav Josef, geb. 1910 und Herbert, geb. 1912 kamen zur Welt. 1917 verstarb Maria. Schon bald darauf, 1918, heiratete Reinhold Schmäring ein zweites Mal, die Bäckereiverkäuferin Luise Becker, geb. 1897.
Mitte der dreißiger Jahre beendeten die Schmärings ihr Tun an Ofen und Theke. Das Haus Bogenstr. 10 überstand den Luftangriff von 1943 nicht.

Konditorei, Gasthaus Heckhoff:

	Heckhoff, Johan
geb. 1805	Heckhoff, Johann Wilhelm
	Becker, Friedrich
	Becker, Gustav
geb. 1869	Becker, Karl
geb. 1912	Langenscheidt, Wilhelm

1826 ersteigerten der Bäcker Johann Heckhoff und seine Frau Magdalene, geborene Keusenhoff (1778 – 1830), das Anwesen Kettwiger Str. 48 und bauten die Räumlichkeiten um. 1843 erbten der 1805 geborene Johann Wilhelm Heckhoff und seine Frau Karoline, geborene Buschmann, den Bäckerladen. 1883 verstarb Johann Wilhelm. Ein paar Jahre später übernahm der Schlosser Karl Becker das Gehöft und machte aus dem Laden ein Eisenwarengeschäft. Das Haus Kettwiger Str. war 1861 Wegpunkt der Nachtwächterrunde von Nachtwächter Wilhelm Butz.
Das Nebenhaus erwarb 1870 für 1750 Taler der Konditor Friedrich Becker und machte eine Gaststätte aus den Räumlichkeiten.
1899 folgte Gustav Becker als Eigentümer und Wirt und Bäcker, ehe der Schlosser Karl Becker beide Häuser übernahm und zur heutigen „Kortumstube“ vereinen konnte.

Bäckerei - Konditorei Stachelhaus, Wilhelmplatz 2:

geb. 1872	Stachelhaus, Heinrich Joh
geb. 1896	Stachelhaus, Fritz sen
geb. 1937	Stachelhaus, Fritz jun.
	Mehrhardt, Horst

1872 wurde Heinrich Stachelhaus geboren. 1893 heiratete er Elisabeth Susen. Vater HeinrichStachelhaus war von Beruf noch Ruhrschiffer. 1896 kam Sohn Fritz zur Welt. Dieser machte von 1910 - 1913 bei Christian Schwörer sen. eine Ausbildung zum Bäcker und heiratete 1922 Martha Himmelmann. 1923 wurde Tochter Ruth geboren, sie machte 1938 beim Vater eine Ausbildung zur Fachverkäuferin.
1937 kam Fritz jun. zur Welt. 1936 machte sich Fritz Stachelhaus sen. am Dickswall 69 selbständig und produzierte dort bis in die Zeit des zweiten Weltkrieges.
1945 wechselte er den Standort und übernahm das Geschäft von Christian Schwörer jun. Am Wilhelmplatz 2.
Ab 1965 stand der Name des Konditormeisters Horst Mehrhardt über der Bäckerei und Konditorei am Wilhelmplatz 2.

Café Ringel:

1894		Buchloh, Fried
1910		Herker, Johannes Wilh. Fried.
1930	geb. 1896	Ringel, Artur
1964	geb. 1931	Ringel, Miriam
1975		Liermann, G. Inhaber

1894 verdiente im Hause Kaiserstraße 39 Friedrich Buchloh mit einem Kolonialwarenladen seinen Lebensunterhalt. 1930 übernahm Artur Ringel, nach dem Krieg in Hausnummer 41, das Geschäft. Ins Nebenhaus, Kaiserstr. 45, zog in den dreißiger Jahren mit Frau Paula, geb. Rath und Sohn Johannes der Konditormeister Johannes Wilhelm Friedrich Herker ein. Die beiden Häuser wurden im zweiten Weltkrieg zerstört. Mit dem Wirtschafswunder in der Nachkriegszeit eröffnete in den fünfziger Jahren an der Kaiserstr. 41 das "Café Ringel". Artur Ringel führte dort vor und nach dem Krieg ein Kolonialwarengeschäft und eben das Café Ringel. Das Café war in den fünfziger und sechziger Jahren der Treffpunkt für Schüler, Jazzer und die neue Jugend. Ende der sechziger Jahre wurde das vom Café Brandt an der Leineweberstr. als Jugendtreffpunkt abgelöst, und es schloss seine Pforten.

Bäckerei Mühlenbeck:

	Mühlenbeck, Jan
geb. 1853	Noll, Karl
geb. 1869	Mühlenbeck, Johann Heinrich
	Regber, Herbert
	Regber, Hildegard

Jan Mühlenbeck, Unterbeck, Bachstraße wird in der Bäckerzunft von 1740 genannt. Um die Jahrhundertwende wird der Bäcker Karl Noll an der Zwiebelreihe 34 als Inhaber genannt. Karl Noll (1853 – 1930), verheiratet seit 1883 mit Helene Scholl, geb. 1862, der Tochter von Bäckermeister Gerhard Scholl.
1910 wird an der Auerstr. 34, vorher Zwiebelreihe 34, der 1869 geborene Johann Heinrich Mühlenbeck als Bäckermeister im Adressbuch angegeben.
1895 heiratete er die 1870 geborene Emma Volkenborn, verst. 1957.
1944 verstarb Johann Heinrich und der Name „Bäckerei Mühlenbeck" verschwand.
In den sechziger und siebziger Jahren führten Herbert und Hildegard Regber an der Auerstr. 34 einen Lebensmittelladen.
Das Haus musste der Straßenerneuerung und dem Bau des Tourainer Rings weichen.

Bäckerei Kriens, Auerstr. 33 (auch Zwiebelreihe 33):

	Kriens, Wilhelm
	Kriens, Hermann
geb. 1834	Kriens, Hermann sen.
geb. 1867	Kriens, Hermann Emil
geb. 1897	Kriens, Hermann
geb. 1904	Kriens, Walter Heinrich
geb. 1905	Kriens, Helmuth Fritz,
geb. 1906	Kriens, Wilhelm Richard

Wo heute die Zunftmeisterschule steht, gab es die Bäckerei Kriens. 1834 kam dort Hermann Kriens sen. zur Welt. Seine Eltern hießen Wilhelm und Elisabeth Kriens, geborene Halfmann. Erwähnung findet im Buch über Mülheimer Brauereien um 1814 ein Onkel, Hermann Kriens. Er war ein angesehenes Mitglied der Casinoge-

sellschaft an der Ruhrstraße. Hermann sen. war mit Katharina Schmitz in erster Ehe verheiratet. Katharina Schmitz verstarb 1876 und 1877 heiratete Hermann zum zweiten Mal. Die zweite Frau hieß Anna Maria Waldhausen.
1906 wurde die Bäckerei von der Charlottenstr. 33 nach Broich zur Bergstr.14 von Hermann Kriens jun. verlegt. Ab 1915 wurde Hermann Kriens als Rentner geführt und wurde Ehrenmitglied der Bäcker und Konditoreninnung. Zeit, den Ruhestand zu genießen, blieb ihm kaum, er verstarb bereits ein Jahr später.
Die Bäckertradition setzte der 1867 geborene Hermann Emil fort. Dieser heiratete 1896 die 1870 geborene Anna Amalie Remberg und bekam mit ihr acht Kinder.
1897 kam Hermann, 1904 Walter Heinrich, 1905 Helmuth Fritz, 1906 Wilhelm Richard und nicht zu vergessen, vier Mädchen zur Welt.
1916 gab es die Bäckerei Hermann Kriens an der Auerstraße 33 noch.
Danach verläuft sich ihre Spur in unserer Nachbarstadt Oberhausen.

Bäckerei Osthoff:

	Osthoff, Johannes
geb. 1851	Osthoff, Johann Wilhelm
	Osthoff, Johannes
geb. 1911	Osthoff, Gustav

Schon 1830 wird die Bäckerei Osthoff in Eppinghofen erwähnt.
1843 wird Johann Osthoff beim Neubau der Eppinghofer Straße als Anlieger genannt, verheiratet mit Gertrud Zähres. In einem amtlichen Schreiben wird er zur Kasse, sprich Anliegerbeteiligung, gebeten. 1887 befindet sich die Bäckerei Osthoff am Kohlenkamp 11, gegenüber dem Café Sander. Johann Wilhelm Osthoff war verheiratet 1878 mit Katharina Schweer, geb. 1856.
Bekannt ist auch, dass der 1911 geborene Gustav Osthoff beim Konditormeister Lohscheidt von 1928 bis 1931 seine Ausbildung zum Konditor machte. Sein Vater war zeitweise an der Teinerstr. 17, vormals Bäckerei Brandt, tätig.

Bäckerei Ballhorn, Falkstr. 18:

geb. 1872 von der Lippen, Joh. Wilhelm

geb. 1904 von der Lippen, Johann Wilhelm jun.
geb. 1893 Kloster, Wilhelm
Ballhorn, Theodor
Geb 1932 Ballhorn, Hans

Anzeige1921

1872 wurde Johann Wilhelm von der Lippen an der Falkstr. 18 geboren. Der spätere Bäckermeister heiratete 1898 die 1874 geborene Anna Brefort und sie bekamen sechs Kinder. 1904 kam Sohn Johann zur Welt. Er erlernte den Konditorenberuf und heiratete 1927 Juliane Klara Haarkötter, die beiden bekamen ebenfalls sechs Kinder.

Johannes Schwester, Anna, geboren 1900, heiratete 1923 den 1893 geborenen Bäckermeister Wilhelm Kloster. Sie übernahmen die elterliche Bäckerei. 1955 ist Anna in Heiligenhaus verstorben.
1930 hat Theodor Ballhorn die Bäckerei übernommen. Der 1934 geborene Hans Ballhorn machte beim Vater von 1948 bis 1951 eine Bäckerlehre und bestand die Gesellenprüfung mit "sehr gut". Vor und nach Hans Ballhorn wurden dort etliche weitere Lehrlinge zu tüchtigen Bäckern ausgebildet.
Mit dem Neubau der neuen Nordbrücke und des Tourainer Rings musste die Bäckerei der neuen Verkehrsführung weichen.

Bäckerei Konditorei Speckmann:

geb. 1851 Speckmann, Ludwig

Ludwig Speckmann, 1851 geboren, kam als Bäckergeselle 1875 nach Mülheim und arbeitete bei Hermann Becker. 1880 machte sich Ludwig Speckmann an der Kettenbrückstr.16 mit einer Bäckerei, Konditorei und Café selbständig.1893 schloss er eine Feuerversicherung über 19330 Reichsmark über die Gegenstände seines Betriebes ab. Die Summe war damals beträchtlich.

In der neu gegründeten Bäcker- und Konditoreninnung war er der erste Schriftführer, ab 1900 bis 1933 sogar Obermeister der Innung. Aus Festschrift Speckmann StaMH. Anschließend wurde er zum Ehrenobermeister für seine langjährige ehrenamtliche Tätigkeit ernannt. L. Speckmann war eine Führungspersönlichkeit durch und durch. Zum Beispiel beschwerte er sich bei der Handwerkskammer in Düsseldorf über zu hohe Handewerkskammerbeiträge. Das fand dort aber kein Gehöhr.
1200/1595 MHStA. Oder Louis Speckmann musste 234,96 Mark an Staßenbaubeteiligungen an die Stadt bezahlen für die Kettenbrückstraße. Auch hier protestierte er. Die Straße musste an die neue Brücke angepasst werden.
1906 übergab Ludwig Speckmann seinen Betrieb an Gerhard Rossenbeck.
In den Jahren 1920 - 21 kam es zwischen Ludwig Speckmann und der Gesellenvertretung zu einer harten Auseinandersetzung, welche bis zum Reicharbeitsministerium in Berlin und zurück ging, zum Regierungspräsidenten nach Düsseldorf. Die Gesellen warfen L. Speckmann Parteilichkeit vor, er solle als ehemals selbstständiger Bäckermeister nun die Interessen der Gesellen, sprich Arbeitnehmer, vertreten, das dürfe nicht sein. 1921 wurde der Streit beigelegt.
MStA 1200/640 1933 verstarb Ludwig Speckmann mit 82 Jahren. Er war ein großer Ehrenamtler seiner Zeit. Die heutige Lage des ehemaligen Betriebes war an der ehemaligen Dresdner Bank.

Bäckerei Konditorei Momm, Kettenbrückstr.:

Momm, Carl
Momm, Carl
Momm, Wilhelm

An der Ecke Ruhrsstraße - Kettenbrückstraße befand sich 1872 die Gaststätte, Café', Konditorei und Bäckerei von Carl Momm – direkt neben der Konditorei und Bäckerei Ludwig Speckmann. Viele Jahre war diese Straße neben dem Kohlenkamp wohl Mülheims Flaniermeile. Carl Momm und auch Wilhelm Momm wurden als Wirt und Bäcker im Adressbuch geführt.

Bäckerei Konditorei Fastrich:

	Fastrich, Heinrich
geb. 1844	Fastrich, Hermann Wilhelm
	Fastrich, Hermann F. W.
geb. 1873	Fastrich, Wilhelm Gustav
geb. 1874	Fastrich, Gertrud verzogen 1927
geb. 1898	Fastrich, Hermann Fried. Walter
	Fastrich, Heinrich
	Oesterwind, Heinrich Mathias

Durch die glückliche Geburt eines prächtigen
Jungen
wurden hocherfreut
Gustav Fastrich u. Frau
Traudchen geb. Schmittmann.
Mülheim-Ruhr,
12. Aug. 1898.

Erstmals wird 1840 Heinrich Fastrich, verheiratet mit Elisabeth Boecker, urkundlich erwähnt. Er war Wirt und Bäcker von Beruf. 1844 wurde Hermann Wilhelm Fastrich, 25 Jahre später ebenfalls Wirt und Bäckermeister, geboren, welcher 1901 verstarb. Man weiß, dass er mit der Wirtin Josefine Springorum verheiratet war. Zu Hermann Friedrich Wilhelm Fastrich, Bäckermeister und Wirt, verheiratet mit Elisabeth Kriens gibt es leider kaum Daten. Elisabeth stammte wohl von der Bäckerfamilie Kriens von der Auerstr. 34.

1873 wurde am Dickswall 81/III Wilhelm Gustav Fastrich geboren. Auch er war Bäckermeister und Wirt und nannte sich später sogar Brotfabrikant. Sein Betrieb nannte sich Mülheimer Brotfabrik. Er heiratete 1897 Gertrud Schmittmann. Sie hatten zwei Kinder. 1922 verstarb Gustav Fastrich im Alter von kaum 49 Jahren. 1904 wurde das alte kleine Haus vom Bäckermeister Gustav Fastrich durch einen Neubau ersetzt. Gustav Fastrich war ab 1912 Innungsmitglied und Ausbildungsbetrieb. 1926 übergab Gustavs Witwe Gertrud dem jungen, aufstrebenden Bäckermeister Heinrich Mathias Oesterwind die in die Jahre gekommene Mülheimer Brotfabrik ohne einen finanziellen Gegenwert. Oesterwind schuf daraus eine der größten deutschen Brotfabriken.

Konditorei Fastrich, Eppinghofer Str.:

	Fastrich, Hermann
geb. 1867	Fastrich, Hermann sen.
	Fastrich, Hermann jun.

Am Dickswall 56 wurde 1872 Hermann Fastrich mit einer Konditorei und Café geführt. An der Eppinghofer Str. 37 wurde ab 1900 die Konditorei und Café Hermann Fastrich in den Adressbüchern geführt. 1892 heiratete er Johanna Voß, mit der er vier Kinder hatte. 1916 trat er der Bäcker- und Konditoreninnung bei. Ab 1917 war Fastrich Prüfungsvorsitzender bei den Gesellenprüfungen. Sein 1897 geborener Sohn Hermann jun. führte ab 1928 den Betrieb weiter.
1913 scheuten die Pferde vom Bäcker Fastrich in der Bruchstr. und rannten bis in die Eppinghofer Str. wo man sie einfangen konnte. Lt. MZ

Bäckerei „de Hollainsche“ Leineweberstr.:

	Paulerberg, Hermann
	Bäckerei Paulerberg/Hilterhaus
	Becker, Wilhelm
geb.1826	Becker, Heinrich Hermann
	Becker, Friedrich
geb. 1874	Becker, Hermann Wilhelm
geb. 1901	Becker, Hermann
geb. 1904	Becker, Adolf Rudolf
geb. 1905	Becker, Rudolf Walter
geb. 1948	Becker, Paul

Hermann Becker
Obermeister der Innung von 1933 bis 1945

Eine der bekanntesten Bäckereien in Mülheim war im letzten Jahrhundert bis Ende der achtziger Jahre der „holländer Bäcker“ an der Leineweberstraße.

1823 wird von einem Bäckermeister Hermann Paulerberg berichtet, welcher ein Grundstück an der Leineweberstr. an den Küfermeister Johann Hilterhaus verkauft. (B. Brinkmann, Brauereien in MH) 1834 wird erstmals ein Bäcker mit Namen Becker, nämlich, Wilhelm genannt. Verheiratet war Wilhelm mit Maria Buchloh und 1826 kam Sohn Heinrich Hermann Becker zur Welt. Heinrich Hermann war mit Maria Sellerbeck verheiratet. 1875 bis 1880 arbeitete Ludwig Speckmann, der spätere Ehrenobermeister der Bäcker und Konditoreninnung dort. 1886 gehörte Heinrich Hermann zu den Mitbegründern der Bäcker- und Konditoreninnung und 1889 war er Vorsitzender der Sterbe- und Krankenversicherung der Bäcker. Auch bei der Gründung der Bäcker Einkaufs Genossenschaft stand er an vorderster Front. Heinrich Hermann Becker, der spätere „hollainsche Bäcker“ und zu Lebzeiten ein Mülheimer Original sowie bekannt für seine Taten und Anekdoten. In jungen Jahren, als Hermann Becker in der Weihnachtszeit von seinem Heimaturlaub zum Militärdienst zurückkehrte und Pumänner als Mitbringsel einen Kameraden vor die Spinde stellte. In diesem Augenblick stand sein Hauptmann hinter Hermann und erfragte sein Tun. Hermann Becker antwortete ganz perplex: Alle Hauptmänner zum Spind- und Stubenapell angetreten, Herr Pumann.

Oder 1891: Eine besondere Freude wurde einem unserer Mitbürger, Herrn Bäckermeister Becker von der Leineweberstr. bei Gelegenheit des Kaiserbesuches zuteil. Besagter Herr hatte seine Dienstzeit 1849 bei den Franzer’n zu Berlin abgeleistet und war dort eine zeitlang Bursche des damals bei demselben Truppenteil stehenden Avantageur’s heutigem Reichskanzlers von Caprivi. Unser Meister beschloß nun bei der jetzigen günstigen Gelegenheit seinen ehemaligen Unteroffizier einen Besuch zu machen, und hatte er auch das Glück bei dem Reichskanzler vorgelassen zu werden, der sich seiner noch sehr gut erinnert, ihm freundlichst die Hand drückte, sich in leutseliger Weise mit ihm unterhielt und ihm zu einem Besuch nach Berlin einlud. Letztere Einladung gedenkt unser Meister denn auch demnächst nachzukommen.

1900 verstarb Heinrich Hermann und im gleichen Jahr heiratete Hermann jun., der 1874 geborene Stammhalter, Luise Dickmann.

1901 kam Sohn Herman Wilhelm zur Welt und 1904 folgte Adolf Rudolf und 1905 Rudolf Walter. 1914 zur ersten Kriegsweihnacht machte sich Hermann, der holländsche Bäcker, mit von der Bäcker- und Konditoreninnung zusammen gestellten Päckchen und vollbeladenen Pferdewagen auf, die Soldaten an der Westfront zu beschenken. An der Front traf er auf Fritz Thyssen und Dr. Heinz aus Broich, welche ebenso die Stimmung der Soldaten zum Fest aufhellen wollten. Nach dem Krieg machte Sohn Adolf Rudolf, später nur noch Rudi genannt, von 1922 bis 1926 seine

Ausbildung zum Bäcker und bestand die Prüfung mit „sehr gut". Vater Hermann war von 1933 bis 1945 Obermeister der Bäckerinnung und verhinderte so manche Repressalie und Druck der Nationalsozialisten auf die Mülheimer Bäcker. 1950 erlebte er noch seine goldene Hochzeit und ihm wurde der goldene Meisterbrief überreicht. Rudolf Becker übernahm das schwere Erbe nach dem Krieg. Erst mussten die Kriegsschäden beseitigt werden, um im Keller an der Leineweberstraße die Backstube wieder betreiben zu können.

1941 heiratete Rudolf Else Leon und nach dem Krieg kamen die Söhne Rudolf jun. und Paul. Paul erlernte beim Vater das Bäckerhandwerk. Es ging rasant aufwärts. Bis in die achtziger Jahre war der „Holländsche Bäcker" im Stadtgebiet das wohl umsatzstärkste Bäckereieinzelgeschäft. Die betriebliche Enge, und dadurch die handwerkliche mühsame Arbeit und eine schwierige Nachfolge veranlassten Rudolf Becker sein Geschäft an das von der Schloßstraße angrenzende Woolworth Kaufhaus zu vermieten. Damit war ein in Mülheim allseits bekanntes Unternehmen aus der Öffentlichkeit verschwunden.

Bäko Ehrung, Willibald Winkel, Rudolf Becker

Kein Mehl für Spekulatius.
Herr Obermeister Speckmann teilte in der letzten Sitzung der Bäcker- und Konditoreninnung mit, daß infolge eines Verbots des Regierungspräsidenten Dr. Kruse, kein Mehl zum Backen von Spekulatius für Nikolaus und Weihnachten abgegeben werden darf.
MZ, 11,04, 1915, Zeitungsnachricht aus dem ersten Weltkrieg

Wie sich Hermann Becker „Holändsche Bäcker" nannte, so nannte Ludwig Speckmann „Nederland'sche Zwiebackbäckerei und Konditorei".
Es war wohl um 1900 ein Werbegag.

Bäckerei Gastwirtschaft Teiner Hof:

1692	Müller, Adam
	Teinerstr. 12 - 16 / 198
1736	Müller, Heinrich
1740	Müller, Adam
1858	Müller, Heinrich

Brauer und Bäcker, heute Wohnhaus, vorher siehe Schankwirtschaft Müller, Teinerstr. 16. Heinrich Müller, erster und letzter Bäcker im Haus, mit Schankwirtschaft. Paderborner Brod Verkauf zu 8 und 4 Pfd., Anzeige RRZ 1861

Bäckerei Kampmann, Hingberg:

	Brinks, Johann
geb. 1869	Kampmann, Heinrich
geb. 1903	Kampmann, Hermann
geb. 1903	Kampmann, Hermann

1912 kaufte Heinrich Kampmann das Haus Hingberg 26 und baute es zum Geschäftshaus um. Durch den Neubau bekam die Umgebung am Hingberg ein besseres Aussehen, das wurde in den damaligen Medien wohlwollend erwähnt – zumal die gewerblichen Gebäude in der Umgebung marode waren. Es ist erstaunlich, dass damals schon Fabrikgebäude in einem erbarmungswürdigen Zustand waren. Die

Industrialisierung fing ja gerade erst an. Die Gebäude stammten wohl aus der vorindustriellen Zeit.
Heinrich Kampmann war im 1. Weltkrieg verstorben und wurde am 2. Oktober 1917 unter großer öffentlicher Anteilnahme auf dem alten Friedhof beigesetzt. Er war mit Anne Steines verheiratet. Sohn Hermann, 1903 geboren, machte 1924 bis 1926 eine Bäckerlehre, zu jung und doch etwas zu spät, um den väterlichen Betrieb weiterzuführen.
Im 2. Weltkrieg wurden die Häuser der Familie Kampmann Hingberg 26, 28 und 30 ausgebombt. Die Kampmanns vom Hingberg waren mit dem Bäcker Kampmann aus Menden verwandt.

Bäckerei Endemann Scharpenberg:

	Endemann, Johann
	Endemann, Hermann
geb. 1853	Endemann, Wilhelm sen.
geb. 1881	Endemann, Herm. Heinrich
geb. 1883	Endemann, Wilhelm Herm.
geb. 1889	Endemann, Wilhelm G. jun.
geb. 1905	Endemann, Herm. Wilhelm
geb. 1894?	Endemann, Heinrich
geb. 1912	Endemann, Heinz Rudolf
geb. 1905	Endemann, Wilhelm
geb. 1947	Endemann, Heinz
geg. 1951	Endemann, Wilma
geb. 1941	Endemann, Horst

Geschäfts-Eröffnung
Gebe hierdurch den geehrten Bewohnern von Mülheim und Umgegend bekannt, daß ich mit dem heutigen Tage Eppinghofer Straße 200 eine
Bäckerei eröffne
Indem ich aufmerksame und reelle Bedienung zusichere, bitte ich um gefl. Eintragung in die aufliegende Kundenliste
Willy Endemann jr.
Eppinghofer Straße 200

Eine bewegte Geschichte hat auch die Bäckerei Endemann. Wie es in Mülheim häufiger vorkam, führten auch bei Endemann zeitweilig zwei bis drei Geschwister den Betrieb. B. Brinkmann führt 1801 in seinem Brauereibuch einen Brauer und Bäcker Johann Endeman in Raadt. Wahrscheinlich war diesere ein Vorfahre der Bäckerdynastie vom Scharpenberg. 1860 war die Firmengründung am Scharpenberg 44 durch Hermann Endemann. 1853 wurde Wilhelm Endemann sen. geboren. 1878 heiratete er Elsbeth Terjung, sie bekamen acht Kinder. Erster Junge war Hermann Heinrich, geboren 1881. Im Jahr 1883 kam Wilhelm Heinrich und 1889 Wilhelm Gustav.
1929 verstarb Wilhelm Endemann. Seine drei Söhne führten den Betrieb weiter.

Wilhelm Gustav machte von 1904 bis 1907 eine Bäckerlehre beim Vater Wilhelm. Er verstarb 1936. Hermann Heinrichs erster Sohn kam 1905 zur Welt und verstarb 1941. Sein Bruder Heinz Rudolf *1912 führte den Betrieb weiter. Er erweiterte ihn und eröffnete Filialen, z.B. an der Großenbaumer Str. in Broich. Außerdem gab es einen Marktstand auf dem Rathausmarkt. Berühmt war die Bäckerei für den Mandelstuten, der im Steinofen gebacken wurde.
Nach dem Tod von Heinz Rudolf 1960 führten seine Kinder den Betrieb weiter. Sohn Heinz, *1947, hatte zuerst den Beruf des Kaufmanns erlernt und wurde dann Bäcker. Der erstgeborene Sohn Horst, *1941, hatte zunächst Schlosser gelernt.
Die dritte Mitinhaberin war Tochter Wilma, *1951.
1985 feierten die Endemanns das 125-jährige Firmenjubiläum. Zu dieser Zeit wurde neben dem Haupt- und Marktgeschäft und vielen anderen Großkunden auch der Kaltbäcker Achim Fondermann beliefert.
2002 endete aus gesundheitlichen Gründen die Bäckertradition der Bäckerei Endemann. 2016 starb Heinz Endemann nach langer schwerer Krankheit.

Bäckerei Rosorius Hingberg 142:

geb. 1812	Rosorius, Matthias
	Rosorius, Wwe. Catharina
geb. 1844	Rosorius, Friedr. Heinr.
geb. 1875	Rosorius, Friedrich sen.
geb. 1902	Rosorius, Friedrich jun.
	Bottenbruch, Wilhelm
	Nussbaum, Heinrich
	Dickermann, Hermann

Im Jahr 1838 wird der Bäcker und Brauer Matthias Rosorius, geboren 1812, am Notweg 49 erwähnt. Verheiratet war er mit Elisabeth Höffgen.1872 findet die Wwe. Catharina Rosorius, geborene Kerner, wohnhaft am Neuhof 8 Erwähnung. Der Neuhof war eine Nebenstraße vom Hingberg, wo heute das Forum steht. Die Familie Kerner hatte Eigentum am Hingberg 146.
1844 wird der spätere Winkelier Friedrich Heinrich Rosorius geboren.
1884 heiratete er Martha Schwingen.

Im Jahr 1900 wird im Adressbuch der 1875 geborene Friedrich Rosorius als Bäckereiinhaber geführt. Verheiratet war er mit Catharina Strater. 1902 wurde Sohn Friedrich jun. geboren. Friedrich sen. war ein Gründungsmitglied und aktiv in der Bäcker- und Konditoren- Einkaufsgenossenschaft. Er verstarb 1953. Sein Sohn, Friedrich jun., machte von 1916 bis 1919 beim Vater eine Bäckerlehre. Friedrich jun. heiratete 1930 die 1905 geborene Luise Schorn. Am Hingberg gab es einen Mehlgroßhändler Schorn, das war wahrscheinlich Verwandtschaft.
1945 wird am Hingberg 142, vorher 1912 noch Hingberg 126, nach der Politischen Prüfung, (Entnazifizierung) Wilhelm Bottenbruch als Inhaber der Bäckerei angegeben. 1957 wird Friedrich Rosorius als Ausbilder dort wieder genannt. 1962 war Heinrich Nussbaum Bäckereiinhaber. Während seiner Zeit machte seine Tochter Maria von 1959 bis 1961 eine Ausbildung zur Verkäuferin. Nach H. Nussbaum war Hermann Dickermann in den siebziger Jahren Inhaber der Bäckerei Konditorei am Hingberg. Er verstarb 1972 und 1980 kam das Ende.
Nach dieser Traditionsbäckerei belegte das wunderschöne Haus am Hingberg 142 eine Pizzeria, welche bis heute dort noch backt.

Bäckerei Halfmann:

	Jordan, Adam verst. 1783
	Jochmann, Peter
	Halfmann, Johann verst. 1792
	Halfmann, Wilhelm
	Halfmann, Hermann
	Halfmann, Heinrich
geb. 1845	Halfmann, Friedrich
geb. 1880	Halfmann, Friedrich Herm.
geb. 1907	Halfmann, Herm. Fried.
geb. 1915	Halfmann, Fried. Adolf

Adam Jordan von der Teinerstr. 22, verheiratet seit 1711 mit Anna Katharina von der Brüggen, war 1740 ein Mitstreiter bei dem Versuch, in Mülheim eine Bäckerzunft zu etablieren. Seine Schwester Elisabeth war 1750 mit dem Bäcker Peter Jochmann, ebenfalls Teinerstr. 22, verheiratet. Beide verkauften das Anwesen an Johann Halfmann.

Genaue Besitzverhältnisse sind bei A. ten Brink in seinem Buch über den Kirchenhügel nachzulesen. Im Adressbuch von 1860 findet sich an der Delle 20 eine Bäckerei, Conditorei und Wirtschaft von Hermann Halfmann. Zeitgleich gibt es am Froschenteich 60 wohl eine Wwe. Becker, geborene Halfmann, wahrscheinlich eine Schwester vom Hermann Halfmann. Sie schaltete 1860 Anzeigen in der Rhein Ruhr Zeitung, worin sie Paderborner Brod gegenüber der Hütte anbot. Die Wwe. Becker betrieb am Froschenteich eine Wirtschaft und eine Bäckerei.
1868 ist an der Delle 20 ein Heinrich Halfmann als Wirt und Bäcker vermerkt. Verheiratet war er mit Sophie Höchst. Unter der Adresse Scharpenberg 20 betreibt 1872 ein Friedrich Halfmann ein Geschäft und eine Bäckerei. Sein Sohn, 1880 geboren, wird ebenfalls Bäcker und verlegt seinen Tätigkeitsbereich zum Scharpenberg 46.
Friedrich Hermann heiratet 1906 eine Frau Quattelbaum. 1907 kommt Hermann Friedrich zur Welt, 1915 folgt Friedrich Adolf und 1922 Werner Helmut. 1943 verstirbt der Vater Friedrich Hermann, und es finden sich keine weiteren Adressbucheintragungen zur Bäckerei Halfmann.
1912 verstirbt Luise Heckmann geb. Halfmann, geb. 1862

Bekanntmachung:
Mein an der Oberbach Nr. 14 gelegenen Haus, in welchem seit längeren Jahren ein Ladengeschäft mit Bäckerei verbunden mit dem besten Erfolg beschieden worden ist, nebst Stallung, Scheune, Hofraum mit Obstbäume mit Garten und Ackerland, sowie des Ladengestells Theke und Bäckereigerätschaften, bin ich Willens zum Antritt auf Martini 1857 zu vermieten.
Mülheim, den 13,12,1856 H. Halfmann

Deller Str. 367

Die Oberbachstr. war der Dickswall vom Kaiserplatz bis zur Essener Str., die Unterbachstr. war die Bachstr. vom Kaiserplatz bis zur Bogenstr.
Auch 1859 noch nicht verpachtet. Jetzt mit fast neuem Backofen angeboten.

Bäckerei Hankel - Höpfner Löhberg:

Höpfner
Qualität
Wiener Konditorei
Mülheim Ruhr
Löhberg 16 · Telefon 47 35 21

1900	geb. 1865	Hankel, Emil verst. 1929
1920		Hankel, Emil
1930		Höpfner, Gustav
1990		Höpfner, Gustav
1995		Café‘ Limpert GmbH Betrieb in Duisburg
2014		Café‘ Mocca Nova

Eine bekannte Bäckerei in der Innenstadt war auch die Bäckerei - Konditorei Hankel-Höpfner auf dem Löhberg. 1900 wurde Emil Hankel als Bäcker noch an der Eppinghofer Str. 114 im Adressbuch genannt, später Löhberg 16. E. Hankel war Teilnehmer der ersten Innungsversammlung. Er war mit Anna Lindecke verheiratet. Emil Hankel wurde 1865 geboren und verstarb 1929. 1927 übergab er sein Geschäft dem jungen Bäcker- und Konditormeister Gustav Höpfner. Die Bäckerei-Konditorei Höpfner bestand bis kurz vor der Jahrtausendwende. Eine Zeit lang war die Duisburger Konditorei Limper Pächter der Bäckerei Konditorei Höpfner. Gustav Höpfner war bekannt für seinen leckeren Wochenendstuten. Ab dem Jahr 2000 ist dort das Café Mocca Nova ansässig.

Bäckerei Eichholz:

	Eichholz, Johann
	Eichholz, Anna Katharina, geb. von der Oberkuhle
	Eichholz, Elisabeth
geb. 1802	Terjung, Hermann
geb. 1845	Eichholz, Fried. Ferdinand

1796 kauften der Bäcker Johann Eichholz und seine 1740 geborene Ehefrau Anna Katharina, von der Oberkuhle, das Haus Kettwiger Str. 10.
Haupterbe wurde der 1802 geborene Bäcker Hermann Terjung, welcher die Tochter, Elisabeth Eichholz *1801 geboren, geheiratet hatte. Danach war an der Kettwiger Str. 10 erst einmal Schluss mit backen.

An der Zwiebelreihe 59, später Charlottenstr. wurde dann ab 1872 der Bäcker Ferdinand Eichholz mit einer Bäckerei und Spezereienhandlung beurkundet.
1871 sucht er per Zeitungsanzeige einen Knaben aus gutem Hause als Bäckerlehrling.
1878 wird von ihm seiner Feuerversicherung ein Brandschaden gemeldet und es ist vermerkt, dass Ferdinand Eichholz 1887 zu den Gründungsmitgliedern der Bäckerinnung gehörte. Ab 1920 war von der Bäckerei Eichholz nichts mehr in den Adressbüchern zu finden.

Bäckerei Hofmann Auf dem Dudel:

geb. 1860	Hempelmann, Hermann	
geb. 1856	Hempelmann, Wilhelm	
	Hofmann, Ernst	
geb. 1890	Hempelmann, Hugo Hermann	
geb. 1876	Hofmann, Hugo Georg sen.	verst. 1910
geb. 1911	Hofmann, Georg Wilhelm	
geb. 1916	Hofmann, Karl	
	Hilberath, Karl	
geb. 1910	Kutz, Otto Johannes	
	Hofmann, Margarete	

1860 wird an der Luisensraße 9, später „Auf dem Dudel", die Bäckerei Hermann Hempelmann im Adressbuch genannt. Verheiratet war er mit C. Nocken. Der erste Sohn Carl, 1858 geboren erlernte das Bäckerhandwerk, doch 1886 ertrank er.
1903 wurde Hermann Hempelmann an der Friedrichstr. von einem Fuhrwerk überfahren und verstarb. Sohn Hermann jun. *1860, erlernte das Bäckerhandwerk und heiratete 1887 Amalie Kleinert. Bruder Wilhelm, 1856 geboren, wurde Lehrer. 1884 heiratete er Ottilie Schröder. Bei einer der ersten Bäckerinnungsversammlungen, 1887, wurde ein Ernst Hofmann genannt. Hugo Hermann Hempelmann, 1890 geboren wurde Kaufmann. Sein Sohn Georg, 1876 geboren und 1908 mit Magarete Brücker *1879, verheiratet, hatte eine Bäckerei Auf dem Dudel 6/8, vorher Luisenstraße 9. 1911 kam Sohn Georg Wilhelm zur Welt.
1916 wurde Karl geboren, welcher 1930 bis 1933 eine Konditorlehre bei Ernst Pieper machte. Georg Hofmann gehörte 1929 zu den Innungsbeauftragten, die die Ladenöffnungszeiten und das Nachtbackverbot überwachen mussten. Das war kein

beliebtes Amt, weil man Kollegen, welche gegen die Innungsordnung verstießen, ansprechen und sie schlimmstenfalls zur Anzeige bringen musste.
1945 produzierte Karl Hilberath unter anderem Auf dem Dudel 6/8 seine Backwaren, weil er am Kohlenkamp ausgebombt war.
1957 war Margarete Hofmann Inhaberin eines Lebensmittelladens und Hausbesitzerin. Als Bäckermeister war dort der 1910 geborene Johannes Kutz geführt und 1952 in die Handwerksrolle eingetragen. In den achtziger Jahren wurde das Haus abgerissen und eine Parkanlage mit einem Kinderspielplatz angelegt

Bäckerei Hörschgen - Schwarz:

	Hörschgen Johann, verheiratet mit 1806 geb. Anna Porthmann
geb. 1826	Hörschgen Eberhard, er war Müller, Erbe von Johann Hörschgen Es gab an der Stelle des Kaufhofparkhauses eine Hörschgen Mühle 1845

	Hörschgen, Johann	
1858	Hörschgen, Wilhelm	
1883	Schwarz, Friedrich	Dohne 33
1884	Schwarz, Friedrich	Teinerstr. 4

Die Bäckerei Hörschgen war ursprünglich eine Öl- und Lohmühle. 1900 wurde sie abgerissen. Sie stand direkt am und über dem Rumbach.
1844 gab es lt. Hefehändler W. Willmsen eine Bäckerei Hörschgen am Kohlenkamp 552. In der Rhein Ruhr Zeitung suchte Wilhelm Hörschgen 1858 einen tüchtigen Bäckergesellen. Zur gleichen Zeit hatte der Bäckermeister vom Kohlenkamp 4 Probleme mit dem Eichamt wegen Verstößen gegen die „Brodtaxe“.
1860 wird von einem Brand in der Hörschgenmühle berichtet.
Den Schaden beglich die Feuerversicherung.

1864 wurde vom Bäckermeister Friedrich Schwarz eine ergreifende Todesanzeige aufgegeben:
Nach dem unforschlichen Rathe Gottes wurde mir meine liebe Frau Lisette geb. Sellerbeck nach dreitägigen schweren Leiden durch den Tod entrissen. Weinend

stehe ich mit meinen sieben unmündigen Kindern an ihrem Sarge. Indem ich dieses meinen Freunden und Bekannten mitteile, bitte ich um stille Theilnahme.
25.10.1864 Friedrich Schwarz, Bäckermeister

Der Tod seiner Frau zerstörte die Familie, wie 1867 aus dem Protokoll des Weisenhauses dargestellt.
Mülheim a/d Ruhr den 5. Dez. 1867
Anwesend die Herren Daber, Möhlenbeck, Nedelmann und Bürgermeister Obertüchen. Auf den Antrag der städtischen Armencommission wurde beschlossen, die in Witten gegen 6 Sgr. Pro Kind und Tag untergebrachten Kinder des vagabundierenden Bäckers Schwarz, ins Waisenhaus zu Mülheim aufzunehmen.

Scheinbar hat Bäckermeister Friedrich Schwarz sich später gefangen, denn 1883 wurde er an der Dohne 33 und 1884 an der Teinerstr. 4 im Adressbuch als Bäcker geführt.

Bäckerei Küpper, Teinerstr. 65:

geb. 1836	Küpper, Johann Wilhelm sen.
geb. 1868	Küpper, Friedrich Johann
geb. 1874	Küpper, Wilhelm jun.
geb. 1879	Küpper, Hermann
geb. 1903	Küpper, Heinrich Wilhelm
geb. 1927	Küpper, Wilhelm
	Freyer, Otto

An der Teinerstr. 65 kam 1836 der spätere Bäckermeister Johann Wilhelm Küpper zur Welt. In erster Ehe war er mit Anna Kuhlendahl verheiratet. 1868 wurde Sohn Friedrich Johann geboren, 1874 Wilhelm jun.
1877 starb Anna Kuhlendahl. Johann Wilhelm Küpper heiratete zum zweiten Mal 1878, die Auserwählte war Karoline Halfmann. In dieser Ehe kam 1879 Hermann Küpper zur Welt. Die Ehe war nicht von langer Dauer, 1880 starb Karoline Küpper. Johann Wilhelm Küpper heiratete zum dritten Mal. 1880 ging er mit Helena Rumswinkel, welche 1839 geboren war, den Bund fürs Leben ein. 1885 gehörte Johann Wilhelm zu den Gründern der Bäcker- und Konditoreninnung und bekleidete später den Posten des Kassenprüfers in der Bäckersterbekasse. Alle drei Söhne wurden

Bäcker und waren im Betrieb an der Teinerstr. tätig. Friedrich Johann, der erste Sohn, heiratete 1897 Elise Bruckmann, der zweite Sohn, Wilhelm jun., war seit 1901 mit Auguste Oehler verheiratet. Er starb 1937. Hermann, der Sohn aus der zweiten Ehe, verstarb 1900 mit gerade mal einundzwanzig Jahren. 1903 wurde Heinrich Wilhelm als Sohn von Wilhelm und Auguste geboren. Er wurde Bäcker und führte den Betrieb weiter. Aus dieser Ehe ging 1927 Wilhelm Küpper hervor. Mit ihm endete die Bäckerfamilie Küpper. Wilhelm wurde Gerichtsassessor. Nach Kriegsende wurde das beschädigte Haus Teinerst. 65 abgerissen.

Bäckerei Konditorei Röttgen:

geb. 1731	Röttgen, Heinrich jun.
	Röttgen, Johann
geb. 1796	Röttgen, Heinrich
	Hens, Richard
geb. 1885	Kemper, Fritz
geb. 1908	Kreyhan, Hermann

1731 wurde Heinrich Röttgen durch seine Heirat mit Ursula Krempen Eigentümer der Teinerstr. 21. Heinrich Röttgen jun. ca. 1731 geboren, heiratete Maria Zander und war an der Teinerstr. als Bäcker und Krämer tätig. Sohn Johann, verheiratet mit Anna Mittelloskamp aus Saarn, war ebenfalls Bäcker und Krämer an gleicher Stelle. 1796 kam Enkel Heinrich Röttgen zur Welt und führte die Bäckerei und den Krämerladen bis zu seinem Tode weiter. Seine Erben verkauften das Anwesen. Über mehrere Stationen kam es dann 1903 in die Hände von Richard Hens. Dieser ließ das Gebäude abreißen und neu erbauen.
Um 1922 kaufte das Haus der Konditormeister Fritz Kemper aus Brilon und betrieb dort eine Konditorei. Ihm folgte Hermann Kreyhan als Konditormeister, bis er nach dem Krieg an der Ulmenallee in Broich den Betrieb von F. Berthe übernahm.

Bäckerei Kolling:

	Rettinghaus, Karl
geb. 1870	Funke, Johann Gerhard
geb. 1899?	Funke, Carl

geb. 1875 Rolf, Carl
Kolling, Willi

M.-G.-V. ‚Frohsinn', Mülheim-Ruhr.

Wir erfüllen hiermit die traurige Pflicht, unsern Mitgliedern von dem Ableben eines unserer ältesten Mitglieder, des Bäckermeisters

Herrn Carl Rolf

geziemend Kenntnis zu geben.

Zur Teilnahme an der Beerdigung versammeln sich die Mitglieder am 1. Weihnachtstage, nachm. 2 Uhr im Vereinslokale.

Der Vorstand.

Bäckerei Rolf, 1906

Diese Straße, an der die Bäckerei ansässig war, wurde häufig umgebaut. Von 1872 bis 1970 wurden mehrere Bäckereien dort im Adressbuch geführt. Mal hieß sie Froschenteich, Notweg, Münsterstr. dann Hindenburgstr. und nach dem zweiten Weltkrieg Friedrich- Ebert -Straße. 1875 wurde von Nachbarn ein Brand in der Bäckerei gemeldet. Bevor die Feuerwehr eingreifen konnte, hatten die Nachbarn den Brand schon gelöscht.
Rolf Carl, 1875 geboren, machte sich am Froschenteich selbstständig und trat 1912 der Bäckerinnung bei. Er heiratete Katharina Stein und 1891 kam Sohn Franz Heinrich zur Welt. Franz erlernte das Konditorhandwerk. Neben seiner beruflichen Tätigkeit war er Mitglied im Männer Gesangverei Frohsinn, was die Traueranzeige des Vereins 1906 belegt.
1936 wird an der Hindenburgstr. 88. Willi Kolling im Adressbuch angegeben. Nach dem Zweiten Weltkrieg war die Adresse Friedrich-Ebert-Str. 88. Willi Kolling belieferte den Konditor Gahmann in Styrum mit Brot. 1970 wurde die Bäckerei wegen der Straßenerweiterung abgerissen.

Konditorei Wirtshaus Kettwiger Str. 50, Kortumstube:

Becker, Friedrich
Becker, Gustav
geb. 1869 Becker, Karl
siehe auch Kettwiger Str. 48

Wie so mancher Wirt, so hatten auch die Beckers den Beruf des Bäckers oder Konditors erlernt und hatten so ein zweites Standbein neben dem Verkauf des „flüssigen Brotes". Karl Becker, gelernter Schlosser, ließ die Gaststätte Wirtschaft sein und machte aus dem nebenliegenden Ladenlokal, Kettwiger Straße 48, ein Eisenwarengeschäft. Sein Vorgänger, Friedrich, der wie unten beschrieben, sich 1859 an der Wiescherstr. später Hingberg 9, dann 1872 unter der Adresse Kettwiger Str. 50 als

Konditor und Wirt selbstständig machte, war sehr wanderlustig, was seine Betriebsstätten betraf.

Anzeige in der RRZ 1859 1430/18/1859/2. Qu.
Geschäftseröffnung
Den geehrten Bewohnern Mülheims und Umgebung hierdurch die Anzeige, das ich hierselbst, Wiescherstraße Nr. 442 3/10 als Bäcker etabliert habe.
Indem es mein Bestreben sein wird, meinem geehrten Gönner und Freund prompt und reell zu Bedienen, hoffe ich, mich deren Zutrauen recht bald erfreuen zu dürfen.
Friedrich Becker, Bäckermeister 1859

Bäckerei Becker Kettwiger Str. 15:

Becker, Friedrich
Becker, Wilhelm
Buchloh, Gerhard
Café Böhnchen

Im Jahr 1867 kaufte Friedrich Becker, nachdem er sich 1859 als Konditor an der Wiescherstr. selbständig gemacht hatte, für 2500 Mark das Haus Kettwiger Str. 15. Der Konditormeister Friedrich Becker von der Kettwiger Str. 15 gehörte 1885 zu den Gründern der Bäcker- und Konditoreninnung. Vor ihm war dort ein Wilhelm Becker gemeldet, wahrscheinlich der Vater. 1883 war der Bäcker, Winkelier und Kohlenhändler G. Buchloh Inhaber des Anwesens. 1901 vermeldete Gerhard Buchloh einen Brand, wobei das Gebäude nicht mehr zu retten war. An gleicher Stelle entstand ein dreigeschossiges Steinhaus, welches schon einen gewissen Kontrast zu den Fachwerkbauten in der Altstadt darstellte.
1912 kaufte der Bäckermeister Richard Schmäring das Haus Kettwiger Str. 15 für 34500 MK vom Schreinermeister Joh. Heinrich Appelmann.
2013 war in dem alten Haus Kettwiger Str. 15 in der Altstadt das Café Böhnchen etabliert, welches vorher an der Kaiserstr. 4, dem alten Café Pieper, beheimatet war.

Bäckerei Neßbach - Loos:

geb. 1853 Neßbach, Heinrich Johann sen.
geb. 1879 Neßbach, Johann Heinrich
geb. 1905 Neßbach, Hans
geb. 1865 Loos, Max
geb. 1894 Loos, Max

An der Dimbeck 14, unterhalb der Freilichtbühne, damals noch ein Steinbruch, wurde zur Jahrhundertwende die Bäckerei Neßbach gegründet. Vater Heinrich Johann, 1853 geboren, war noch Bergmann und verheiratet mit Anna Schönnenbeck.
1879 wurde Johann Heinrich Neßbach geboren, 1903 heiratete er Anna Rossenbeck und 1905 wurde Sohn Hans geboren.
Von 1920 bis 1923 machte Hans beim Vater eine Bäckerlehre und bestand sie mit „sehr gut". Er heiratete 1935 Karola Kaltheger.
1948 verstarb Johann Heinrich. Die Bäckerei übernahm 1951 der Bäckermeister Max Loos. Er war mit Helena von der Heiden aus Saarn verheiratet.

WAZ 11.12.1951 Geschäftsübernahme,
Ich bringe hiermit zur Kenntnis, dass ich den langjährigen Bäckereibetrieb des Herrn Hans Nessbach in MH Dimbeck 14, übernommen habe. Es wird mein Bestreben sein, das Geschäft in ungestörtem Fortgang weiterzuführen und bitte die alten Kunden, das meinem Vorgänger entgegengebrachte Vertrauen auch mir entgegenzubringen. Auch bitte ich meine langjährige Kundschaft, mich in guter Erinnerung zu behalten. Max Loos

1960 kam das Ende, aus der Bäckerei entstand eine Trinkhalle. Heute sind nur noch Wohnungen an der Dimbeck 14.

Dimbeck 31:

1819 Ruppertz, Peter
1827 Quax, Leonard
1828 Mauermann, Arnold

An der Dimbeck 31 gab es 1819 eine Brauerei mit angeschlossener Wirtschaft und Bäckerei, der Inhaber war Peter Ruppertz. Zehn Jahre später war Arnold Mauermann dort als Wirt und Bäcker geführt. Später wurde die Bäckerei aufgegeben, aber die Gaststätte existiert weiter und erfreut sich heute nochunter dem Namen „Wilhelmshöhe“ großer Beliebtheit.

Bäckereien an der Delle:

	Möhlenbeck, Hermann
	Halfmann, Heinrich
	Böllert, Johann
geb. 1841	Böllert, Arnold
	Sonnenschein, Gustav
geb. 1904	Böllert, Walter
	Brandt, Carl
geb. 1876	Brandt, Fritz sen.
1872	Halfmann Heinrich, Bäcker u. Wirt, Froschenteig 60

Die Delle war seit 1780 bis zum zweiten Weltkrieg eine bevorzugte Einkaufsstraße. Auf der kurzen Straße waren in verschiedenen Gebäuden relativ viele Bäcker und Konditoren ansässig. 1790 wurden z. B. die Bäcker Witib Mesner Vodel, Brarbens, Wilhelm im Bich, Drieß Kalthoff, die Witwe Porthmann und Casber Kaltenhoff genannt. Alles Namen, die längst vergessen sind. Aber von den oben angeführten Bäcker- und Konditoreinamen sind noch manche in den neueren Adressbüchern zu finden. 1863 suchte z.B. Arnold Böllert einen Lehrling von braven Eltern für seine Bäckerei. 1872 wird Heinrich Halfmann, Bäcker u. Wirt, Froschenteig 60, an der Delle als Wirt genannt.

Konditorei Frings, Bogenstr. 2:

geb. 1886	Frings, Peter
geb. 1927	Frings, Heinz

Peter Frings, 1886 geboren, machte sich Ende der zwanziger Jahre an der Bogenstr. 2 mit einer Konditorei selbständig. Von 1941 bis 1945 war er stellvertretender Obermeister der Konditoreninnung.

1927 kam Sohn Heinz zur Welt und legte erfolgreich, nach seiner Lehrzeit erst von 1941 bis 1944 beim Vater und aus Kriegsgründen wegen der Evakuierung in Meschede seine Gesellenprüfung als Konditor ab.
Das Haus Bogenstr. 2 wurde in der Bombennacht 1943 zerstört. Damit war das Ende der Konditorei Frings besiegelt.

Die Bäcker von der Kohlenstraße:

		Benninghofen, Hermann
geb.	1839	Benninghofen, Karl Arnold
geb.	1895	Benninghofen, Johann, Sohn
geb.	1888	Benninghofen, Wilhelm, Sohn
geb.	1843	Habel, Paul

An der Kohlenstr. gab es zwei Bäckereien, eine am Anfang und eine am Ende der Straße. 1860 wurde Hermann Benninghofen an der Kohlenstr. 2 als Bäcker geführt. 1839 wurde Karl Arnold Benninghofen geboren und 1900 als Bäckermeister und Betriebsinhaber angegeben. Auch in der Bäckerinnung war Karl Arnold im Vorstand aktiv. 1888 kam Sohn Wilhelm in erster Ehe zur Welt.
1894 heiratete Karl Arnold Benninghofen, nach dem Verlust seiner ersten Frau, zum zweiten Mal, und zwar Gertraut Rieken. Der Vater von G. Rieken war auch selbständiger Bäckermeister. 1895 kam Sohn Johann Arnold zur Welt.
1903 bis 1905 machte Wilhelm Benninghofen eine Ausbildung beim Bäckermeister Fritz Rothstein. 1913 gab es auch einen Bäcker, welcher sich Benninghoven schrieb, ein Wilhelm nämlich. Im zweiten Weltkrieg wurde das Haus Kohlenkamp 2 zerstört. Lange Zeit war dort ein Parkplatz neben dem Innungshaus. Heute ist dort ein Hotel angesiedelt.

Bäckerei Zaun, Kohlenstraße:

		Zaun, Karl
geb.	1873	Zaun, Heinrich
geb.	1900	Zaun, Heinrich jun.
geb.	1901	Zaun, Karl jun.
geb.	1905	Zaun, Willi

Am anderen Ende der Straße – Kohlenstraße 25 – hatte Heinrich Zaun 1900 eine Bäckerei eröffnet. Heinrich Zaun wurde 1873 geboren und heiratete 1899 Klara Knackstedt. Vater Karl war mit Anna Loh aus Oberhausen verheiratet.
1900 kam Sohn Heinrich jun. auf die Welt. Er machte 1921 – 24 eine Bäckerlehre bei Ernst Altenrath in Broich. 1901 wurde Sohn Karl geboren.
Auch er wurde Bäcker und machte eine Lehre beim Vater von 1919 bis 1922.
Willi, der dritte Sohn wurde 1905 geboren und machte ebenfalls von 1922 bis 1925 eine Bäckerlehre beim Vater. 1929 bestand Willi die Meisterprüfung mit der Note „gut". Im gleichen Jahr heiratete er Elisabeth Forstmann. Beide führten den Laden bis 1970. Danach findet sich kein Adressbucheintrag mehr über eine Bäckerei an der Kohlenstr. 25.

Bäcker und Großhändler Fam. Rieken:

	Ricken, Jan
geb. 1818	Rieken, Johann
geb. 1868	Rieken, Fried. Wilh.
geb. 1868	Rieken, Fried. Wilh.
	Rieken, Ww. Bäckerei Fruchthandel
	Rieken, Johann
	Rieken, Josef
geb. 1910	Rieken, Franz

siehe Bäckerei Rieken, Holzstr. 13

Als Mitglied der Bäckerzunft von 1740 wird der Bäcker Jan Rieken mit einer Bäckerei am Kohlenkamp aufgeführt. 1855 tritt der 1818 geborene Johann Rieken als Mieter der Bäckerei an der Althofstr. 12 auf. 1886 kauft er das Gebäude für 11100RM. Verheiratet war er mit Agnes Bäumer. Der Name Rieken oder Ricken wurde in verschiedenen Ausführungen benutzt.
1868 wurde Friedrich Wilhelm Rieken geboren. 1896 heiratete er die 1872 geborene Berta Maria Helene Voß. Fried. Wilhelm war Bäckermeister und Fruchthändler. Er war der Schwager von Johann Benninghoven, dem Bäcker von der Kohlenstr. 2. Dieser war seit 1896 mit Friedrich Wilhelms Schwester Gertraud, 1855 geboren, verheiratet. Als Mitglied der Bäckerzunft von 1740 wird der Bäcker Jan Ricken mit

einer Bäckerei am Kohlenkamp aufgeführt. 1855 tritt der 1818 geborene Johann Rieken als Mieter der Bäckerei an der Althofstr. 12 auf. 1886 kauft er das Gebäude wurde in verschiedenen Ausführungen benutzt.
1868 wurde Friedrich Wilhelm Rieken geboren. 1896 heiratete er die 1872 geborene Berta Maria Helene Voß. Fried. Wilhelm war Bäckermeister und Fruchthändler. Er war der Schwager von Johann Benninghoven, dem Bäcker von der Kohlenstr. 2. Dieser war seit 1896 mit Friedrich Wilhelms Schwester Gertraud, 1855 geboren, verheiratet. Die Gebrüder Rieken hatten an der Althofstr. 12 eine Großhandlung für Getreide, Mehl und Bäckereiprodukte. Neben den Brüdern Johann und Josef wurde Bruder Franz, 1910 geboren, er wurde auch ein gestandener Bäcker.

Er machte von 1924 bis 1927 bei Fritz Rosorius seine Ausbildung.
1918 wurde Johann Rieken erster Geschäftsführer der Bäcker Einkauf Genossenschaft. 1943 wurde das Haus an der Althofstr. In der Bombennacht völlig zerstört. Interessant ist die Feuerversicherung, welche die Brüder Rieken 1893 abgeschlossen haben. Da ist ein Pferd 1200 Mark und ein Fuhrwerk 300 Mark wert.

Nro. 216 des Gebäude-Katasters. Duplic. Des Mobil.-Vers.-Reg. Nro.

Rheinische Provinzial-Feuer-Societät.

Kreis	Bürgermeisterei	Wohnort	Straße	Nro. des Hauses
Mülheim a/d. Ruhr	Mülheim a/d. Ruhr	Mülheim a/d. Ruhr	Althofstraße	No 12.

Antrag auf Versicherung von Mobilar, Waaren etc.

(Name, Vorname und Stand)

Die Unterzeichneten Gebrüder Rieken, Kaufleute

beantragt hierdurch die Versicherung der umstehend declarirten Gegenstände bei der Provinzial-Feuer-Societät zum Gesammtbetrage von 43400 Mark, wünscht, daß die Versicherung wo möglich anfange am 1ten Januar 1894 und gibt auf die

nachstehenden Fragen:	folgende Antwort:
1. Wem gehören die zu versichernden Gegenstände?	Gebrüder Rieken.
2. In welchen Gebäuden befinden sich dieselben?	Althofstraße No 12, 12a u. 12b.
3. Wem gehören diese Gebäude? Wo und wie hoch sind sie versichert und bis wann? Alter (wie viel Jahre ungefähr) und jetziger Bauzustand.	Wittwe Johann Rieken. In der Rhein Provinzial-Feuer Societät mit 16400 Mk. Wohnhaus vor langer Zeit, Lagerräume vor einigen Jahren neu erbaut, sämtlich in gutem Zustande.
4. Wie sind die Umfassungswände, Giebel und Schornsteine derselben gebaut?	Wohnhaus in Fachwerk, Lagerräume massiv.
5. Woraus besteht die Bedachung?	Geschmierte Dachziegel.
6. Werden Gewerbe darin betrieben und welche?	Getreide, Mehlhandlung, Bäckerei u. Colonialwarenhandlung.
7. Lagern darin größere Quantitäten leicht brennbarer Stoffe?	Nein.
8. Wie weit liegen die nächsten Nachbargebäude entfernt? Wie sind sie bedacht?	Theils angrenzend, theils kurz entfernt. Mit Dachziegel.
9. Werden in denselben Gewerbe betrieben oder größere Quantitäten leicht brennbarer Stoffe aufbewahrt?	Nein
10. Befinden sich innerhalb 100' Entfernung Gebäude unter Stroh-, Rohr- oder Holz-Dachung? Befindet sich innerhalb 50' Entfernung eine Fabrik oder ein feuergefährliches Etablissement?	Nein
11. Welche Gegenstände hat der Antragende bereits in obigen Gebäuden versichert, bei welcher Gesellschaft, bis wann, wie hoch und zu welcher Prämie?	Keine
12. Wo waren dieselben früher versichert, wie hoch? zu welcher Prämie und bis wann? Und wenn bei der Societät, unter welcher Police-Nummer?	Police No 3452 bei der Societät deren Löschung hiermit beantragt wird.
13. Ist die vorliegende Versicherung schon von einer andern Gesellschaft abgelehnt oder aufgehoben worden und warum?	Nein
14. Hat der Antragende schon einmal Brandschaden erlitten? wann? welche Gesellschaft hat ihn entschädigt?	Nein.

Anmerkung: Die Fragen 4, 5 und 8 können auch im Situationsplan beantwortet, resp. erledigt werden. Goldene und silberne Sachen, Spitzen, Cachemirs, Gemälde, Sculpturen und alle Gegenstände, die einen Kunst- oder Liebhaberei-Werth haben, sind nur dann versichert, wenn sie in der Police besonders benannt sind.

Mülheim a/d. Ruhr, den 31ten Dezember 1893. Unterschrift des Antragstellers. Gebrüder Rieken.

Gegen die umstehende Versicherung ist nichts zu erinnern. Die Gebäude, worin die Gegenstände sich befinden, liegen wie oben angegeben und sind sub Nr. .... Cat. bei der Societät in Klasse .... zum Beitrags-Satze von .... versichert.

........, den ....ten .... 189 .

Mehlgroßhändler Gebrüder Rieken von der Althofstr. 12
Antrag zur Feuerversicherung 1893

Bäckerei Hilberath, Kohlenkamp 32a.:

Seit 1875
BÄCKEREI UND KONDITOREI
Karl Hilberath
Mülheim-Ruhr · Kohlenkamp 32a · Ruf 40967

Bekannt durch
- leckeres Brot
- knusprige Brötchen
- gutes Gebäck

	Henrich Ladens, Gerth Gerths, Jan Ticken
	Hilberath, Josef
geb. 1851	Hilberath, Johann Peter
geb. 1881	Hilberath, Karl Theodor
geb. 1879	Hilberath, Josef Johann
geb. 1909	Hilberath, Karl-Theodor jun.
geb. 1911	Hilberath, Friedrich-Karl
geb. 1913	Hilberath, Karl-Hermann

Bereits 1790 wurden am Kohlenkamp drei Bäckereien unter den Namen Henrich Ladens, Gerth Gerths und Jan Ricken genannt. 1875 war ein Josef Hilberath an der Jackenstr. 3 eingetragen. Verheiratet war er mit Christine Schäfer. Im gleichen Jahr, 1875 gründete Johann Peter Hilberath geb. 1851 am Kohlenkamp 32 die Bäckerei Hilberath. Eine Feuerversicherung über die stolze Summe von 14720 Mark schloss Johann Peter 1887 ab. Dessen Sohn Karl Theodor heiratete 1909 Josefine Math. Ida Züllich.Er machte sich früh einen Namen für gutes Brot und Weißbrot und nannte sich „Die Oberländer-Bäckerei“.
1885 war ein Jakob Hilberath einer der Mitbegründer der Bäckerinnung.
1881 wurde Karl Hilberath geboren. Karl war 1924 Gründungsmitglied des Bäckergesangvereins. Seine Bassstimme war weithin bekannt.
1909 bis 1913 kamen die Söhne Karl Theodor, Friedrich Karl und Karl Hermann zur Welt. Karl Theodor heiratete Elisabeth Gelsam und sie bekamen fünf Kinder miteinander. Karl Hermann heiratete 1939 Bernadine Winkelhann, die 2013 verstarb.
Karl Hilberath war ein Sohn vom Metzger Theo Hilberath, einem Bruder von Karl Theodor. Karl wollte Bäcker und nicht Metzger werden und machte von 1930 bis 1933 seine Konditorausbildung in Duisburg an der Königstraße bei der Konditorei Stehle & Wischnewski.
1940 wurde Karl Hilberath zum Wehrdienst einberufen, so bekam er den Angriff auf Mülheim nicht mit. Beim Bombenangriff 1943 wurden am Kohlenkamp viele Häu-

ser getroffen, zum Glück musste die Familie Hilberath keine Opfer beklagen. An dem Nebenhaus, wo das Café Böhmer war, konnte sich die Konditoreifamilie Böhmer nur duch den Keller der Hilberaths retten.

Danach war die Produktion der Bäckerei Hilberath an verschiedenen Stellen der Stadt, wie an der Ulmenallee oder „Auf dem Dudel" bis die Backstube am Kohlenkamp wieder aufgebaut war. Karl Hilberath überzeugte Heinz Krieger, dass er den Kriegerschen Traditionsbetrieb an der Löhstr. nach dem Krieg weiter führte.

Joh. Hilberath, 1896 MZ

Nachdem Anfang der fünfziger Jahre das Geschäft wieder aufgebaut war, wurde 1973 das letzte Brot am Kohlenkamp 32a aus dem Ofen geholt. 1992 verstarb Karl Hilberath. Die jüngste Tochter von Karl Hilberath hat heute in Saarn eine bei vielen Mülheimern beliebte und bekannte Buchhandlung.

Bäckerei Konditorei Kocks:

1693	Kocks, Jörgen
1844	Kocks, Gerhard
geb. 1862	Kocks, Friedrich
	Wischermann, Hans
	Schriewer, Alfons
geb. 1940	Schriewer, Ellen

1740 wird Jörgen Kocks, verstorben 1773, als Bäcker an der Kettwiger Str.15 benannt. Möglicherweise war er ein Vorfahre der Bäcker- und Konditorenfamilien an der Eppinghofer Str. 34 und der Friedrichstr. 55. Die Bäckerei Fried. Kocks an der Eppinghofer Str. war 1861 auch im 2. Nachtwächterrevier als markanter Wendepunkt benannt. Nach Friedrich Kocks, 1862 geb., übernahm 1937 Alfons Schriewer den Betrieb. Der Betrieb lag neben dem Kino Löwenhof.

In den sechziger Jahren machte Herbert Kahl bei Alfons Schriewer seine Bäckerlehre. 1970 machten wir beide in Olpe an der Bäckerfachschule unsere Meisterprüfung.

Die Bäckerei Schriewer fiel genauso wie der Löwenhof der Abbruchhacke in den siebziger Jahren zum Opfer. Die Untertunnelung der Eppinghofer Straße fand dort seine Erfüllung.

Conditorei Kocks, Friedrichstr. 55:

geb. 1820	Kocks, Friedrich
geb. 1862	Kocks, Heinrich sen.
geb. 1888	Heisterkamp, Hermann
geb. 1893	Kocks, Heinrich jun.
	Kocks, Matthias
geb. 1896	Kocks, Winfried
geb. 1894	Kocks, Hermann
	Böseback, August
	Hufschmidt, Hans Jürgen

Der 1820 geborene und spätere Bäcker und Wirt, Friedrich Kocks, stand 1860 im Adressbuch. Verheiratet war er mit Gertraud Schönnenbeck, Tochter des Wirtes vom Notweg. An der Friedrichstr. 55 wurde um 1900 die Conditorei von Heinrich Kocks, ebenfalls – wie sein Vetter Friedrich von der Eppinghofer Straße – 1862 geboren, geführt.
1893 wurde dort Heinrich Kocks jun. geboren, der von 1907 bis 1910 beim Vater eine Conditorlehre absolvierte. 1922 machte Sohn Winfried seine Gesellenprüfung beim Vater Heinrich. Der 1884 geborene Hermann machte beim Vater von 1924 bis 1927 die Ausbildung und 1927 auch Mathias Kocks. Bruder Winfried, 1896 geboren, erbrachte von 1919 bis 1922 auch beim Vater an der Friedrichstr. 55 seine Konditorlehrzeit. Die Friedrichstr. hieß im Nationalsozialismus bis 1945 Adolf Hitler Straße. 1957 wird der Kaufmann August Bösebeck an der Adresse Friedrichstraße geführt. Er hatte bis 1970 einen Sahnegroßhandel und belieferte viele Bäcker und Konditoreien in Mülheim, auch unsere Bäckerei. Der Nachfolger von August Bösebeck wurde der Sahnegroßhändler Hans Jürgen Hufschmidt.

Bäckerei Dohne 38:

	Wolf, Viktor
geb. 1845	Oberfahrn, Wilhelm
geb. 1847	Oberfahrn, Heinrich
geb. 1853	Oberfahrn, Johann
geb. 1851	Oberfahrn, Gerhard, Schreiner
geb. 1865	Boverschen, Wilhelm, verst. 1908
geb. 1882	Oberfahrn, Karl
geb. 1904	Becker, Adolf Rudolf
	Rumler, Heinz
	Bäckerei Boverschen, 1908

Gestern morgen entschlief sanft nach schwerem Leiden mein lieber Mann, unser guter Bruder, Schwiegersohn, Schwager und Onkel

Bäckermeister

Wilh. Bovenschen

im 43. Lebensjahre.

Um stille Teilnahme bittet

Frau Wilh. Bovenschen
geb. Auguste Spieker.

Mülheim-Ruhr, Crefeld, Duisburg, Düsseldorf, den 10. Februar 1908.

Die Beerdigung findet am Mittwoch den 12. Febr., nachmittags 3 Uhr vom Sterbehause, Dohne 38, aus statt. Vorher Trauerfeier im Hause.

Denen, welchen aus Versehen keine besondere Benachrichtigung zugegangen ist, möge obiges als solche dienen.

Die Anfänge einer Bäckerei an der Dohne 38 waren sehr turbulent. 1872 wird dort ein Viktor Wolf als Bäckergeselle genannt. Drei Jahre später ist er Bäckereiinhaber, verheiratet mit Helma Werth. 1927 ging er den zweiten Bund fürs Leben ein, mit Anna Mertens, der Schwester von Helma. 1900 wird dort der 1865 geborene Bäckermeister Wilhelm Boverschen, verheiratet mit Auguste Spieker, als Inhaber genannt. Mit 63 Jahren verstarb W. Boverschen und Heinrich Oberfahrn, 1847 geboren, übernahm den Betrieb.

Heinrichs Vater war Ackerer in Dümpten, mit Katharina Backhaus verheiratet und sie hatten vier Söhne. Heinrich und der 1853 geborene Johann Oberfahrn wurden Bäcker. Heinrich Oberfahrn heiratete 1875 die 1857 geborene Gertrud Schwörer. Gertrud stammte von der keine 100 Meter entfernten Bäckerfamilie Schwörer vom Wilhelmplatz 2. Beide bekamen miteinander elf Kinder. Der 1882 geborene Karl Oberfahrn heiratete 1908 die um 17 Jahre ältere Auguste Boverschen, die Wwe. von Wilhelm Boverschen. Somit war wohl das Eigentum gesichert. Auguste verstarb schon bald.

1910 heiratete Karl zum zweiten Mal, und zwar die 1881 geborene Maria Lindenberg. 1911 kam Stammhalter Heinrich jun. zur Welt.

1935 feierten sie ihre Silberne Hochzeit und unter großer öffentlicher Anteilnahme und Glückwünsche der Bäckerinnung und des Kriegervereins, das 25-jährige Berufsjubiläum. Auch die Frauenschaft stand mit ihren Glückwünschen nicht zurück. In den vierziger Jahren war der Sohn vom "hollänschen Bäcker" Rudolf Becker an der Dohne 38 bis zur Eröffnung der neuen Bäckerei an der Leineweberstr Betriebsinhaber.

1956 bis 1964 wird Heinz Rummler als Bäckereibesitzer im Adressbuch geführt. 1933 hört man noch von der Geburt der Tochter Marie Luise, bevor es ruhig wird. Nach 1964 hört man von der Bäckerei an der Dohne 38 nichts mehr.

Konditorei Schiefer:

Dohne 87b

geb. 1878 Schiefer, Adolf sen.
geb. 1908 Schiefer, Adolf jun.
geb. 1908 Schiefer, Adolf jun.

Ab 1928 wird an der Aktienstr. 140 die Konditorei von Adolf Schiefer genannt. In den dreißiger Jahren wechselte Adolf Schiefer zur Dohne 87b.
1905 heiratete er Gertraud Terschüren.
1943 wurde er aus der Handwerksrolle ausgetragen. Nach dem Krieg war dort keine Konditorei mehr, aber eine neue Frau, nämlich Anna Maria von der Brüggen, welche er 1946 ehelichte. Das Haus gehörte dem Bäckermeister Max Loos von der Dimbeck 14.

Bäckerei Möhlenbeck, Biesenbach:

Möhlenbeck, Jan
Möhlenbeck, Hermann sen.
geb. 1808 Möhlenbeck, Gerhard
geb. 1834 Möhlenbeck, Gerhard jun.
geb. 1853 Möhlenbeck, Gerhard
geb. 1869 Möhlenbeck, Hermann
Möhlenbeck, Hermann Nicolaus
Möhlenbeck, Wilhem
Möhlenbeck, Gustav
geb. 1900 Savelkorn, Wilhelm

1740 findet Jan Möhlenbeck „An der unter Beck“ als Gründungsmitglied Erwähnung bei der 1. Zunftgründung der Bäcker. Das Anwesen wurde 1411 erstmals mit dem Kloster Saarn in Verbindung gebracht.
1872 erscheint Gerhard Möhlenbeck, 1834 geboren, mit einer Bäckerei am Biesenbach 1. Sein Vater hieß Hermann und hatte 1859, wie so mancher Bäcker in dieser Zeit, Probleme mit dem Eichamt, sein Brod war zu leicht.
1869 wird Hermann jun. geboren, Vater Gerhard und Mutter Friederike Höffken freuten sich über den Stammhalter. Zur gleichen Zeit suchten in der Rhein Ruhr Zeitung die Gebrüder Möhlenbeck & Sohn, wie sie nun firmierten, einen „tüchtigen Gesellen“. Zu dieser Zeit gibt es an der Teinerstr 39 einen Gerhard Möhlenbeck und an der Bachstr. 34 einen Wilhelm Möhlenbeck, dessen Vater Hermann Nicolaus mit Anna Hilterhaus verheiratet war, als Inhaber einer Bäckerei und Spezereiengeschäftes. Gerhard Nikolaus Möhlenbeck heiratete ein zweites Mal und zwar eine Anna Jäger. 1912 war Hermann jun. in der Bäckerinnung. 1900 gab es an der Feldstr. 1 – dem heutigen Forumgelände – einen Gustav Möhlenbeck mit Bäckerei und Spezereienladen. 1915 folgte Wilhelm Savelkorn, der bei Alois Moes seine Lehre machte, als Bäcker am Biesenbach 1. 1920 fand sich keine Bäckerei mehr am Biesenbach 1. Die Straße ist seit 1950 verschwunden. Dort ist jetzt das evangelische Krankenhaus mit seiner Augenklinik.
Am 28.08.1910 berichtet die Mülheimer Zeitung folgendes:

Wilde Automobilisten:
Gestern Nachmittag gegen 5 Uhr bog ein Automobil mit 4 Herren aus der Charlottenstr. in so schneller Fahrt um die Ecke in die Auerstr. Daß es, um kein Fuhrwerk über den Haufen zu rennen, seinen Weg über das Trottoir nehmen mußte, wo es vor das Haus des Bäckers Möhlenbeck rannte. Zum Glück war niemand auf dem Trottoir, sonst hätte ein großes Unglück geschehen können, denn an ein Ausweichen war nicht zu denken. Wie man hörte, hatten die Automobilisten vorher auch schon einen Zusammenstoß erlebt.

Backerei - Konditorei Schwörer - Stachelhaus:

geb. 1874	Schwörer, Christian sen.
geb. 1907	Schwörer, W. Christian jun.
geb. 1896	Stachelhaus, Fritz sen.
geb. 1937	Stachelhaus, Fritz jun.

geb. 1937 Stachelhaus, Fritz jun.
Mehrhard, Horst

Am Wilhelmplatz, Ecke Dohne, steht heute noch das schöne, 1902 erbaute Geschäftshaus Wilhelmplatz 2. Christian Schwörer, 1874 geboren, machte sich dort als Bäckermeister selbständig. Ab 1912 war er Innungsmitglied. 1902 heiratete er Catharina Knippscheer und sie bekamen vier Kinder. Sohn Christian jun, geboren 1907, machte von 1921 bis 1924 eine Lehre beim Konditormeister Hugo Osterkamp in Broich. 1934 heiratete er Anna Sandmann. 1936 wird Sohn Klaus geboren und 1940 Sohn Ulrich. Ulrich Schwörer macht von 1955 bis 1958 eine Ausbildung bei Helmut Lohscheidt. Ulrich arbeitete lange Jahre in Duisburg in der Konditorei Limper. Nebenbei machte er sich als Hobbymusiker in der Rockszene einen Namen.

Christian Schwörer jun. ist aus dem 2. Weltkrieg nicht zurückgekommen, er ist gefallen.

1945 übernahm der 1896 geborene Fritz Stachelhaus den Betrieb am Wilhelmplatz 2. Fritz Stachelhaus hatte von 1910 bis 1913 bei Christian Schwörer seine Konditorlehre gemacht.

1970 zog Horst Mehrhard als Konditormeister dort ein.

Die Bäckerei wurde 1980 geschlossen, weil die Backstube im Keller war, und es Probleme mit den Räumlichkeiten gab. Heute wohnt der Dipl.Ökon Fried. Wilhelm Schwörer dort.

Hustadtweg 8, Bäckerei Stürner 1912,
Foto U.B. Richter

2015

Bäckerei Eberhard Stürner:

Kempchenstr. 55

geb. 1878 Stürner, Eberhard Georg sen.
geb. 1878 Stürner, Margarete
geb. 1909 Stürner, Eberhard
Bartholomäus, Dieter
Kalinowski, Bruno
Bartholomäus, Dieter
Günter, Eckard

Bäckerei Bartolomäus, 1958

Ein tolles Foto aus den Anfängen der Bäckerei Stürner zeigt die Bäckerei ca. um 1910. Der Bäckermeister Eberhard Stürner, geboren 1878, machte sich am Hustardtweg 8 um diese Zeit mit einer Grob- und Feinbäckerei und einem Kolonialwarenladen selbstständig.

1905 heiratete er Margarete Klapdor aus Speldorf und 1909 kam Sohn Eberhard jun. zur Welt. Dieser heiratete 1936 Wilhelmine Lohmann. In der Bäckerinnung war Eberhard sen. seit 1912 aktiv. 1916 fiel er an der Ostfront. In den zwanziger Jahren zog Eberhard jun. um zur Kempchenstraße 55 in das neu erbaute Geschäftshaus.

Erster deutscher Polizeihunde-Verein
Zweigverein Mülheim-Ruhr.

Bei den letzten Kämpfen im Osten fiel auf dem Felde der Ehre unser treues Mitglied der

Bäckermeister
Herr Eberhard Stürner
aus Mülheim-Ruhr, Kämpchenstraße 55.

Wir werden den tapferen Entschlafenen ein treues Andenken bewahren.

Namens des Vorstandes:
Lucas, Polizei-Inspektor
I. Vorsitzender.
7267

Eberhard jun. machte bei Heinrich Hoffmann in Speldorf von 1924 bis 1927 eine Bäckerlehre. Nach dem 2. Weltkrieg hatte auch Ulrich Fassbender eine Weile seine Produktion in der Kempchenstraße. Ab 1957 wird dort als Inhaber Dieter Bartholomäus geführt. Ende des letzten Jahrhunderts wurde der Betrieb eingestellt.

Die Brotfabrik Oesterwind:

geb. 1766	Oesterwind, Gerhard	verst. 1835	
geb. 1796	Oesterwind, Wilhelm	verst. 1875	
geb. 1819	Oesterwind, Johann	verst. 1885	Holthausen
geb. 1854	Oesterwind, Hermann	verst. 1927	Holthausen 121
geb. 1895	Oesterwind, Mathias Heinrich		Dickswall 38
	Oesterwind, M. Heinrich	verst. 1974	
	Fastrich G., Mülheimer Brotf.	Dickswall 89	
geb. 1895	Oesterwind, Mathias Heinrich	Essener Str. 28	
geb. 1921	Oesterwind ,Heinz	verst. 1985	
geb. 1922?	Oesterwind,Günter	verst. 1986	
	Schütten & Oesterwind	Essener Str.	
	Rugenberger Brotfabrik	Insolvenz, Abriss,	
	Aldi, Rewe, Lidl	Essener Str. 28	

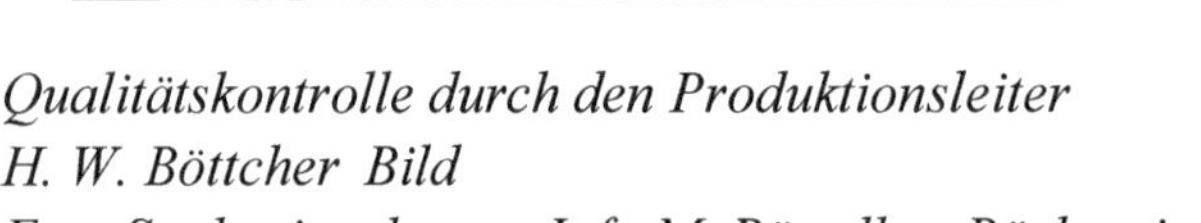

Qualitätskontrolle durch den Produktionsleiter
H. W. Böttcher Bild
Foto Stadtspiegel *Info M. Rüweller, Bäckerei u. Brotfabrik Oesterwind*

1766 wurde in Holthausen der Kötter Gerhard Oesterwind geboren, der Gründer der späteren Brotfabrikantenfamilie. Verheiratet war er mit Anna Maria Ternieden.

1796 kam Sohn Wilhelm Oesterwind auf die Welt. Er heirate Anna Schauenburg. 1819 wurde Sohn Johann geboren. Johann war mit Katharina Neuhaus verheiratet. Auch Johann war noch kein Bäcker, sondern alle waren Bergmänner. Beider Sohn Hermann, geboren 1854, war zuerst auch Bergmann und erlernte später aber das Bäckerhandwerk. In erster Ehe war Hermann Oesterwind mit Henriette Giesen verheiratet. Mit ihr machte er sich 1886 als Bäcker in Holthausen selbstständig. Seine Frau verstarb früh und Hermann heiratete ein zweites Mal, und zwar die 1876 geborene Anna Born.

1895 kam Sohn Mathias Heinrich Oesterwind zur Welt Mit vierzehn Jahren trat dieser in den väterlichen Betrieb ein und machte von 1909 bis 1912 eine Bäckerlehre. Heinrich hatte große Pläne und übernahm 1926 am Dickswall 38 eine Bäckerei und baute sie zu einer Großbäckerei aus.

1921 heiratete Heinrich Oesterwind Maria Oelschläger und mit einem Jahr Abstand kamen die Söhne Heinz und Günter zur Welt.

Heinz heiratete 1954 Leonie Schäferdick und ein Jahr später machte es Bruder Günter nach und ehelichte Christel Zähres.

1937 übernahm Heinrich die Brotfabrik von der Ww. Gustav Fastrich, Dickswall 89.

Beim Großangriff 1943 wurde der Betrieb von

Not.Reg.Nr. 13/1937.

Im Handelsregister zu Mülheim-Ruhr steht die Firma Mülheimer Brotfabrik Gustav Fastrich, Mülheim-Ruhr, eingetragen, deren alleinige Inhaberin auf Grund Erbganges die Frau Witwe Gustav Fastrich, Gertrud geb. Schmittmann zu Essen-Ruhr, Corneliusstr. 15, ist.

Frau Witwe Fastrich überträgt hiermit diese Firma dem Fabrikanten Heinrich Oesterwind zu Mülheim-Ruhr, Dickswall Nr. 89, der diese Übertragung annimmt. Die Übertragung erfolgt im Zusammenhang mit dem Erwerb der der Witwe Fastrich gehörenden Grundbesitzung Mülheim-Ruhr, Dickswall 89 durch den Fabrikanten Oesterwind. Ein besonderes Entgelt wird daher für die Firma seitens des Fabrikanten Heinrich Oesterwind nicht gezahlt.

Wir, die Unterzeichneten, nämlich:

1. Frau Witwe Gustav Fastrich, Gertrud geb. Schmittmann zu Essen-Ruhr, Corneliusstr. 15,
2. Fabrikant Heinrich Oesterwind zu Mülheim-Ruhr, Dickswall 89,

beantragen hiermit die Umschreibung der Firma auf den Namen des Erwerbers.

Ich, der Fabrikant Heinrich Oesterwind, zeichne die Firma wie folgt:

Mülheim-Ruhr, den 8. Januar 1937.

Bomben getroffen. 1944 konnte aber schon wieder weiter produziert werden.
Der Betrieb expandierte so stark, dass die Produktion 1950 am Dickswall zu beengt wurde. Man konnte auf einem an der Essener Str. 28 erworbenem Grundstück eine neue Produktionsstätte errichten, die deutlich bessere Erweiterungsmöglichkeiten bot. Mit diesem Neubau gehörte die Brotfabrik Oesterwind zu den modernsten Brotfabriken Deutschlands.
1974 schloss sich die Brotfabrik Oesterwind mit der Brotfabrik Schütten in Moers zusammen, um dem immer größer werdenden Druck der Mitbewerber entgegenzutreten. Durch die enorme Konkurrenz der Brotindustrie mussten auch immer mehr Bäckereien schließen. So manch vorher selbstständige Handwerksmeister fand bei Schütten - Oesterwind, wie der Großbetrieb jetzt hieß, im wahrsten Sinne des Wortes „Brot und Arbeit“. Die beiden Oesterwind-Söhne, Heinz und Günter, übernahmen mit Peter Schütten den Großbetrieb. Aber die nächste Übernahme ließ nicht lange auf sich warten. Schütten - Oesterwind wurde von der Rugenberger Bäckerei übernommen. Heinrich Oesterwind schied 1970 aus der obersten Führung aus. Vier Jahre später starb Heinrich.
1987 wurde die Firma Rugenberger von der französischen Backwarengruppe Pain Jaquet geschluckt.
Die Brotfabrik Oesterwind wurde über Jahrzehnte durch die Deutsche Landwirtschaftsgesellschaft und das Bundes-Ernährungsministerium wegen seines hohen Quallitätsstandarts ausgezeichnet. Führende Mitarbeiter waren in bundesweit vertretenen Organisationen, wie der Vereinigung Deutscher Backmeister, in leitenden Positionen tätig und beeinflussten die Backbranche.
1995 kam dann das bittere Ende. Der französische Betrieb war pleite.
Nach der Jahrtausendwende wurden die Produktionsgebäude abgerissen und Aldi, Rewe und Lidl machten sich auf dem Areal mit großen Supermärkten breit. 1985 verstrb Heinz Oesterwind und Bruder Günter folgte ihm 1986.
Die Bäckerei Oesterwind fand damit ihr trauriges Ende.

Stadtspiegel Brotfabrik Oesterwind

Konditorei Groß – Pohlmann, Kämpchenstr. 8:

geb. 1878 Groß, Ludwig Friedrich
geb. 1909 Groß, Wilhelm
Pohlmann, Hermann

1906 gründete der Konditormeister Ludwig Friedrich Groß am Notweg 55 am neuen Rathausmarkt eine Konditorei mit Café. 1910 zog er zur Kämpchenstr. 8.
Ludwig Groß war Vorstandsmitglied der Bäcker- und Konditoreninnung. 1907 heiratete er die 1886 geborene Lucia Tives. Sie bekamen zwei Kinder. Wilhelm, 1909 geboren, führte den Betrieb von 1927 bis in die fünfziger Jahre an der Kämpchenstr. 8 weiter. Danach führte Hermann Pohlmann den Betrieb bis 1970. Anschließend zog dort ein Versicherungsbüro dort ein.

Bäckerei Braems, Kaiserstr. 67:

Breams, Johann
geb. 1909 Breams, Theodor

An der Kaiserstr. 67 wird ab 1910 die Bäckerei Johann Braems genannt. Das Geschäft befindet sich an der Ecke Kaiserstr. - Oberstr. Von 1912 bis 1915 machte Hermann Ed. Backhaus, geboren 1897 aus Saarn seine Bäckerlehre bei Johann Braems. Nach dem zweiten Weltkrieg übernimmt der 1909 geborene Theodor Braems den Betrieb. Theodor hat von 1923 bis 1936 beim Vater die Ausbildung zum Bäcker gemacht und mit "sehr gut" abgeschlossen.

Bäckerei Braems, um 1920

1970 stand die Bäckerei Braems noch im Adressbuch, ab 1979 ist kein Eintrag mehr zu finden.
Heute ist weiterhin die Familie Braems Eigentümer der Immobilie an der

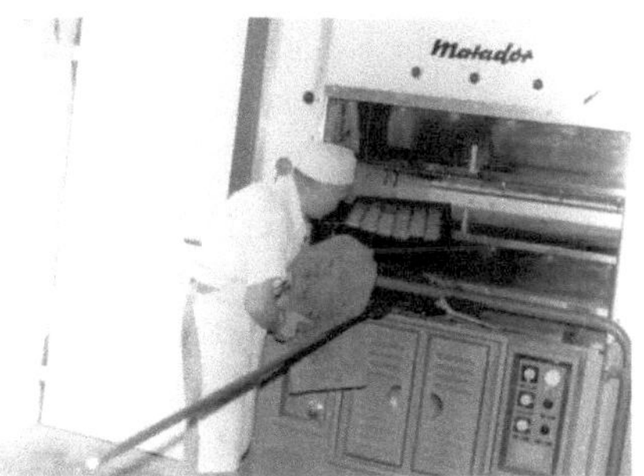

Bäckerei Theo Braems,
der neue Ofen in den sechziger Jahren Kaiserstr. 67.

Ab 2016, neu um die Ecke an der Oberstr. ist ein Kunst und Geschichtsladen eingezogen Bernd Simmerock, Dirk von Eicken und Gerd Kampf verbinden dort Geschichte und kreative Kunst miteinander.

Konditorei - Café - Pieper:

Pieper, Heinrich
geb. 1894 Pieper, Ernst
geb. 1929 Pieper, Herbert
geb. 1937 Pieper, Doris
geb. 1892 Pieper, Ernst verst. 1972
geb. 1942 Pieper, Helmut
Café Böhnchen

Für eine kurze Zeit, 1911 hatte ein Konditormeister, Heinrich Pieper an der Eppinghofer Straße, Ecke Hingberg, ein Hotel mit angeschlossenem Café.
Aber schon drei Jahre nach der Eröffnung musste es wegen der Bahnsteig-Erweiterung der Eisenbahn abgerissen werden.
1927 machte sich der Konditormeister Ernst Pieper, 1892 geboren, selbständig. 1929 zog er zur Kaiserstr. 4, neben dem Altenhof. 1929 kam auch Sohn Herbert zur Welt, die Nachfolge schien gesichert. Herbert machte 1945 bis 1948 die Konditorlehre beim Vater. Tochter Doris machte 1952 bis 1954 beim Vater die Ausbildung zur Konditoreiverkäuferin.
1942 kam Sohn Helmut zur Welt. Helmut erlernte zuerst bei der Fa. Neumann in Broich den Beruf des Elektromechanikers. Nach dem frühen Tod des Bruders Herbert schulte er zum Konditor um und übernahm den Betrieb. Helmut Pieper war von 1989 bis 2000 Obermeister der Konditoreninnung. Er hatte an der Zeppelinstr. ein weiteres Café mit Produktion neu erbaut.

2001 konnte der Pachtvertrag an der Kaiserstr. nicht verlängert werden und somit war das Ende des Betriebes an der Kaiserstr. An der Zeppelinstraße ging es noch ein paar Jahre weiter. Helmut Pieper war Rallyefahrer und Motorsportfan, mit seinem Bäckerkollegen Horst Breuer aus Heimaterde wurde er bekannt und erfolgreich. Als Ruheständler hat sich Helmut Pieper einem neuen Hobby zugewandt, er fotografiert leidenschaftlich. Seine Fotos wurden mehrfach in Ausstellungen gezeigt.

Bäckerei Hemmerle:

geb. 1861	Schönnenbeck, Joh. Heinrich	
geb. 1861	Schönnenbeck, Heinrich	
geb. 1895	Schönnenbeck, Arnold	
geb. 1887	Schönenbeck, Heinrich	
	Arens, Albert	
geb. 1940	Arens, Egon	Verwandter?
geb. 1938	Hemmerle, Heinz	
geb. 1966?	Hemmerle, Peter	
geb. 1968	Hemmerle, Bernd	

Die Bäckerei Hemmerle ist ein Familienunternehmen mit langer Tradition. Den Grundstein der heutigen Bäckerei Hemmerle hat Albert Ahrens im Jahr 1927 gelegt, indem er die vorhandene Bäckerei von dem 1861 geborenen Johann Heinrich Schönnenbeck übernahm. Johann Heinrich war in erster Ehe, 1886, mit der Konditoreiverkäuferin, der 1846 geborenen Gertraud Schmitz verehelicht. 1892 heiratete er ein zweites Mal und zwar die 1859 geborene Anna Christine Lierhaus. Ein älterer Schönnenbecksohn, der 1895 geborene Arnold, erlernte bei Gustav Sander von 1911 bis 1914 das Konditorenhandwerk. Bruder Heinrich, 1887 geboren, verstarb schon 1910. Die bereits damals qualitativ hochwertigen Backwaren wurden ursprünglich vorwiegend auf Wochenmärkten verkauft. Die Backstube befand sich am Dickswall 44. In jenen Tagen erfolgte, auf Wunsch, für einen festen Kundenstamm die Hausbelieferung. Während der Kriegszeit war die Bäckerei Arens eine wichtige Adresse zur Versorgung der Bevölkerung mit Brot. Heute undenkbar – seinerzeit revolutionär – die Belieferung per Motorrad mit Beiwagen. Albert Arens war nach dem Krieg im Innungsvorstand sehr aktiv.

1955 bis 1957 erfolgte im Zuge der Stadtsanierung die Verlegung der Straße und des Rumbaches, welcher bis dahin noch offen am Dickswall floß. In diesem Zusammenhang musste das Wohn- und Geschäftshaus neu erichtet werden. Dieses Erscheinungsbild besteht heute noch. 1961 übernahm die Tochter des Gründers, Leni Hemmerle, geborene Arens, mit ihrem Ehemann Heinz Hemmerle den elterlichen Betrieb. Auch Schwiegersohn Heinz Hemmerle setzte sich aktiv für die Innungs- und Berufsstandsarbeit ein. Zu dieser Zeit machte Bernd Tenter, von der Brotfabrik Tenter & Dehnen aus Speldorf, bei Hemmerle seine handwerkliche Ausbildung. 1969 verstarb Albert Arens.

Der hohe handwerkliche Anspruch, gepaart mit Fleiß und Ideereichtum führte schnell dazu, dass die ursprüngliche Produktionsstätte am Dickswall trotz mehrerer Umbaumaßnahmen an den Rand ihrer Kapazitäten kam. 1996 erfolgte der Umzug in eine neue, nach modernstem Standard errichtete Betriebstätte an der Neckarstraße, im Mülheimer Hafengebiet. Zur gleichen Zeit übernahmen die Söhne den Betrieb vom Vater Heinz Hemmerle.

Der hohe handwerkliche Anspruch, als auch das „hemmerlische“ Streben nach dem Besten, sind bis heute beibehalten und werden von der nächsten Generation fortgeführt. Die Bäckerei Hemmerle beschäftigt mehr als 200 Mitarbeiterinnen und Mitarbeiter. Zuletzt wurde die Bäckerei Amshoff von der Kappenstraße mit mehreren Filialen in Mülheim übernommen, um die Versorgung der Mülheimer Bevökerung mit „Hemmerlebackwaren“ zu sichern.

Bäcker, die nur kurze Zeit im Adressbuch auftauchten:

1870	Holtfort, Wilhelm	verstorben 1916	
1900	Schoser, Carl	Luisenstr. 29	Cond.
	Peil, Peter	Althofstr. 48	
1900	Rothstein, Friedrich	Notweg 6	
	Cond. Ecke Bachstr. Gastwirtschaft		

1870 eröffnete Hermann Holtfort am Froschenteich 56 eine Bäckerei mit Spezereienhandel und bietet in der RuRZeitung „gute Ware zu reelen Bedingungen" an. 1868 heiratet der Bäcker Wilhelm Holtfort die Schifferstochter Catharina Kranz. 1870 richten sie im elterlichen Haus am Froschenteich 56 eine Bäckerei mit Spezereienhandel ein. Das Geschäft läuft so gut, dass zwei Gesellen eingestellt werden und sogar ein Lehrling gesucht wird. Er verstarb 1916 und seine Frau ein Jahr früher 1915.

Bäckerei Zähres:

geb. 1822 Zähres, Hermann
geb. 1845 Zähres, Wilhelm sen.
geb. 1848 Zähres, Hermann Sohn, verst. 1886
geg. 1849 Zähres, Wirich Sohn, verst. 1882

geb. 1878 Zähres, Wilhelm Herm.
geb. 1885 Zähres, Hermann, verst. 1957
geb. 1888 Zähres, Heinrich, Saarn
geb. 1869 Buchloh, Gerhard Hermann
geb. 1878 Zähres, Wilhelm jun.
geb. 1919 Zähres, Hermann Wilhelm
geb. 1921 Zähres, Hans Werner

Zähres, Heinrich
Zeeres, Heinrich

Unter der Adresse Eppinghofen 93 wurde 1861 der 1822 geborene spätere Bäckermeister, Hermann Zähres genannt. Er war mit Anna Mellinghoff verheiratet. Er verstarb schon 1880. Sohn Wilhelm kam 1845 zur Welt, Sohn Hermann 1848 und Wirich Zähres 1849. Vier weitere Kinder sind früh verstorben. Hermann jun. verstarb 1886 mit 37 Jahren. Wirich Zähres heiratete 1875 Anna Volkenborn und sie hatten zwei Töchter. Anna verstarb 1875 und Wirich heiratete ein zweites Mal, 1876, Helene Tübben. 1878 kam Sohn Wilhelm jun. zur Welt. Die Familie Zähres

verlegte die geschäftlichen Aktivitäten zum Kohlenkamp 19. An der alten Adresse wurde 1894 Hermann Buchloh, geb. 1869, als Bäckermeister genannt.
Hermann Buchloh schloss 1894 vorsorglich eine Feuerversicherung über 4300,00 Reichsmark ab.
Wilhelm Zähres war 1912 in die Bäckerinnung eingetreten und nahm rege am Innungsleben teil.
1919 kam Sohn Hermann Wilhelm zur Welt. Er heiratete 1947 Ilse Mundt. Bruder Hans Werner Zähres, 1921 geboren, heiratete ein Jahr später Brunhilde Schulz.
Von 1940 bis in die sechziger Jahre des letzten Jahrhunderts gab es in Styrum an der Augustastraße 6 die Bäckerei Heinrich Zeeres. Nach dem Krieg und dem Ausbau der A – 40 zur Autobahn wurde das Haus abgerissen.
Ein Zweig der Familie dieser Zeeres oder Zähres muss noch gesucht werden. Erwähnung fand auch 1897 ein Bäcker und Kaufmann Zähres in Saarn, der durch eine Zwangsversteigerung seines Grundstücks samt Gebäude in der Rhein Ruhr Zeitung Erwähung fand.

Bäckerei Kotthaus, Notweg:

1801	Bergfried, Erbteilung Bachstr. 8 und Kohlenkamp
1858	Bergfried, Karl
1857	Kotthaus, Wilhelm
1862	Bergfried, Jakob

Empfehlung.

Hiermit die ergebene Anzeige, daß ich die Bäckerei des Herrn Bergfried übernommen und in demselben Hause auf dem Markte fortsetzen werde.
Außer täglich frischem Weißbrod empfehle ich namentlich meine Burger Brezeln, und halte mich auch in allen sonstigen Backwaaren bestens recommandirt.
Mülheim a. d. R., im April 1857.
Wilh. Kotthaus.

Am Notweg 60 gab es um 1857 die Bäckerei Wilhelm Kotthaus. Wilhelm Kotthaus hatte lt. Anzeige beim Bürgermeister, dem Kreisblatt und dem Allgemeinen Anzeiger Probleme mit seinem Lehrling Carl Völker. Carl verkaufte Burger Brezel ohne Erlaubnis vom Lehrmeister und machte auch „Kungeleien“ mit seinem Bruder, der beim Bäcker Kortheuer in Broich beschäftigt war. Wilhelm Kotthaus warf seinen Lehrling raus und Bäckermeister Wilhelm Kortheuer nahm ihn bei sich auf.
(Essers Volksz. 1861 B. RRZ 1858)

W. Kotthaus war für seine Burger Brezel und sein Weissbrot bekannt. Vor Wilhelm Kotthaus war Karl Bergfried Inhaber dieser Bäckerei. Karl Bergfried kam von der Bachstr. 8 und durch Erbauseinandersetzungen kam er zum Kohlenkamp. Er war wieder weitläufig mit Dietrich Sander vom Kohlenkamp verwandt. Wilhelm Kotthaus hatte die Bäckerei Bergfried von 1857 bis 1862 gepachtet und suchte als Nachfolger einen Pachtlustigen Interessenten für seine Bäckerei an der Münsterstraße, in Nähe des Marktes. Dietrich Sander war mit Katharina Bergfried verheiratet.

Bäckerei Lockermann, Löhberg 64:

	Lockermann, Johann sen.
geb. 1851	Lockermann, Heinrich Wilhelm
geb. 1858	Lockermann, Johann jun.
geb. 1862	Lockermann, Wilhelm
geb. 1889	Lockermann, Johannes
geb. 1894	Lockermann, Johann Friedrich

1830 wird ein Johann Lockermann als Bäckermeister am Löhberg 64 genannt. Verheiratet war er mit Wilhelmina Böllert. Er starb 1886.
1851 ist dort der Schlossermeister Heinrich Wilhelm Lokermann genannt, welcher 1883 Klara Hölterhoff heiratet, einer Tochter vom Konditormeister Ferdinand Hölterhoff von der Eppinghofer Straße. Der 1858 geborenen Bruder, Johann jun., heiratete 1887 Anna Maria ter Jung, welche 1900 verschied. In zweiter Ehe heiratete er 1901 Helene Molderings, geborene Bovermann.
Der 1862 geborene Wilhelm heiratete die Tochter von Gerhard Möhlenbeck, Bäckermeister vom Biesenbach 1.
1879 wurde der Provinzial Feuerversicherung beim Bäcker Lockermann ein Brand gemeldet, welcher aber vor Eintreffen der Feuerwehr von beherzten Nachbarn gelöscht werden konnte.
1887 war Johann Lockermann jun. Gründungsmitglied der Bäcker- und Konditoreninnung in Mülheim und wurde zum Rechnungsprüfer bei der Bäckersterbekasse gewählt. 1889 kam Johann der Dritte zur Welt. Der letzte Stammhalter erlernte den Beruf des Konditors bei Wilhelm Schinnenburg von 1903 bis 1906.
Der 1894 geborene Johann Friedrich war wohl der Sohn vom Wilhelm Lockermann. Auch er machte bei Wilhelm Schinnenburg von 1908 bis 1911 die Lehre.

Todesanzeige in der Mülheimer Zeitung 1886
Heute Morgen 11 ½ Uhr entschlief sanft zu einem besseren Leben das Innungsmitglied der Bäckermeister Herr Johann Lockermann.
Sämtliche Kollegen der Bäcker u. Konditoreninnung werden hierdurch zu der am Nachmittag stattfindenen Beerdigung ergebenst eingeladen.
Versammlungslokal W. Springorum punkt 2 ¾ Uhr.

Bäckerei Teinerstr. 51:

1830		Setzkorn, Christian
1849		Nocken, Wilhelm
1851	geb. 1830	Husmann, J.W.
1900	geb. 1853	Hussmann, Johann Ernst

Im Jahr 1830 kaufte der Bäcker Christian Setzkorn, verheiratet mit Catharina Hilterhaus, für 5000 Taler das Haus Teinerstr. 51.
1849 wird ein Wilhelm Nocken, verheiratet mit Anna Mellinghoff, genannt. 1851 verstarb Wilhelm Nocken in frühen Jahren. Anna Mellinghoff heiratet ein zweites Mal, den Bäcker und Spezereienhändler Johann Wilhelm Husmann. Beider Sohn, 1853 geboren, hieß Ernst, heiratete Gertrud Scholl im Jahr 1880. Ernst erlernte das Bäckerhandwerk und führte den Betrieb weiter bis 1901, seinem Todesjahr.
1943 wurde das Haus Teinerstr. 51 im Bombenhagel schwer getroffen und fand so sein Ende.

Bäckerei Konditorei Biegmann:

	im Bieg, Wilhelm
geb. 1777	Biegmann, Hermann
	Biegmann, Wilhelm
	Biegmann, Hermann
	Biegmann, Johann
	Schmachtenberg, Heinrich

In der Bäckerzunft von 1740 war ein Wilhelm im Bieg, wohnhaft an der Delle 26, als Mitglied eingetragen. Es könnte sich um einen Verwandten vom 1777 geborenen Hermann Biegmann von der Bachstr. 24 gehandelt haben. Hermann Biegmann war Bäcker und Fruchthändler und mit Ursula Scholten verheiratet.
1842 fiel laut Polizist Neumann ein Wilhelm Biegmann, seines Zeichens Bäcker und Wirt, wegen Ungenauigkeiten beim Brotgewicht auf und wurde zur Rechenschaft gezogen. Wilhelm war mit Sybilla Kocks verheiratet.
1872 sind die Geschwister Hermann und Johann Biegmann mit einer Konditorei am Löhberg 48 registriert und suchen per Anzeige einen Bäckergehilfen.
1883 wird der Schwiegersohn Heinrich Schmachtenberg als Nachfolger genannt.
1900 ist Heinrich Schmachtenberg zum Kohlenkamp 20 umgezogen.
1928 muss er dort wegen Weiterführung der Schloßstr. weichen.

Konditorei Lohscheidt:

	Lohscheidt, Johann
geb. 1865	Lohscheidt, Wilh. Heinrich verst. 1948
geb. 1892	Lohscheidt, Hermann
geb. 1889	Lohscheidt,Heinrich
geb. 1930	Lohscheidt,Rolf
geb. 1896	Lohscheidt, Wilhelm Heinrich
geb. 1896	Lohscheidt, Wilhelm Heinrich

Um 1900 wird am Froschenteich 7 die Conditorei Heinrich Lohscheidt genannt. Sie wurde 1868 in der Kundenliste der Gaswerke geführt. Heinrich Lohscheidt wurde 1865 geboren, heiratete 1891 Berta Rieken, 1866 geboren, dessen Vater ebenfalls Bäckermeisterwar. 1889 kam Sohn Heinrich jun. etwas früher als angedacht zur Welt. 1892 folgte Sohn Hermann, der 1915 im ersten Weltkrieg fiel.
Auch Heinrich jun. wurde zum Wehrdienst eingezogen und kam in die Kleiderverwaltung. Er war sehr erstaunt und machte große Augen, als er seinen Vorgesetzten vor sich sah. Es war der Konditorkollege Gustav Sander aus Mülheim.
1896 kam der dritte Sohn, Wilhelm Heinrich, zur Welt und verstärkte die Mannschaft. Er heiratete 1927 Johanna Klinke und noch im gleichen Jahr wurde Heinrich Lohscheidt jun. geboren. Heinrich wurde später stellvertretender Obermeister und 1947, nach dem zweiten Weltkrieg, sogar zum Obermeister der Konnditoreninnung gewählt.
Die Straße Froschenteich 7 wurde 1933 in Hindenburgstraße 63 umgenannt und nach dem zweiten Weltkrieg in Friedrich Ebert Straße.
1930 kam Rolf zur Welt. Rolf Lohscheidt machte bei Wilhelm Brinkmann in Styrum eine Lehre von 1943 bis 1948. Die Ausbildung dauerte wegen der Kriegsgeschehnisse etwas länger.
Bis 1960 war Heinrich Lohscheidt Obermeister. Danach kam auch für die Konditorei Lohscheidt das Ende wegen Umbaumaßnahmen an der Friedrich Ebert Straße.
Heute steht an dieser Stelle das Verwaltungsgebäude der AOK.

Umleitung 1858: Sperrung der Brücke an der Münsterstr. Heute Friedrich Ebertstr. Für zwei Tage für Fuhrwerke gesperrt. Umleitung über Eppinghofer RRZ, 1858

In das Handelsregister ist die Firma Heinrich Lohscheidt in Mülheim-Ruhr und als deren Inhaber der Konditor Heinrich Lohscheidt daselbst eingetragen.
Mülheim-Ruhr, den 21. November 1919.
9473 Amtsgericht.

Bäckerei Fritz Spicker:

geb. 1888	Spicker, Fritz	Scharpenberg 59
	Kuhlmann, Theodor	Scharpenberg 59

Auch auf dem Scharpenberg drängelten sich die Bäckereien. Um 1900 war am Scharpenberg 59 Fritz Spicker vertreten. Sohn Fritz jun., 1888 geboren, machte von 1902 bis 1905 beim Vater seine Bäckerlehre.
Ab 1920 war Theo Kuhlmann Inhaber der Bäckerei.

Bäckerei Krieger & Söhne:

Vogts Mühle siehe Das Rumbachtal von J. Böving
Häuser und Mühle nach 1960 abgerissen neue Wohngebäude entstanden

	Krieger, Ferdinand ?	
	Krieger, Wilhelm sen.	
geb. 1862	Krieger, Wilhelm jun.	
geb. 1890	Krieger, Wilhelm Sohn	
geb. 1906	Krieger, August, Broich	
geb. 1865	Krieger, Hermann sen.	
geb. 1891	Krieger, Wilh. Ferdi. Johann verst. 1890	
geb. 1892	Krieger, Hermann jun.	Löhstr. 10
geb. 1898	Krieger, Karl	
	Krieger & Söhne	Löhstr. 7
geb. 1913	Krieger, Heinrich Gerh.	Falkstr. 34
geb. 1924	Krieger, Hugo ?	
geb. 1934	Krieger, Heinz Herm. Wilh.	verst. 2013
geb. 1957	Krieger, Dr. Volker	

Geschäfts-Verlegung.

Den geehrten Bewohnern von Mülheim-Ruhr und Umgegend zur gefl. Kenntnis, daß ich meine

Fein- u- Grobbäckerei

von Löhstraße 10 nach Löhstraße 7

verlegt habe. Es wird auch fernerhin mein Bestreben sein, nur gute Waren zu liefern.

Täglich zweimal frische Brödchen,
frisches Graubrot,
sowie nach Kneipp'scher Methode gebackenes
Kneippbrot.
Zu Weihnachten täglich frischer Spekulatius.

Hochachtungsvoll
Herm. Krieger.
Mülheim-Ruhr, Löhstraße 7.

Bäckerei Krieger, 1894

Am Dickswall 103 wurde 1872 Ferdinand Krieger als Spezereienhändler erwähnt und das Gelände dort als „Kriegers Kohlenhuck“ bezeichnet. 1861 wurde ein Antrag

beim Bürgermeister wegen eines neuen Dampfkessels gestellt für die Wilhelm Vogt Dampfmühle am Dickswall 64. An gleicher Adresse lebte der Bäckermeister, Winkelier und Spezereienhändler Wilhelm Krieger sen.
1862 kam Sohn Wilhelm jun. zur Welt, weitere Brüder hießen Friedrich Wilhelm und Hermann. 1867 stand in den Akten, dass beim Nachbarn Köster das neu erbaute Haus brannte. 1890 kam in dritter Generation ein Wilhelm, Sohn von Wilhelm jun. zur Welt.
Vater Wilhelm sen. hatte 1859 Probleme mit dem Eichamt. Wegen „zu leichter Brote“ bekam er eine Anzeige. Zur gleichen Zeit schloss er eine Feuerversicherung über 13000,00 Reichsmark ab.
Die Anschrift wechselte mehrfach, von Oberbach 115 – 116, über Dickswall 103 zur Walkmühlenstr. 1.
1906 ereignete sich am Dickwall 113 ein schreckliches Unglück. Eine Petroleumlampe geriet in Brand und mit ihr die Frau des Hauses. Der Bäckermeister Krieger löschte Brand und Frau. Der Brand hatte sich aber in der Wohnung ausgebreitet und ein 3-jähriges Kind ergriffen. Der 13-jährige Nachbarsjunge Grüter rettet das Kind und alles war gut.
Der jüngste Wilhelm machte von 1904 bis 1907 beim Vater Wilhelm jun. eine Bäckerlehre. Der 1865 geborene Hermann Krieger machte sich 1992 am Löhstr. 10 selbständig und eröffnete neben den Dickswall - Kriegers einen neuen Familienzweig. Im gleichen Jahr heiratete er Mathilde Kocks. 1892 wurde Sohn Hermann jun. geboren. Von 1907 bis 1910 machte dieser beim Vater eine Ausbildung. 1894 wechselte er vom Löhberg 10 nach Löhberg 7.
1898 kam Bruder Karl zur Verstärkung. Auch er erlernte beim Vater von 1912 bis 1915 das Bäckerhandwerk und war anschließend als Geselle im Gesellenverein sehr aktiv.
Ab 1920 firmierte die Bäckerei Krieger als Krieger & Söhne und wurde durch verschiedene Zeitungsartikel bekannt – und natürlich wegen ihres schmackhaften Stutens.
1913 kam Sohn Heinrich Gerhard zur Welt.
1943 wurde bei dem dramatischen Bombenangriff auf Mülheim auch das Haus Löhberg 7

getroffen. Dennoch wurde dort provisorisch weiterproduziert bis 1957.
Dann zog die Bäckerei Krieger um in den neuen Betrieb an der Falkstraße 34. Verheiratet war Gerhard Heinrich seit 1934 mit Grete Vosswinkel und beide brachten es auf stolze zwölf Kinder.
Gerhard Heinrich fiel 1944. Die Familie musste einspringen bis Sohn Heinz Hermann Wilhelm den Betrieb führen konnte. Der 1934 geborene Sohn Heinz Hermann Wilhelm wollte zunächst kein Bäcker werden. Der befreundete Bäcker Karl Hilberath vom Kohlenkamp konnte ihn jedoch überzeugen, den Familienbetrieb weiter zu führen. 1949 bis 1952 machte er eine Bäckerlehre beim Obermeister Wilhelm Monning in Styrum. 1956 heiratete er Ursula Heckmann. 1957 kam Sohn Volker zur Welt. Er und seine beiden weiteren Geschwister entschieden sich aber für andere Berufe.

Karl und Heinrich Krieger mit Opa Hermann

Dr.Volker Krieger hat es in die Baubranche gezogen. Damit war Ende des letzten-Jahrhunderts ein weiterer Traditionsbetrieb aus Mülheim verschwunden.

Café Wilhelm Sander, Friedrich- Ebert- Str.:

geb. 1839	Sander, Wilhelm
geb. 1881	Sander, Rudolf
geb. 1889	Arentz, Carl
geb. 1908	Sander, Wilhelm jun.
	Hubbert, H.

1868 gründete Wilhelm Sander, verwandt mit den Sanders am Kohlenkamp, das RathausCafé am damaligen Notweg 34. 1881 kam Rudolf Sander zur Welt. Er trat in die Fußstapfen seines Vaters, wurde Konditormeister und übernahm den Betrieb. 1906 entstand am Notweg 34 ein Neubau mit moderner Konditorei und Café.

1910 wurde Rudolf zum ersten Obermeister der Konnditoreninnung gewählt und bekleidete das Amt bis 1941. Verheiratet war Rudolf mit Helene Erbach. 1908 wurde Wilhelm Sander jun. geboren. Er machte von 1929 bis 1931 beim Vater eine Konditorlehre und schloss die Gesellenprüfung mit der Note „sehr gut“ ab. 1934 absolvierte er – was zur damaligen Zeit außergewöhnlich war – mit 23 Jahren die Meisterprüfung. 1938 wurde er neben seinem Vater Mitinhaber der Konditorei RathausCafé Sander, jetzt an der Hindenburgstraße 34.
Ab 1942 war Wilhelm Sander dann Alleininhaber des RathausCafés. Wilhelm Sander hatte Glück, dass er vom Wehrdienst 1940 freigestellt wurde und somit den Traditionsbetrieb weiterführen konnte.
Das Sterben von kleinen Geschäften machte auch vor dem RathausCafé nicht halt. 1983 kam das Aus.

Konditorei Adolf Seul:

geb. 1889 Seul, Adolf verst. 1968

Ab 1921 steht an der Bahnstr. 15 der 1889 geborene Konditormeister Adolf Seul im Adressbuch. Seine Berufsausbildung machte Adolf Seul von 1903 bis 1907 beim Konditormeister Wilhelm Camphausen in Broich. 1921 heiratete er Margareta Höck aus Köln.
Nach dem 2. Weltkrieg war Adolf Seul ab 1947 eine Zeitlang stellvertretender Obermeister der Konditoreninnung.
Wenn ich als kleiner Junge an dem Geschäft vorbeikam, war ich von den großen Mohrenköpfen beeindruckt und überredete meine Mutter, mir einen zu kaufen. Ich habe nie geschafft, ihn aufzuessen. Die Augen waren wohl größer als der Bauch. In den sechziger Jahren wurde das Geschäft zur Wohnung umfunktioniert.

Bäckerei-Konditorei an der Kettwiger Str.:

1688 wird an der Kettwiger Straße 10 ein Hermann Kuhlmann geboren. Er war einer der Bäcker, welche 1740 versuchten, eine Bäckerzunft in Mülheim zu installieren. 1716 heiratete er Ermgen Loh.

1796 war ein Johann Eichholz Inhaber des Betriebes an der Kettwiger Straße. Verheiratet war er mit Anna Katharina Oberkuhle.
Ab 1844 war Hermann Terjung Bäckerei-Besitzer.
Sein 1802 geborener Sohn, verheiratet seit 1833 mit Anna Röttgen, übernahm das Geschäft bis er 1870 verstarb und mit ihm die Bäckerei im Hause Kettwiger Str. 10.

Im Haus Kettwiger Straße 15, welches Wilhelm Becker 1867 für 2500 Mark erwarb, gab es bis 1883 die Bäckerei Becker. 1887 wohnte dort Friedrich Becker, ein Gründungsmitglied der neu gegründeten Bäcker- und Konditoreninnung. Dann wurde Gerhard Buchloh Eigentümer.
1901 brannte unter seiner Besitzerschaft das Gebäude ab und wurde durch einen Neubau ersetzt (siehe Friedrich Becker).

Geschäfts-Eröffnung!

Dem geehrten Publikum von Mülheim und Umgegend die ergebene Anzeige, dass ich in dem käuflich erworbenen Hause

Kettwigerstrassen- und Muhrenkampecke

hierselbst eine

Bäckerei und Konditorei

errichtet habe und das Geschäft am 20. d. M. eröffne. — Es wird mein Bestreben sein, meine Kunden gut zu bedienen.

Friedr. Vandré.

Gerhard Buchloh lebte von 1840 bis 1898 und war der Sohn vom Frachtschiffer Hermann Buchloh und seiner Frau Catharina Haferkamp.
Ab 2012 setzte das Café Böhnchen die Tradition des Hauses fort.

An der Kettwiger Straße 21 fing 1737 mit der Hochzeit von Matheis Sellerbeck und Anna Maria Mühlhoff alles an. Matheis gehörte auch zu den Bäckern, welche sich 1740 zu einer Zunft zusammenfanden.
1813 wurde Hermann Sellerbeck dort geboren, er heiratete Henriette Charlotte Hemscheidt. 1895 war sie Wwe. und Hauseigentümerin lt. Adessbuch.
1874 sucht der 1851 geborene Heinrich Sellerbeck einen Bäckergesellen für die Kettwiger Str. 21.
Eine Anzeige in der Rhein Ruhr Zeitung von 1908 zeigte Friedrich Vandré als Geschäftsinhaber der Neueröffnung an.
Die Gebrüder Engels hatten 1855 Probleme mit dem Eichamt wegen zu leichtem Brot. Im Hause Kettwiger Str. 21 war Theodor Engels zu Hause. 1900 geboren, legte er 1917 seine Konditorengesellenprüfung ab und gestaltete eine "Kriegstorte". Ausbilder war Heinrich Lohscheidt.
1923 wurde Sohn Otto geboren. Seit 1936 war Theordor als Eigentümer des Hauses eingeschrieben. Die Töchter Hildegard, 1937 geboren, und Vera machten in der Zeit von 1953 bis 1956 beim Vater eine Ausbildung.

Heute ist das Haus verschwunden, es stehen Garagen an seinem Platz.

1750	geb. 1688	Kuhlmann, Hermann	
1796		Eichholz, Johann	
1801		Eichholz, Johann Georg	
1844		Terjung, Hermann	
1861	geb. 1802	Terjung, Johann	

1867		Becker, Wilhelm jun.
1883		Buchloh, Gerhard
1900		Buchloh, Gerhard Wwe.
2014		Café Böhnchen

1737		Sellerbeck, Matheis	
1857	geb. 1813	Sellerbeck,Hermann	
1895	geb. 1851	Sellerbeck, Heinrich	
1908		Vandré, Friedrich	verst. 1915
1917	geb. 1900	Engels, Theodor	
1950		Engels, Walter	
1957	geb. 1923	Engels, Otto	
1966		Engels, Walter	

Bekanntmachung.

Bei den in der letzten Zeit vorgenommenen Revisionen des Gewichts des Brodes bei den Bäckern und Brodverkäufern hat sich wiederholt zu leichtes Brod in den Verkaufs-Lokalen einzelner derselben vorgefunden. In Zukunft wird außer der strengsten Bestrafung der Contravenienten, die Veröffentlichung der Namen der Bäcker und Brodverkäufer, bei denen zu leichtes Brod gefunden wird, durch die Rhein- und Ruhrzeitung stattfinden.

Mülheim a. d. R., 1. September 1857.

Der Bürgermeister: Der Polizei-Commissar:
Obertüschen. **v. Jüchen.**

Broich

Bäckereien an der Chaussee von Saarn nach Broich:

geb. 1822	von Delft, Wilhelm	
geb. 1867	von Delft, Karl	verst. 1946
geb. 1868	von Delft, Wilhelm jun.	
geb. 1883	Tüch, Johann,	
geb. 1911	Tüch, Hans,	
	von Delft, Heinrich	
geb. 1938	Tüch, Günter	

Bei der Volkszählung 1861 wird unter der Adresse Broich 10 der Bäcker Wilhelm von Delft, geboren 1822, aufgeführt. Verheiratet war er mit Margarethe Jötten, welche 1827 das Licht der Welt erblickte. Bis zur Volkszählung hatten sie vier Töchter. Johann Hesseln, geboren 1844, war zu dieser Zeit Bäckerlehrling bei Wilhelm von Delft. 1872 wurde aus Broich 10 - Broich 21 und 1900 lautete die Adresse dann Kassenberg 91. Besitzerin war die Witwe Wilhelm von Delft und der 1867 geborene Sohn, Karl von Delft. Karl hatte noch einen Bruder, den 1868 geborenen Wilhelm jun., dieser heiratete 1895 unter der Adresse Broich I 40, später Kassenberg 91, Maria Bütefür.

1910 war Robert Renner bei Karl von Delft Bäckergeselle. 1919 machte Renner sich an der Hardenbergstr. in Heißen selbstständig. Karl von Delft war in erster Ehe mit Helene Schmitz verheiratet. 1895 heiratete er die 1874 geborene Anna Neßbach. Anna Neßbach stammte von der Bäckerei Neßbach an der Dimbeck 14 ab.

Heute verschied nach kurzer Krankheit mein lieber Vater, unser guter Großvater, unser Schwager und Onkel

Bäckermeister i. R.

Carl von Delft

im Alter von fast 80 Jahren. Um stille Teilnahme bitten: **Aenne Kadler** geb. von Delft, **Edith Fuchs, Karl August Kadler.** Mülheim, Kassenberg 91, den 8. November 1946. Die Beerdigung ist Mittwoch, 13. Nov., nachm. 2 Uhr, von der Kapelle des Broicher Friedhofes aus. Trauerfeier eine Viertelstunde vorher. Wir bitten, von Beileidsbesuchen abzusehen.

Carl von Delft, 1946

1920 feierten sie lt. Mülheimer Zeitung ihre Silberhochzeit.

Karl von Delft starb 1946.

In der Zeit von 1930 bis 1950 fanden noch die Bäcker Paul Dahlmann und der Bäcker und Wirt Hans Tüch unter dieser Adresse Arbeit und Brot.

Hans Tüch, 1911 geboren und Sohn von Johann Tüch, 1883 geboren und verheiratet 1907 mit Maria Moz, sie bekamen 9 Kinder.
Johann Tüch war unter der Adresse Kassenberg 91 als Wirt und Konditor selbstständig. Seit 1936 war er mit der 1913 geborenen Elisabeth Werner verheiratet. 1950 wurde am Mühlenberg 7, der Verlängerung vom Kassenberg, Heinrich von Delft beurkundet, dieser Spross war aber kein Bäcker mehr.

Bäckerei Böting:

1865	Böting, Carl Wilhelm	Broich 130
1872	Böting, Carl Wilhelm	

„Ein Knabe von braven Eltern, welcher Lust hat, die Bäckerei zu erlernen, kann gleich oder Ostern eine Stelle erhalten bei W. Böting in Broich bei "Mülheim“, so lautet eine Zeitungsanzeige, in der der Wirt, Bäcker und Winkelier, einen Lehrling sucht. Carl Wilhelm war mit Wilhelmine Töpp verheiratet.

Bäckerei Zander, Broich 38:

	Holthaus, Johann	Broich 38
	Zander Hermann	
geb. 1819	Zanders, Heinrich	Broich 38
geb. 1819	Zanders, Heinrich	Broich I 98
	Zanders, Gerhard	Broich I 102
geb. 1847	Zander, Johann	Broich 52
geb. 1863	Zander, Heinrich sen verst. 1930	Bergstr. 35
geb. 1891	Zander, Heinrich August	

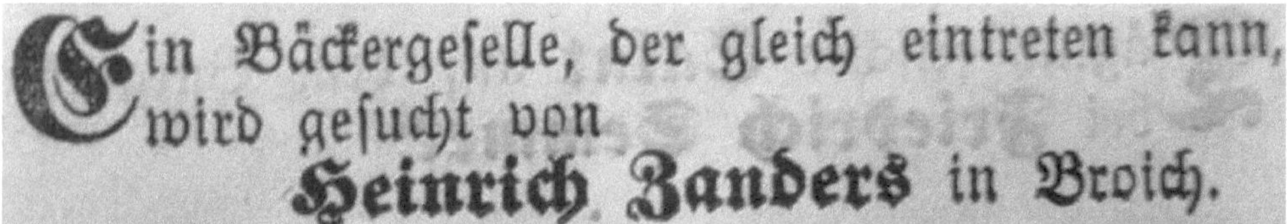
Ein Bäckergeselle, der gleich eintreten kann, wird gesucht von
Heinrich Zanders in Broich.

Unter der Adresse Broich 38 wird 1847 Bäckermeister Johann Holthaus, verheiratet mit Anna Schulten, genannt. Ein Hermann Zander und seine Frau Helena Biegmann meldete 1810 die Geburt ihrer Tochter Anna Elisabeth Ursula an. Biegmann war eine Bäckerfamilie von der Bachstr.24.
1857 sucht unter der gleichen Adresse Heinrich Zanders, 1819 geboren, über einen Zeitraum von über zwei Jahren einen Bäckergesellen und einen Lehrling. Heinrich war mit der 1823 geborenen Helena Loh verheiratet. Sie bekamen sechs Kinder, drei Söhne und drei Töchter. Eine Schwester von Helena, Gertraud Loh, war mit dem Gerbereibesitzer Rühl, Broich4 1/4, verheiratet.
Der Bruder Hermann Loh, geboren 1831, machte sich in Eppinghofen selbstständig. Johann Zander, 1847 geboren, absolvierte eine Ausbildung zum Bäcker, aber sein Bruder Heinrich, 1863 geboren, führte den Betrieb in Broich I 98 als Bäckermeister weiter. Jetzt schrieb man Zanders ohne „s“.
1890 heiratete dieser Anna Mink. 1891 kam beider Sohn Heinrich August zur Welt. Dieser erlernte von 1905 bis 1908 beim Vater Heinrich das Bäckerhandwerk und bestand die Prüfung mit „sehr gut“. Heinrich August hatte noch zwei Schwestern.

Bäckerei - Konditorei Kollmann:

geb. 1823 Kollmann, Adolf
geb. 1854 Kollmann, Wilhelm
geb. 1895 Kollmann, Karl
geb. 1900 Kollmann Johannes
Völker, Karl

1861 wird bei der Volkszählung in Broich 28 1/4 die Bäckerei vom 1823 geborenen Adolf Kollmann beschrieben. Verheiratet war er mit Elisabeth Beck, geboren 1825.
1872 hieß die Adresse Broich 48 und um 1900 Am Schloß Broich 12.
Adolf und Elisabeth Kollmann hatten vier Kinder. Der 1854 geborene Wilhelm Kollmann führte die Bäckerei weiter und seine Söhne, Karl 1895 geboren und Johannes 1900 geboren, erlernten von 1909 bis 1912, bzw. Johannes von 1919 bis 1920 beim Konditormeister Rudolf Sander an der Hindenburgstr. das Konditorenhandwerk. Wilhelm Kollmann wurde 1912 Bäckerinnungsmitglied.
1920 findet sich der Betrieb nicht mehr im Adressbuch. (siehe Konditorei Völker)

Konditorei – Bäckerei Willi Rossenbeck:

geb. 1872	Rossenbeck, Gerhard
geb. 1904	Rosenbeck, Willi
	Meierling, Heinrich
	Brandhoff, Josef
geb. 1904	Rosenbeck, Willi
	auch Rossenbeck geschrieben
geb. 1947	Rosenbeck, Fritz
geb. 1901	Rossenbeck, Otto

1906 übernahm Gerhard Rossenbeck an der Kettenbrückstraße die Bäckerei Konditorei Café von Ludwig Speckmann, dem Ehrenobermeister der Bäcker- und Konditoreninnung.
1904 kam Stammhalter Willi Rossenbeck zur Welt. Nach dem Neubau/Ausbau der Schloßstraße vom Notweg bis zur Eppinghofer Straße, lautete die Adresse Schloßstr. 20. Willi Rossenbeck erlernte das Konditorenhandwerk, machte 1929 seine Meisterprüfung und übernahm den Betrieb in Broich an der Schloßstr. 78.
1930 war Heinrich Meierling Inhaber der Konditorei an der Schloßstr. 78. Er wechselte kurze Zeit später zur Bülowstr in Broich. Sein Nachfolger, Josef Bandhoff, wurde 1938 aus der Handwerksrolle ausgetragen.
Von 1938 bis 1940 führte Willi Rossenbeck nun die Konditorei mit Café. 1940 wurde Willi zum Kriegsdienst einberufen und konnte erst 1945 die Wiedereröffnung der Konditorei feiern. 1947 kam Sohn Fritz Rossenbeck zur Welt. Fritz erlernte zuerst bei der Fa. Neumann in Broich den Beruf des Elektromechanikers. Nach dem frühen Tod des Bruders erlernte Fritz den Konditorenberuf und machte seinen Meister. 1964 kam aber dennoch das Ende der Konditorei. Wegen der Neugestaltung des Stadthallengeländes und der Mühlenbergkreuzung wurden die Häuser in diesem Bereich abgerissen.

Konditorei Donath - Heierberg:

geb. 1883	Donath, Anton	verst. 1963
	Heierberg, Heinrich	
	Meierling, Elfriede	
	Donath, Anton	

geb. 1904 Nickel, Heinrich
geb. 1915 Donath, Erich
geb. 1915 Heierberg, Erich

Ende 1915 wird in Broich Konditormeister Heinrich Heierberg genannt. Von 1919 bis 1922 war Wilhelm Wohlberg bei ihm in der Ausbildung. 1932 führt der 1883 geborene Anton Donath an der Bülowstr. 147 die Konditorei. Anton Donath hat 1925 die Konditormeisterprüfung abgelegt. Im gleichen Jahr wurde am gleichen Platz Elfriede Meierling als Konditorin bekundet.
1936 übernahm Heinrich Nickel, welcher 1904 geboren wurde und 1933 seinen Konditormeister machte, den Betrieb an der Bülowstr. Der 1915 geborene Sohn von Anton Donath, Erich, führte von 1942 bis 1945 die Konditorei Osterkamp – Perres am Schloßberg, weil beide Männer noch in Gefangenschaft waren.
1945 übernahm er, nach der politischen Nachkriegsüberprüfung, den Betrieb an der Bülowstr. 147 von Heinrich Nickel.
Ab 1958 wird Erich Heierberg als Inhaber geführt. Seine Tochter Helga, 1936 geboren, machte 1954 beim Vater eine Ausbildung zur Konditoreiverkäuferin. Nach 1970 ist die Konditorei im Adressbuch nicht mehr geführt und ist heute ein schmuckes kleines Häuschen.

Konditorei Völker:

geb. 1841 Völker, Carl
Völker, Karl
geb. 1902 Völker, Erich
geb. 1906 Völker, Bernhard

Am Notweg 60 gab es um 1855 die Bäckerei Wilhelm Kotthaus. Wilhelm Kotthaus hatte lt. Anzeige beim Bürgermeister, im Kreisblatt und dem Allgemeinen Anzeiger, Probleme mit seinem Lehrling Carl Völker. Laut Anzeige verkaufte Carl Burger Brezel ohne Erlaubnis des Lehrmeisters und machte Kungeleien mit seinem Bruder, der beim Bäcker Kortheuer beschäftigt war. Wilhelm Kotthaus warf ihn raus und Bäckermeister Wilhelm Kortheuer nahm ihn bei sich auf. Lehrling C. Völker arbeitete an zwei Stellen, Bäcker Kortheuer und Bäckerei Kotthaus.
Anzeige: Lehrling verkauft Burger Brezel ohne Erlaubnis des Meisters
Essers Volksz. 1861 B.

Der 1902 geborene Erich Völker machte eine Konditorlehre von 1916 bis 1919 bei Bernd Schepers und sein 1906 geborener Bruder Bernhard machte von 1922 bis 1925 bei B. Oetter seine Bäckerlehre.

Bäckerei Trappmann, Holzstr. 3:

geb. 1826	Trappmann, Friedhelm
	Trappmann, Ernst
geb. 1859	Trappmann, Wilhelm
geb. 1861	Trappmann, Hermann
geb. 1868	Trappmann, Wilhelm
geb. 1890	Stehlgens, Ernst
geb. 1907	Stehlgens, Heinrich
geb. 1866	Trappmann, Friedrich
geb. 1889	Trappmann, Wilhelm
geb. 1925	Trappmann, Wilhelm H. Heinrich
geb. 1963	Trappmann, Jens

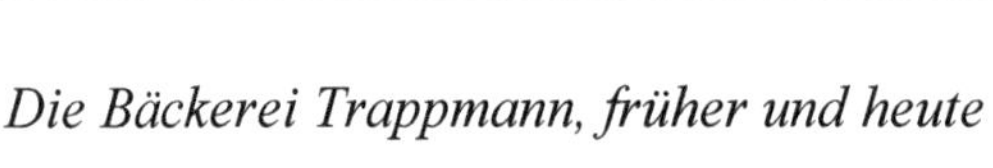

Die Bäckerei Trappmann, früher und heute

Es gab zwei Bäckereien Trappmann, eine an der Bergstraße 7 und die andere an der Holzstraße. 3. Von der Bäckerei an der Holzstr. wird Friedrich Trappmann, geb. 1826, als Bäckermeister erstmals erwähnt, als er Wilhelmina Haustadt heiratet.
1861 kommt Sohn Hermann zur Welt. Dieser heiratet 1888 Katharina Steinhoff. 1889 kommt Sohn Wilhelm zur Welt.
1928 verstirbt Hermann Trappmann und ein Jahr später auch seine Frau Katharina. Aus Unterlagen der Bäckersterbekasse ist bekannt, dass 2000 RM als Sterbegeld ausgezahlt wurden.

Nachrichten aus der Mülheimer Zeitung vom 7. 9. 1896
Einem längst gefühlten Bedürfnis ist dadurch abgeholfen, daß auf Veranlassung des Kaiserlichen Postamtes bei dem Bäckermeister H. Trappmann hierselbst, Holzstr. 3 eine amtliche Verkaufsstelle von Briefmarken usw. errichtet worden ist; auch an dem betreffenden Haus ein Postbriefkasten angebracht.

Wilhelm Trappmann, der seine Bäckerausbildung 1906 beim Vater abschloss, heiratete 1919 die 1892 geborene Johanna Portmann. Sie bekamen drei Kinder. Johannas Vater war selbstständiger Bäckermeister am Mühlenberg 12.
Somit waren zwei Bäckereien in unmittelbarer Nachbarschaft vereint. Aus dieser Ehe stammt Wilhelm Hermann Heinrich, der 1925 geboren wurde und nach dem frühen Tod des Vaters den Betrieb weiterführte. Mitte der achtziger Jahre wurde die Bäckerei au Gesundheits- und Altersgründen geschlossen. Ruth Trappmann, geborene Warneke, heiratete 1937 Wilhelm Hermann Heinrich Trappmann und genießt heute ihren Ruhestand und kann von ihrem Wohnsitz aus auf die ehemalige Bäckerei blicken. Heute befindet sich in der ehemaligen Bäckerei ein Kunstgewerbegeschäft.

Trappmann Bergstr. 39:

Trappman, Ernst
Trappmann, Heinrich
geb. 1885 Trappmann, Gustav
geb. 1921 Trappmann, Heinrich

1885 wurde Heinrich Gustav Trappmann geboren, er heiratete 1910 die 1883 geborene Katharina Schlickmann. Sie bekamen drei Kinder und übernahmen in Broich I 76 die elterliche Bäckerei an der Bergstraße 7. Ernst Trappmann, ebenfalls Bäckermeister, war 1910 auch an der Bergstraße 7 ansässig. Ernst war der Vater von Heinrich Trappmann, welcher sich an der Holzstraße 1 – 3 selbstständig machte. 
1921 kam Sohn Heinrich zur Welt. Nach dem 2. Weltkrieg hörte man von der Bäckerei Trappmann an der Bergstr. nichts mehr. Die Häuser Bergstr. 7, 9, 11, 13, 15, 19, 21, gehörten 1910 alle Ernst Trappmann. Das ganze Gelände wurde bei der Umgestaltung der Stadthalle und der Mühlenbergkreuzung verändert und fast alle Gebäude in diesem Bereich von Unterbroich verschwanden.

Konditorei Camphausen:

geb. 1870	Camphausen, Eduard sen
geb. 1896	Camphausen, Carl Wilhelm Eduard
geb. 1899	Camphausen, Eduard Wilh.
geb. 1904	Camphausen, Wilhelm
	Götz, Paul

Eduard Camphausen, verheiratet mit Anna Heller, Kaufmann von Beruf, wird 1870 Vater von Carl Eduard Camphausen. Dieser erlernt das Conditorenhandwerk und heiratet 1895 Anna Mathilde Sander, Tochter des Konditormeisters Wilhelm Sander vom Notweg 34. Sie bekommen drei Söhne. Der erstgeborene, Carl Wilhelm Eduard, wird Kaufmann und heiratet 1924 Marianne Schneider. Der zweite Sohn, Eduard Wilhelm, 1899 geboren macht 1913 bis 1916 beim Vater eine Ausbildung zum Konditor. Er zieht in den Krieg und fällt 1917.
Sein Bruder Wilhelm, 1904 geboren, macht daraufhin von 1921 bis 1923 beim Vater eine Konditorausbildung und 1929 auch die Meisterprüfung. 1936 heiratet er Maria E. Kluyken, übernimmt im gleichen Jahr den Betrieb des Vaters und wird in die

Handwerksrolle eingetragen. Die Adresse des Betriebes wechselt mal von Schloßstraße 43 auf Schloßstr. 81. Die Stadtplanung, und somit die Umbenennung von Straßen und Hausnummern, war auch 1950 noch nicht abgeschlossen, in dem Jahr als Wilhelm Camphausen sen. verstarb.
1953 übergab Wilhelm Camphausen die Konditorei, jetzt Schloßstr. 7, an den Konditormeister Paul Götz. 1954 war Paul Götz noch Vorsitzender im Gesellenprüfungsausschuss der Konditoreninnung.
Ab 1958 ist kein Eintrag mehr im Adressbuch zu finden. Die Konditorei fiel dem Umbau und Neubau der Stadthalle und der Mühlenbergkreuzung zum Opfer.

Weitere Bäckereien in Broich:

1940		Schauenburg, Georg, Bäckerei, Wilhelminenstr. 27	
1860		Kleinpoppen, Matthias	
1900	geb. 1900	Kleinpoppen, Hermann	
1916		Schepers, Karl	Bäckerei Ausbilder
1929	geb. 1911	Schepers, Josef	Ausb. 1926 – 1929

Bäckerei Portmann:

	Portmann, Johann Peter
geb. 1827	Rosshof, Heinrich
geb. 1862	Maßhoff, Gustav
geb. 1863	Portmann, Heinrich Mathias
geb. 1890	Maßhoff, Wilhelm
geb. 1897	Maßhoff, Karl
geb. 1872	Portmann, Heinrich
geb. 1901	Portmann, Heinrich Karl
geb. 1941	Portmann, Jürgen

Fürchte dich nicht, denn ich habe dich erlöset, ich habe dich bei deinem Namen gerufen, du bist mein.

Gestern abend 10 Uhr entschlief sanft nach langem, schwerem, mit großer Geduld ertragenem Leiden unser herzensguter Vater, Schwiegervater, Großvater, Bruder, Schwager und Onkel, der

Bäckermeister
Gustav Maßhoff

im Alter von beinahe 58 Jahren. Er folgte unserer lieben Mutter nach fast 2 Monaten in den Tod.

Um stille Teilnahme bitten die trauernden Hinterbenen Käthe Pleiert, geb. Maßhoff Konrad Pleiert Karl Maßhoff und 1 Enkelkind

Mülheim-Broich, Mülheim-Ruhr, Selbeck, Mülheim-Saarn, den 3. September 1920. 1494

Die Beerdigung findet am Sonntag, dem 5. ds. Mts., nachmittags 4 Uhr, vom Trauerhause (Bergstraße 43) aus, die Trauerfeier ½ Stunde vorher statt. — Von Beileidsbesuchen bittet man Abstand zu nehmen.
Allen, denen aus Versehen keine besondere Benachrichtigung zugegangen ist, diene obiges als solche.

In Broich 25 hatte 1872 der 1827 geborene Heinrich Rosshoff eine Bäckerei. An gleicher Stelle gab es 1888 unter der Adresse Broich I 104 einen Krämerladen von Johann Peter und Sibille Portmann, geborene Waffenschmied.
1900 ging Heinrich Rosshoff in Rente und Gustav Maßhoff übernahm mit seiner Frau Käthe Pleiert den Betrieb. Käthe ist 1920 verstorben.

Wie der 1862 geborene Gustav Maßhoff war der 1863 geborene Heinrich Mathias Portmann an der Bergstraße zu Hause. Heinrich Maßhoff war seit 1889 mit Maria Katharina Vonscheidt verheiratet. Sieben Kinder brachten Stimmung in das Haus. Wilhelm Maßhoff machte von 1904 bis 1908 wie auch später 1916 sein Bruder, der 1897 geborene, Karl Maßhoff beim Vater Gustav eine Bäckerlehre. 1920 verabschiedete sich Gustav von dieser Welt.
1912 wechselte Heinrich Math. Portmann zur Bergstr. 39 und wurde im selben Jahr Mitglied der Bäckerinnung. Heinrich Portmann, ein weiterer Spross aus der Familie, heiratete 1898 Anna Gertrud Trappmann, wobei schon vorher verwandtschaftliche Bande vorhanden waren.
Der 1901 geborene Sohn Heinrich Karl wurde Innungsmitglied und heiratete 1929 Anna Bergmann. Nach dem zweiten Weltkrieg zogen sie zum Mühlenberg 12.
Fünf Geschwister hatte Carl Heinrich Portmann.
Von 1948 bis 1951 machte Heinz Passmann (1933-2017) bei Heinrich Portmann seine Bäckerlehre. Nach seiner Meisterprüfung wurde Heinz Passmann Backmittelvertreter. Er nahm mich oft zum Bäckergesellenverein nach Duisburg mit. Das waren abenteuerliche Fahrten in einem VW Käfer, der mit vier Personen besetzt war und zusätzlich 300 Kilo Backmittel an Bord hatte.
Das Haus an der Bergstraße wurde im Krieg zerstört und eine Zeit lang wich man zum Schwager W. Trappmann aus.
1941 kam Jürgen Portmann zur Welt. Er wollte den Familienbetrieb weiterführen, aber eine schwere Erkrankung machte diesen Plänen ein Ende.
Heute ist dort ein ägyptisches Restaurant zu Hause.

Bäckerei Krautscheid:

	von der Bey, Johann
geb. 1888	Siepmann, Ernst
geb. 1879	von der Bey, Friedrich
geb. 1908	Krautscheid, Wilhelm

An der Straße von Duisburg nach Mülheim gab es, an der Duisburger Str. 82, die Bäckerei von Johann von der Bey. Er gehörte 1885 zu den Gründungsmitgliedern der Bäcker- und Konditoreninnung Mülheim.

1905 wird Johann von der Bey als zahlendes Mitglied bei der Handwerkskammer geführt. Von 1904 bis 1905 machten Ernst Siepmann von der Luisenstraße und von 1908 bis 1911 Paul Land ihre Bäckerlehre bei Johann von der Bey, bevor sie sich nach ihrer Meisterprüfung selbstständig machten.
1879 wurde Friedrich von der Bey geboren. Er übernahm 1912 den Betrieb vom Vater und wurde als Innungsmitglied eingeschrieben. 1936 zog sich Friedrich von der Bey aus dem Berufsleben zurück und übergab die Bäckerei an Wilhelm Krautscheid. Wilhelm Krautscheid, 1908 geboren, machte von 1922 bis 1925 bei Hermann Bröcker die Bäckerausbildung und schloss die Prüfung mit "sehr gut" ab.
Wilhelm und seine Frau waren für uns nette und hilfreiche Nachbarn. Man half sich schon mal gegenseitig mit Hefe oder anderen fehlenden Rohstoffen aus. Die beiden gingen 1973 in den verdienten Ruhestand und nahmen ihren Alterssitz am Mittelrhein ein.

Bäckerei – Konditorei an der Prinzess -Luise- Straße 51:

	Siepmann, Ludwig	
geb. 1853	Siepmann, August	verst. 1897
geb. 1888	Siepmann, Ernst	
	Siepmann, Katharina	
	Hofmann, Emil	
geb. 1903	Altenrath, Ernst	
geb. 1914	Altenrath, Theo	
geb. 1917	Altenrath, Friedrich Wilhelm	
geb. 1924	Schliesing, Günter	

Der erste Obermeister der Bäcker- und Konditoreninnung 1885 war Ludwig Siepmann, Bäckermeister von der Luisenstr. 59, später Prinzess- Luise- Str. 51.
1910 wurde das heute noch vorhandene Geschäfshaus mit einer Backstube errichtet.
1888 suchte August Siepmann, noch an der Auerstr. einen Lehrling per Anzeige.
1897 verstarb August mit 44 Jahren und fand in der Trauer viel Anerkennung als Gründungsmitglied der Bäcker- und Konditoreninnung.
Der 1888 geborene Sohn Ernst machte von 1902 bis 1905 beim Bäckermeister Johann von der Bey an der Duisburger Straße eine Bäckerlehre.
1927 übernahm der 1903 geborene Ernst Altenrath, vorher Lindenstr. und Duisburger Str. 270, den Betrieb an der Prinzess -Luise -Straße. Ernst Altenrath machte von

1921 bis 1924 bei Heinrich Zaun in der Kohlenstraße seine Ausbildung. 1945 fiel Ernst im Krieg in Russland.
Sein Bruder Theo, geboren 1914, machte von 1929 bis 1932 bei Fritz Kemper eine Konditorenausbildung. Auch Bruder Wilhelm absolvierte von 1932 bis 1936 bei Gustav Sander seine Konditorenausbildung. Er verstarb jedoch schon 1946.
1956 übernahm der 1924 geborene Konditormeister Günter Schliesing mit seiner Frau den Altenrathbetrieb. Günter Schliesing war ein sehr guter Konditor, ausgebildet 1938 bis 1941 bei W. Hühnermann. Er brachte sich stark in die Innungsarbeit ein. Günter Schliesing verstarb jung 1968, zwei Jahre später folgte ihm seine Frau, die 1923 geborene Gertrud Niesenhaus.
Kinder waren noch zu jung und konnten den Betrieb nicht weiterführen.
Zudem sollte das Haus wegen einer Straßenerweiterung abgerissen werden, was letztlich doch nicht geschah.
Mit der Konditorei war es dennoch zu Ende. Heute sind dort ein Raumausstatter und eine Pizzeria angesiedelt.

Bäckerei Hoffmann, Holzstr.:

Bekanntmachung

Die in Mülheim-Broich, Holzstraße 44, belegene, dem Bäckermeister Joh. Steinbrink gehörige Besitzung wird am
18. Dezember 1919, morgens 10 Uhr,
auf dem Amtsgericht Mülheim (Ruhr) öffentlich zwangsweise versteigert.
Mülheim (Ruhr), den 30. Septbr. 1919. 8155
Amtsgericht.

1899	Hegmann, Heinrich	
1910 geb. 1861	Steinbrink, Johann	
1919	Schluckebier, E.	
1919 geb. 1861	Steinbrink, Johann	verst. 1919
1927	Hoffmann, H.	
1940 geb. 1903	Hoffmann, Matthias	

Zwangsversteigerung
GrB Br. Bd 4 Art 8 Wohnhaus No. 42 Holzstraße mit
2 Anbauten u. Stall
Bäckermeister Heinrich Hegmann Br. Am 2. 4. 1899

Schon vor der Zwangsversteigerung 1899 muss Heinrich Hegmann an der Holzstr. 44 eine Bäckerei betrieben haben. 1900 wird der 1861 geborene Bäckermeister Johann Steinbrink als Inhaber dort geführt. 1919 verstirbt J. Steinbrink. Und wieder kommt die Versteigerung. H. Hoffmann, der Vater von Mathias, übernimmt den Betrieb.

Der 1903 geborene Mathias macht von 1919 bis 1922 beim Vater eine Bäckerlehre, übernahm später den Betrieb und führte ihn nach dem Krieg weiter bis in die siebziger Jahre. Auch aus dieser Bäckerei wurde am Ende eine Wohnung, weil ein Geschäft sich nicht mehr rechnete.

Bäckerei Winkel, Duisburger Str. 137:

	Fürbach, Peter
geb. 1865	Fürbach, Heinrich
	Fürbach, Franziska
geb. 1899	Fürbach, Heinrich Peter
geb. 1908	Winkel, Willibald
geb. 1910	Winkel, Maria geb. Strake
geb. 1947	Winkel, Peter

Im Jahr 1892 wurde an der Duisburger Straße 89, später 137 ein Geschäftshaus mit Bäckerei erbaut. Der Inhaber war der 1865 geborene Heinrich Führbach. Sein Vater, Peter Führbach, war Wirt und Maurermeister und mit Margarethe Peters verehelicht. Sie hatten drei Söhne. 1854 kam Hermann, 1865 Heinrich und 1870 Johann zur Welt. 1862 kam zudem die zweijährige Franziska Führbach als „Stiefkind" in den Broich 67a. Es wird gemutmaßt, dass sie möglicherweise eine echte Schwester war. 1896 heiratete Heinrich, der spätere Bäcker, Maria Schwane.

Maria und Willibald Winkel, 1936

W. Winkel, 1928

Sie bekamen zwei Kinder, 1895 Rosa Elise und 1899 Heinrich Peter. Beide Kinder übernahmen das Geschäft und führten es weiter. Das taten sie mehr schlecht als recht. Die Bäckerei hatte in Broich einen schlechten Ruf, als 1936 der 1908 geborene Bäckermeister, mein Vater, Willibald Winkel mit seiner Frau Maria Frederike, geborene Strake, den Betrieb übernahmen. 1933 verstarb Heinrich Führbach. Meine Eltern erzählten mir oft, wie schwer es war, den Betrieb wieder auf Vordermann zu bringen und das Vertrauen der Kundschaft zurückzugewinnen. Dann kam der Krieg.
Übrigens war der Vater von Maria Winkel, mein Opa Heinrich Strake, geboren 1885, verstorben 1959, von 1908 bis 1914, in Ahlen Westf. als Bäckermeister selbstständig. 1944 kam meine Schwester Rita zur Welt, und ich folgte 1947.
Vor und nach dem Krieg wurden in der Bäckerei Winkel etliche Lehrlinge zu Gesellen und Lehrmädchen zu Fachverkäuferinnen ausgebildet, wie Wilhelm Weiland, 1922 geboren, von 1937 bis 1940, Udo Schuchard, geboren 1930, von 1945 bis 1948, um nur ein paar zu nennen.
Nach den Nachkriegsschwierigkeiten, wie der Beschaffung von Roh - und Heizstoffen, ging es aber sehr schnell bergauf mit dem Geschäft.
Von 1962 bis 1965 machte ich beim Vater die Bäckerlehre und 1970 legte ich die Prüfung zum Bäckermeister ab.
In den siebziger Jahren begann die Entwicklung hin zu immer größeren Betrieben. An der Duisburger Straße gab es keine Möglichkeit zur Vergrößerung und Optimie-

rung des Betriebes. 1974 verließ ich deshalb den Betrieb und wechselte als Produktionsleiter zu Wälkens' Bäckereien, einem Großbetrieb in Essen, welcher 1980 seine Produktionsstätte nach Mülheim zur Witzlebenstr. verlegte.
1977 war dann das Ende der Bäckerei Winkel.
Aus dem Betrieb wurde eine Wohnung.

Bäckerei an der Holzstr. 13:

Krieger, August
von Kampen, Louis
Fenten, Johann
Rieken, Johann
geb. 1861 Rieken, Heinr. Johann
geb. 1891 Rieken, Johann Wilhelm
geb. 1891 Rieken, Johann jun.
geb. 1901 Rieken, Emil Arnold
geb. 1901 Rieken, Erhard
Beyer, Otto

Vor dieser Zwangsversteigerung muss August Krieger an der Holzstr. 13 schon eine Bäckerei über mehrere Jahre betrieben haben.

Zwangsversteigerung
BrBd 6 Art41 Wohnhaus Holzstraße 13 mit Nebengebäude u Anbau Bäckermeister August Krieger in Boich auf Antrag des Verwalters im Konkursverfahren
Zwangsversteigerung
wg Konkursverfahren Bäckermeister August Krieger zu Broich
GrB Br Bd 6 Art 41 Wohnhaus Holzstr Nr. 13 u Anbau am 1.5.1901

Auch westfälische Pumpernickelfabrik genannt - 1924

Vor und nach dem ersten Weltkrieg wurde sehr viel Pumpernickel hergestellt und gegessen. Zu seiner Herstellung benötigten die ausgesuchten Bäckereien eine Ge-

nehmigung der Gemeinde. Johann Rieken hatte diese und war bekannt für sein sehr gutes Pumpernickel. Verheiratet war er mit Agnes Bäumer.
Johann war ein Bruder von Friedrich Wilhelm Rieken von der Althofstraße.
1861 wurde Sohn Heinrich Johann geboren. Dieser heiratet 1890 Helene Oberheiden. Sie bekamen neun Kinder.
1919 heiratete Heinrich Johann ein zweites Mal. Die Auserwählte war Karoline Christine Rütten, geboren 1892. Eine Tochter war den beiden beschieden. Der 1901 geborene Emil Arnold heiratete1935 Margarethe Rehmann, 1903 geboren. Er wollte kein Bäcker mehr werden, er ging „aufs Büro“. Der 1891 geborene Johann jun. machte 1909 seine Bäcker-Gesellenprüfung, ebenso wie sein Bruder, der 1901 geborene Erhard, welcher von 1915 bis 1918 beim Vater Johann die Ausbildungmachte. 1930 übernahm der Bäckermeister Otto Beyer die Bäckerei von Johann Rieken und führte diese bis in die Mitte der sechziger Jahre.
Dann endete die Backwarenproduktion und aus der Bäckerei wurde ein Wohnhaus Das Geschäft beherbergte einen Motorradladen und im Anbau wohnt der Künstler Uwe Dieter Bleil.

Bäckerei Biesgen, Prinzess- Luise-Str.:

	Krieger, August
geb. 1855	Biesgen, Hermann
geb. 1859	Biesgen, Friedrich
geb. 1885	Biesgen, Hermann Wilhelm
geb. 1919	Biesgen, Günter

An der Luisenstraße, später Prinzess- Luise-Straße 67 wurde 1900 Friedrich Biesgen als Bäckereiinhaber im Adressbuch geführt und genau wie Johann Greisbach musste er 1899 sich um neue Hausnummernschilder kümmern. Diese waren in Broich mal wieder fällig. Auch August Krieger war zu dieser Zeit an der Luisenstr. 67 gemeldet. Wegen seiner Insolvenz arbeitete er wohl bei Friedrich Biesgen. Ab 1910 hieß die Luisenstr. Prinzess -Luise- Straße.

1901 wird angezeigt, dass die Witwe Hermann Biesgen mit dem 19-jährigen Schlosser, Karl Schuster im Concobinat lebt und der Bäckermeister Friedrich Biesgen als Vormund des Kindes unter anderem für dessen sittliche Unversehrtheit verantwortlich ist. Heiraten konnten beide nicht, da Karl noch minderjährig ist und den Mili-

tärdienst noch leisten muß. Friedrichs Bruder Hermann ist 1896 verstorben. Drei ihrer fünf Kinder im Alter von 11 – 17 Jahren wurden von Friedrich Biesgen bei anderen Familienangehörigen untergebracht.

1912 tritt Friedrich Biesgen in die Bäckerinnung ein. Zu dieser Zeit war Matthias Pütz Geselle bei Biesgen.
1885 wird der Sohn Hermann Wilhelm geboren.
Von 1899 bis 1902 macht Hermann Wilhelm erfolgreich, mit dem Abschluss „sehr gut", seine Bäckerlehre. 1913 heiratet Hermann Wilhelm Elisabeth Meier.
1914 kommt Tochter Ruth Sofie zur Welt, 1919 der Stammhalter Günter Karl.
1920 übernimmt Hermann Wilhelm den Betrieb vom Vater. Günter macht von 1935 bis 1939 beim Vater eine Bäckerlehre. Diese Ausbildung wurde mehrmals durch Einberufung und Ausbildung zum Wehrdienst unterbrochen, und zog sich daher über vier Jahre hin. Ich kann mich noch an den großen Königswinterofen mit dem großen Ausziehherd, den ich als kleines Kind bei einem Besuch mit meinem Opa Naumann besichtigen durfte, erinnern.
Ende der sechziger Jahre des letzten Jahrunderts schloss die Bäckerei Biesgen die letzte Ofenklappe und aus dem Laden und Backstube wurde eine Wohnung.

Bäckerei Greisbach, Mentzstr. 25:

	Kortheuer, Hermann
geb. 1881	Greisbach, Johannes
geb. 1881	Greisbach, Jean
geb. 1907	Greisbach, Hermann

1899 steht der Bäckermeister Hermann Kortheuer als Hausbesitzer im Adressbuch. Und wieder mussten neue Schilder wegen einer Adressänderung gemacht werden. Vor dem ersten Weltkrieg gründete der 1881 geborene Johannes Greisbach an der Mentzstraße 25 in Broich eine Bäckerei. In erster Ehe heiratete er 1906 Katharina Haselbeck, welche 1932 verstarb.
Aus dieser Verbindung ging 1907 Hermann Greisbach hervor. 1936 versuchte Johann es ein zweites Mal mit dem Bund für´s Leben und zwar mit Elisabeth Hirsch, geborene Müller. Er wurde Mitglied der Bäckerinnung und findet als aktives Mitglied in den Innungsversammlungen Erwähnung. Auf seine Initiative hin wurde der Innungsbeitrag gesenkt.

Während der französischen Nachkriegsbesatzung wurde Sohn Hermann geboren. Er machte von 1922 bis 1925 beim Vater eine Bäckerlehre und bestand die Prüfung mit "sehr gut".
1953 verstarb der Vater Jean, der, als die französische Besatzung verschwunden war, wieder Johann Greisbach genannt wurde. Hermann Greisbach und seine Frau Paula Hildegard waren seit 1940 verheiratet. Sie blieben kinderlos und aus der Bäckerei wurde in den achtziger Jahren ein
neues Wohnhaus.

Bäckerei Michel, Cheruskerstr.:

geb. 1836	Michels, Wilhelm
geb. 1895	Michels, Wilhelm
geb. 1933	Michels, Helmut
	Farber, Günter
	Farber, Markus

In Eppinghofen 46 1/2a gab es 1861 den Bäcker Wilhelm Michels, welcher mit Catharina Hasenbeck verheiratet war und bis zur Volkszählung 1861 zwei Töchter hatte. An der Cheruskerstraße 59 machte sich 1921 der Bäckermeister Wilhelm Michels mit einer Bäckerei selbstständig. Im gleichen Jahr trat er der Bäckerinnung bei. Erich Rieken war zu Anfang Geselle bei ihm.
Wilhelm Michels war in Broich kein Unbekannter, denn er fuhr seine Backwaren noch mit einem Handwagen durch die Straßen. Ein Bild, das ich noch aus Kindertagen vor Augen habe. Manchmal wurde er Opfer von Kinderschabernack.
Als W. Michels einmal Backwaren zu einem Kunden ins Haus trug, versteckten junge Mädchen den nicht gerade leichten Handwagen. Bei seiner Rückkehr war Michels stinksauer, weil er seinen Verkaufswagen nicht mehr fand und ihn lange suchen musste. Eines der Mädchen war die spätere Frau Dr. Lorbeer.
1933 wurde Helmut Michels geboren und machte von 1948 bis 1951 eine Ausbildung bei J. Schulten an der Dohne.
1960 übernahm der Konditormeister Günter Faber den Betrieb von Wilhelm Michels. Ende der neunziger Jahre gab Günter Faber den Betrieb auf und ab ca. 2000 ist ein Sportwarengeschäft dort zu Hause.

Bäckerei Konditorei Heilker - Wiedelmann:

geb. 1863 Winterheim, Hermann
geb. 1883 Heilker, Gerhard sen.
geb. 1921 Heilker, Heinrich Gerhard
geb. 1919 Heilker, Gerhard jun
geb. 1927 Wiedelmann, Josef
geb. 1952 Wiedelmann, Alfons

1916 wird im Adressbuch in Broich an der Aktienstraße 19, später Hermannstr. 19, die Bäckerei Gerhard Heilker genannt. Gerhard Heilker wurde 1883 geboren (verstorben 1956). Er machte eine Ausbildung zum Bäcker, absolvierte die Bäckermeisterprüfung und machte sich in Broich an der Aktienstraße 19 selbständig. 1921 trat er der Bäckerinnung bei.
1912 heiratete Gerhard die 1890 geborene Elisabeth Jägersberg und sie bekamen sechs Kinder. Die Familien Heilker und Jägersberg waren Mitglieder der Kolpingsfamilie Broich – Speldorf, wie auch mein Vater dort Mitglied war.
1950 heiratete der 1927 geborene Josef Wiedelmann die 1926 geborene Tochter von Gerhard Heilker, Maria Gertrud. Schon 1957 eröffnete Josef Wiedelmann Bäckereifilialen, wie an der Lindenstr. oder an der Kirchstr. Man kannte sich gut und half sich gegenseitig.
1952 kam der Stammhalter Alfons zur Welt. Alfons Wiedelmann erlernte das Konditorenhandwerk und machte den Konditormeister. Nach dem frühen Tod des Vaters übernahm Alfons, in Familienunion mit seiner Schwester Brigitte, den Betrieb und führte ihn bis zum Jahr 2005 weiter.
Aus gesundheitlichen Gründen musste Alfons Wiedelmenn seine Tätigkeit beenden. Heute befindet sich dort eine Spanferkelbratere.

Bäckerei Winterheim:

geb. 1863 Winterheim, Hermann
geb. 1863 Winterheim, Hermann
Preiss, Hugo

An der Grenze zwischen Broich und Speldorf befand sich 1883 unter der Adresse Broich I 24 die Bäckerei von Hermann Winterheim. 1863 geboren, machte er sich dort selbständig. Mal hieß die Straße Paralellstraße, mal Aktienstraße. Später dann hieß sie Liebigstraße und zuletzt Hermannstraße.
1911 verstarb Hermann Winterheim und Gerhard Heilker setzte die Tradition einer Bäckerei vor Ort fort.

Bäckerei - Konditorei - Eiscafé Hack:

	Hack, Josef
geb. 1906	Hack, Fritz sen
geb. 1937	Hack, Margarete
geb. 1906	Hack, Fritz sen.
geb. 1938	Hack, Fritz jun
	Krefft, Werner, Bäckerei
geb. 1939	Hack, Ursula
	Herker, Karl Heinz, Bäckerei
geb. 1941	van Veenendaal, Winfried, Bäckerei
	Volmer, Johannes, Bäckerei
	Rizardini, EisCafé
	Wiedelmann, Alfons, Bäckereifiliale

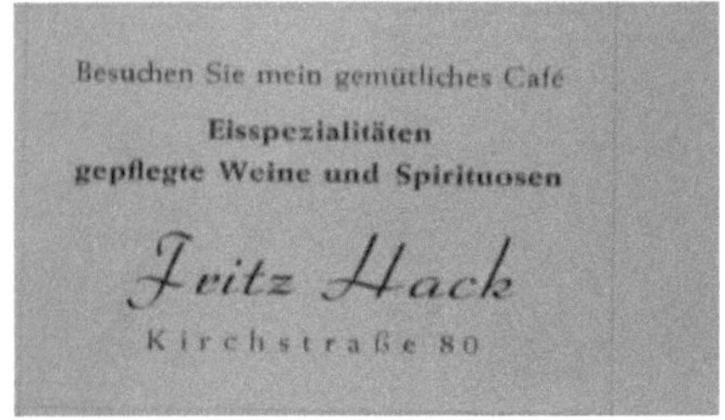

Eine recht wechselvolle Geschichte hat das Haus Kirchstraße 80 in Broich. Der Lehrer Josef Hack war ein großer Förderer seines 1906 geborenen Sohnes Fritz Hack sen. Er unterstützte ihn in seinem Wunsch, selbständiger Bäcker und Konditor am Ort zu werden. Fritz Hack machte 1920 bis 1923 bei Hilberath am Kohlenkamp eine Bäckerlehre, 1929 seine Meisterprüfung und im selben Jahr machte er sich an der Kirchstr. 80 mit einer Bäckerei - Konditorei - Café selbstständig.
1930 eröffnete Fritz das EisCafé. Die 1937 geborene Tochter Magret machte beim Vater von 1952 bis 1954 eine Ausbildung.
Auch der 1938 geborene Sohn Fritz jun. erlernte den Beruf des Konditors.
In den fünfziger Jahren trennte Fritz Hack sen. den Betrieb in Bäckerei und EisCafé. Eine ganze Zeit war das EisCafé etwas abseits von der Kirchstraße auf dem tieferen hinteren Gelände. Nach dem Neubau direkt an der Kirchstraße übernahmen die Gebrüder Rizardini das Café. Es war in Broich ein Treffpunkt für Geselligkeit und sehr gutes Eis. Gleichzeitig verpachtete Fritz Hack den Bäckereibetrieb an verschiedene Bäckermeister.
1955 war Werner Krefft Inhaber, 1959 Karl Heinz Herker, Sohn von J. Herker von der Kaiserstraße, 1962 übernahm Johannes Volmer, 1970-90 August Sprünger und nach ihm hatte Alfons Wiedelmann dort eine Filiale.
Das Eiscafé besteht heute immer noch.
Im Bäckereigeschäft verkauft momentan ein Modeschmuckladen seine Ware.

Conditorei Osterkamp - Peres:

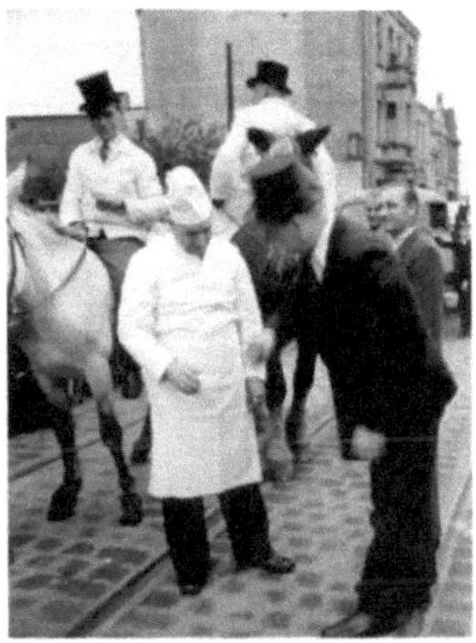

geb. 1885 Osterkamp, Hugo. verst. 1975
geb. 1885 Osterkamp, Hugo
geb. 1912 Peres, Theo verst. 1972
Donath, Ernst

Hugo Osterkamp, geb. 1885, machte sich 1920 an der damaligen Duisburger Str. 34 als Konditor selbständig. 1911 hat er Katharina Dinsing geheiratet und sie bekamen zwei Töchter. Hugo Osterkamp kam spät aus der französischen Kriegsgefangenschaft zurück, daher er-

folgte die Selbstständigkeit erst 1920. Mit dem Straßenneubau und der Straßenbahnverlegung zur Straße " Am Schloß Broich", hieß die Duisburger Str. 34 nun Schloßberg 18.
Von 1942 bis 1945 war Konditormeister Ernst Donath dort Pächter. Er ging dann zur Bülowstr. in Broich. Nach der politischen Überprüfung 1945 übernahm Konditormeister Theo Peres die Konditorei. Theo Peres, 1912 geboren, machte von 1930 bis 1933 bei Hugo Osterkamp seine Konditorlehre, welche er mit der Note „gut" abschloss. In dieser Zeit lernte er seine spätere Frau, Marianne, geborene Osterkamp, kennen. 1948 heirateten sie. Theo Peres hatte vor seiner Konditorlehre schon eine Kochausbildung hinter sich. Sein Vater war ein gelernter Küfer.

Bekannt war Theo Peres als Broicher Original mit viel Humor. Dies belegen auch die Fotos von 1954, als die Duisburger Straße erneuert wurde, und die Arbeit sich für die Anwohner zu lange hinzog, und keine offizielle Einweihung der Stadt angedacht war. Anlässlich einer Wette nahmen ein paar anwohnende Handwerker eine vorzeitige Straßeneinweihung selbst in die Hand. Sie weihten die erneuerte Straße mit einem Ritt, rückwärts auf dem Pferd, mit viel Tamtam und Musik und mit einem fingierten Grußwort des Bundespräsidenten Heuss kurzerhand selber ein. Bei der Stadtverwaltung kam der Scherz übrigens nicht so gut an.
Nach dem Theo Peres früh verstarb, war Ernst Donath von der Bülowstraße einige Jahre als Konditormeister am Schloß Broich tätig. Ihn löste eine Fahrschule unter der Adresse ab. Nun qualmten die Köpfe der Schüler in den Café-Räumen.

Bäckerei Jeppel, Reichstr. 15:

geb. 1828 Jeppel, Joh. Wilhelm Heinrich, verst. 1875
geb. 1864 Jeppel, Johann Ferdinand Heinrich, verst. 1919
geb. 1892 Jeppel, Heinrich verst.1955
geb. 1869 Jeppel, Wilhelm Matthias gefallen 1918
Jeppel, Ehef. Frederike Brost geb. 1876

geb. 1901 Jeppel, Gertraud Elis. verst. 1942
geb. 1903 Jeppel, Ernst Wilhelm verst.1945
geb. 1934 Jeppel, Heinz Wilhelm
geb. 1915 Jeppel, Heinrich verst. 1931
geb. 1903 Kamphaus, Willi ,Styrum
Westermann, Friedhelm

Durch die Geschichte der Bäckerfamilie Jeppel kann man nur mit sachkundiger Hilfe kommen. Mir halfen die Ahnenforschungen von Frau Petra Seidemann.
Alle Jeppels in Mülheim stammen von Johann Friedrich und Anna Jeppel, geborene Terjung, ab. Sie heirateten 1818. Im gleichen Jahr kam der erste Sohn Johann Mathias zur Welt. Er heiratete 1846 und 1855 kam zur Verstärkung Sohn Hermann Heinrich. Dieser heiratete 1889 Helene Hagenbeck und machte 1890 seine Bäckermeisterprüfung. Mit Hermann Heinrich hörte in diesem Familienzweig das Backen auf. Die Nachfolger wurden Kaufleute.
Der zweite Sohn vom Wirt und Fuhrmann aus Eppinghofen wurde 1821 geboren und die Eltern Johann Friedrich und Anna Jeppel nannten ihn Wilhelm Mathias. Wilhelm Mathias heiratete 1847 Helene Rating und war unter der Adresse Broich 126 als Wirt geführt. Helene Rating verstarb 1866 und Wilhelm Mathias heiratete 1867 Elisabeth Luise Terjung, die Witwe von seinem 1866 verstorbenem Bruder Johann Mathias.
1848 wurde Sohn Friedrich, der spätere Wirt von der Broicher Gaststätte "Zum weißen Rössel" an der Duisburger Str. 93, geboren.
1864 kam Sohn Ernst Heinrich Gerhard zur Welt. 1890 machte er die Bäckermeisterprüfung und heiratete Maria Kloster. Später gab er den Bäckerberuf auf und wurde Beamter.
Aber sein Bruder Wilhelm, 1869 geboren, ließ sich unter der Adresse Broich 156/2 als Bäckermeister nieder. Dessen Sohn, der 1891 geborene Wilhelm Mathias, machte 1929 seine Meisterprüfung und trat in die Bäckerinnung ein. Auch der Bruder von Wilhelm Mathias, der 1894 geborene Heinrich Jeppel, erlernte das Bäckerhandwerk von 1906 bis 1909 beim Bäcker und Wirt Hugo Spieker. Hermann Jeppel kam nicht aus dem ersten Weltkrieg zurück.
Mit Johann Wilhelm Heinrich wurde 1828 der Stammhalter der Bäckereifamilie von der Reichstraße 15 geboren. 1857 heiratete er Gertraud Rosorius und sie bekamen acht Kinder. Der 1864 geborene Johann Ferdinand Heinrich war Bäcker und Wirt in Broich und heiratete 1890 Pauline Steckel. Sein Bruder, der 1869 geborene Wilhelm

Mathias, machte seinen Bäckermeister und heiratete 1900 Frederike Brost. 1912 wurde er Innungsmitglied.
Sohn Ernst Wilhelm, 1903 geboren, führte den Betrieb weiter. Er heiratete 1930 Else Ternieden, eine Tochter vom Bäckermeister Wilhelm Ternieden. Eine Schwester von Ernst Wilhelm, Gertraud Elise, 1901 geboren, heiratete 1922 den Nachbarn und Möbelhausbesitzer Heinrich Dahmen, geb. 1890, von der Duisburger Str. 139.
Dazwischen gab es einen Heinrich Jeppel, 1915 geboren, der während seiner Bäckerausbildung 1930 an einer heimtückischen Krankheit verstarb. Einen 1892 geborenen Heinrich Jeppel verschlug es im ersten Weltkrieg als Bäckermeister und Soldat nach Japan. Zurückgekehrt wohnte er in Duisburg.
1934 kam Sohn Heinz Wilhelm zur Welt, er wurde Flugnavigator bei der Lufthansa. Heinz Wilhelm überlebte 1959 einen schweren Flugzeugabsturz mit nur drei Überlebenden in Südamerika. Sein Vater Ernst Wilhelm fiel im zweiten Weltkrieg und seine Frau Else Jeppel führte den Betrieb mit Willi Kamphaus weiter.
Die Bäckerei übernahm der Bäckermeister Friedhelm Westermann.
Er gab den Betrieb auf und wurde Produktionsleiter bei Bäckerei Fassbender, später arbeitete er mit mir bei Wälken's Bäckereien. Siehe Bäckerei Jeppel in Speldorf

geb. 1821	Jeppel, Wilhelm Matthias	
geb. 1818	Jeppel, Johann Math	verst. 1866
geb. 1855	Jeppel, Hermann Heinrich	verst. 1915
geb. 1892	Jeppel, Wilhelm	
geb. 1893	Jeppel, Heinrich Joh.	
geb. 1895	Jeppel, Johannes Emil,	
geb. 1901	Jeppel, Ernst Fried.	
geb. 1905	Jeppel, Paul Mathias	
geb. 1932	Jeppel, Hermann	verst. 1916
	Jeppel, Paul Heinz	
geb. 1835	Jeppel, Johann	

Bäckerei Konditorei Kortheuer:

	Kortheuer, Wilhelm
	Kortheuer, Georg
	Klostermann, Konditorei
geb. 1855	Kortheuer,Hermann

Kortheuer Wirtschaft

1856 wird Bäcker Wilhelm Kortheuer in Eppinghofen erwähnt. Er hat Probleme mit dem Bäckermeister Kotthaus am Notweg 60, am neuen Markt, wegen des Lehrlings Carl Völker. Um 1900 wird in Broich an der Duisburger Str. 70 - 71, später 99 - 101 und heute Prinzess Luise Str. 2 Georg Kortheuer als Bäcker geführt.
Die Bäcker- und Konditorfamilien in Broich waren, wie man heute sagen würde, "gut vernetzt". Für eine kurze Zeit war eine Konditorei Klostermann an der Duisburger Str. 70 – 71. Hermann Kortheuer, 1855 geboren, heiratete 1883 Gertraud Jeppel, Tochter einer Broicher Bäckerfamilie. 1884 verstirbt Hermann. Hermanns Schwester Maria war mit W. M. Jeppel verheiratet. Nach ihm kommt ein Robert Kortheuer an der Duisburger Straße als Wirt und Bäcker zum Einsatz. Von der Wirtschaft mit Bäckerei blieb nur die Gastwirtschaft Kortheuer übrig. Nach einem Luftangriff im 2. Weltkrieg gab es lange Zeit nur noch ein Trümmergrundstück von der alten Gaststätte. In den sechziger Jahren des letzten Jahrhunderts entstand darauf das Wohnhaus Prinzess Luise Str. 2.

Konditorei Dieker:

geb. 1892	Dieker, Karl
	Konditorei Wegemann
geb. 1920	Dieker, Karl Wilhelm
	Brosda, Fritz

1918 heiratet der 1892 geborene Konditormeister Karl Dieker, Elfriede Elisabeth Biesgen, geboren 1898. Ihr Vater war Schreiner in Broich.
Im gleichen Jahr machte sich Karl Dieker an der Duisburger Str. 117 als Konditor selbständig. 1928 zog es Karl Dieker zur Teinerstr. 16. Dort gab es einen alten Traditionsbetrieb, der 1736 als Wirtschaft, Bäckerei und Brauerei von Adam und Heinrich Müller betrieben worden war. Im letzten Jahrhundert war es die Gaststätte "Teiner Hof".
1928 bis 1933 war die Konditorei Wegemann an der Duisburger Straße zu Hause. Nach 1940 zog Karl Dieker in die Oembergsiedlung zum Lothringer Weg 18.
Nach 1965 ist die Konditorei Dieker nicht mehr in den Adressbüchern zu finden und am Siedlerfest fehlte das Sahnehäubchen.

Geschäfts-Eröffnung

Am **Freitag, dem 5. Dez.,** eröffne ich in

M.-Broich, Duisburger Straße 117

eine 9800

Konditorei u. ein Kaffee

und empfehle mich den geehrten Bewohnern von Mülheim und Umgegend

Karl Dieker, Konditor

Günstige Gelegenheit zum Einkauf für

Nikolaus u. Weihnachten

Saarn

1214 Klostergründung
Braugrut kostenlos aus Duisburg
1266 Brautätigkeit – es war wohl auch von Anfang an ein Backhaus da, denn Mühle und Mühlenteich waren ebenfalls vorhanden.
1446 Klosterbäckerei in Saarn genannt
Klostermühle findet Erwähnung
1600 Klosterbäckerei Saarn
Zeichnung des Wirtschaftsgebäudes mit zwei Braustätten
1755 und einem Backhaus.
1729 ließ die Äbtissin Maria Theresia von Reuschenberg umfangreiche Anbauten errichten.
ihre Nachfolgerin, Johanna Wilhelmine von Bentinck, vollendete die barocke Umgestaltung
und 1755 den Neubau des Wirtschaftsflügels
1808 Auflösung des Klosters, durch Napoleon, Saarn 103
1896 Neu- und Ausbau zur Pfarrkirche Maria Himmelfahrt
1936 wegen der Straßenerweiterung der Bundesstr. 1
wurde das Wirtschaftsgebäude und damit auch die Backstube abgerissen begannen erste zaghafte Versuche
1950 einer Restaurierung von Kirche und Kreuzgang
2015 heute Bürgerbegegnungsstätte von überregionaler Bedeutung

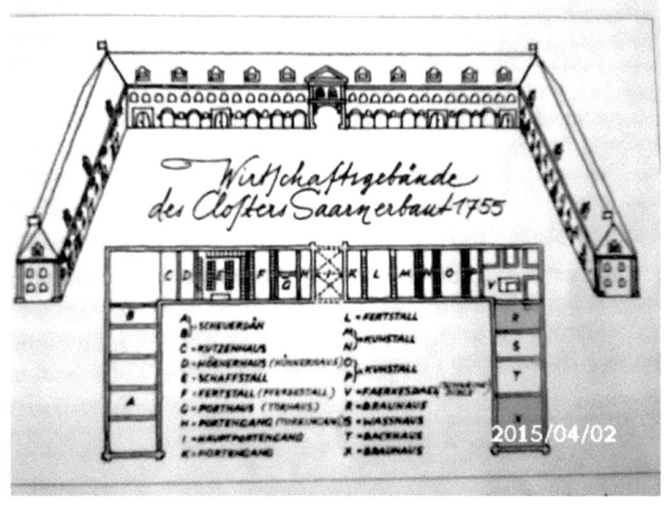

Konditorei Café Bröckelschen - Berndt:

Das Café
in Saarn
D.Berndt
Düsseldorfer Str. 113

geb. 1888 Bröckelschen, Peter
geb. 1919 Berndt, Erich
geb. 1951 Berndt, Dieter

1921 machte der 1888 geborene Peter Bröckelschen sich an der Düsseldorfer Straße 113 mit einer Konditorei und Café selbständig. Seine Ausbildung hatte er beim Konditormeister Steingels/Oberbeil von 1903 bis 1906 in Essen gemacht.
1953 übernahm der Konditormeister Erich Berndt den Betrieb. Er war in der Konditoreninnung im Vorstand aktiv und fand in der Festschrift zum 100 Jahre-Jubiläum der Bäcker- und Konditoreninnung Erwähnung.

Erich Berndt verstarb 2009, drei Jahre vor im verstarb seine Frau Luise, geboren 1924. 1951 wurde Sohn Dieter geboren, nach seiner Konditorlehre, nach bestandener Meisterprüfung, übernahm er das Café und führte es bis 1998. Nebenher und bis heute macht Dieter Berndt noch in verschiedenen Gruppen erfolgreich Rockmusik, wie bei Tobogan, Niff – Naff, Teddy Technik unter anderen.
Seit 1998 ist das Café Berndt nicht mehr aktiv an der Düsseldorfer Str. Bernd Orlik übernahm Maschinen und Rezepte des Cafés Berndt und arbeitete eine Zeit lang an der Düsseldorfer Straße, bis es ihn zur Saarner Str. zog.
Ein Lampengeschäft erleuchtet die ehemalige Konditorei heute.

Bäckerei von der Bey:

	Unterhösel, Wilhelm
	Unterhösel, Wwe.
	von der Bey, Hermann
	Windeck, Paul
geb. 1868	von der Bey, Hermann sen
	Loggen, Wilhelm
	von der Bey, Joh. Hermann
geb. 1901	Schweidtmann, Wilhelm
geb. 1902	von der Bey, Hermann Johann jun.
geb. 1930	von der Bey, Karl Heinz

Restaurant Herm. v. d. Bey

Das Anwesen Landsberger Straße 18 hat eine bewegte Vergangenheit hinter sich. Im Buch über Mülheimer Brauereien beschreibt B. Brinkmann den Kauf des Hauses durch den Winkelier, Wilhelm Unterhösel. 1867 ist seine Witwe Besitzerin des Anwesens. 1871 wird Hermann von der Bey als Bäcker und Wirt aus Selbeck dort genannt. Die Adresse hieß Saarn 94, um 1900 war es Saarn Sektion 1 Nr. 389, dann hieß die Anschrift der Bäckerei, Wirtschaft und Lebensmittelgeschäftes Mintarder Str. 18 und ab 1920 Landsberger Straße 18.

Um 1900 war dort der 1868 geborene Hermann von der Bey als Bäckermeister registriert. Ein Wilhelm Loggen war dort als Geselle angestellt.
1902 wurde Hermann von der Bey jun. geboren. Er erlernte beim Vater von 1917 bis 1920 das Bäckerhandwerk und machte 1929 seinen Meister. Ein Jahr später heiratete er Elisabeth Rehmann.
1935 wird an der Landsberger Straße 18 Wilhelm Schweidtmann als Bäckermeister genannt. Im Nebengebäude der Bäckerei befand sich ein weithin bekannter Tanz- saal. Zur Saarner Kirmes war er sehr beliebt und wurde mit Zeitungsanzeigen zu Tanzveranstaltungen beworben. Noch 1958 wird Hermann von der Bey als Eigentümer und Wirt im Adressbuch erwähnt und Wilhelm Schweidtmann als Bäckerei Inhaber genannt. Es war eine Schweidtmannfiliale.

Der 1930 geborene Sohn Karl Heinz von der Bey erlernte beim Vater das Bäckerhandwerk und führte den Wirtschaftsbetrieb bis in die neunziger Jahre. Dann kam das Ende dieses alteingesessenen Betriebes. Danach war dort unter dem Namen der Familie von der Bey ein Reitsportgeschäft beheimatet.

Bäckerei Hesshaus, Düsseldorfer Str.:

geb. 1829	Hesshaus, Johann
geb. 1879	Hesshaus, Johann Wilhelm
	Hesshaus, Johann Wwe.
geb. 1881	Hesshaus, Wilhelm
	Scharrenberg, Rudi

Unter der Adresse Saarn 144 wird 1861 der 1829 geborene Bäcker Johann Hesshaus genannt. 1872 hieß die Anschrift Saarn 158. Johann Hesshaus war seit 1876 mit Maria Helene Tofahrn verheiratet, sie hatten vier Kinder. In Styrum gab es eine Bäckerei Tofahrn an der Schweriner Straße. 1879 wurden Johann Wilhelm und 1881 Wilhelm unter der Adresse Saarn I 308, 1900 Saarner Str. 34 geboren. 1910 war das Geschäft dann an der Düsseldorfer Straße 34.

Von 1920 bis 1950 waren die von der Beys von der Landsberger Straße Inhaber der Bäckerei. Zuerst war es der 1902 geborene Hermann und später der 1930 geborene Heinz von der Bey. Der Kaufmann Wilhelm Hesshaus war zweimal verheiratet, zuerst mit Karoline Scharrenberg und nach 1924 mit der 1890 geborenen Anna Sofia von der Bey. So erklären sich auch die verschiedenen Eigentümer und Geschäftsinhaber der Bäckerei. Von Hesshaus zu von der Bey und ab 1957 dann der Lebensmittelhändler Rudi Scharrenberg. Heute ist dort ein Modeladen ansässig.

Saarner Dorfbäckerei Müller, Düsseldorfer Str. 56:

geb. 1858 Loggen, Wilhelm Johann verst. 1908 Bruder, Schlosser
geb. 1868 Loggen, Heinrich sen. verst. 1953
geb. 1895 Loggen, Heinrich jun.
geb. 1897 Loggen, Friedrich Wilhelm
geb. 1908 Loggen, Johann Carl
geb. 1901 Schweidtmann, Wilhelm verst. 1986
geb. 1941 Schweidtmann, Hans Dieter verst. 2008
geb. 1949 Müller, Reinhardt

Dorfbäckerei Saarn

An der Düsseldorfer Straße 56 gab es von 1894 bis heute die "Alte Saarner Dorfbäckerei". Der 1868 geborene Heinrich Loggen sen. machte von 1882 bis 1885 seine

Bäckerausbildung und wenig später seinen Meister. 1895, ein Jahr nach der Selbstständigkeit, heiratete er Christine Stöters. Im gleichen Jahr kam Sohn Heinrich jun. zur Welt. Von 1910 bis 1913 machte dieser beim Vater die Bäckerlehre.
Geschwister hatte er noch weitere. Unter anderen den 1897 geborenen Friedrich Wilhelm, er erlernte beim Vater von 1912 bis 1915 das Bäckerhandwerk. Jetzt hieß die Anschrift Saarner Str. 56, wobei Heinrich zur neuen Adresse amtlicherseits, neue Hausnummern beantragen musste. Ab 1927 hieß die Anschrift Düsseldorfer Straße 56. Zu dieser Zeit war ein Winfried Huffmann Geselle bei Loggen.
1903 wurde Anna Loggen geboren, 1935 heiratete sie Wilhelm Schweidtmann.
1908 kam Johann Carl Loggen. Er machte die Bäckerlehre von 1922 bis 1925 beim Vater Heinrich Loggen. Weitere Kinder kamen. Auch Johann Wilhelm und Friedrich Carl erlernten beim Vater das Bäckerhandwerk. Wie die Loggenkinder, so wollte auch der 1901 geborene Wilhelm Schweidtmann aus Saarn Bäcker werden und erlernte bei Heinrich Loggen sen. das Bäckerhandwerk. Dabei verliebte er sich in die Meistertochter Anna Loggen. 1915 legte er seine Gesellenprüfung ab.
1935 heirateten Wilhelm und Anna und übernahmen den Betrieb an der Düsseldorfer Straße 56. 1941 kam Hans Dieter Schweidtmann zur Welt und erlernte später der Familientradition folgend beim Vater von 1960 bis 1962 das Bäckerhandwerk. Genauso wie sein Vater Wilhelm Schweidtmann war er in der Bäckerinnung sehr aktiv, er war unter anderem Lehrlingswart.
Heinz Obermann und ich haben bei Wilhelm Schweidtmann die Gesellenprüfung 1965 absolviert. Hans Dieter konnte aber die Bäckerei wegen einer schweren Erkrankung nicht weiterführen und verstarb früh.
Die Bäckerei Müller aus Duisburg übernahm 2001 den Betrieb und führt die "Alte Saarner Dorfbäckerei" bis heute erfolgreich weiter. Die Familie Schweidtmann suchte einen zuverlässigen und traditionellen Nachfolger und den fanden sie in dem 1949 geborenen Reinhardt Müller aus Duisburg.
Reinhardt Müller stellt in jedem Jahr zur Advendszeit eine sehr schöne handgeschnitzte Krippe in der Saarner Filiale aus.
Die Bäckerei Müller gibt es in Duisburg seit 1881, also seit über 135 Jahren.

Bäckerei in Selbeck:

Nevians, Otto
Schauff, Johann
geb. 1887 Nevians, Helene
geb. 1913 Lichtweg, Hans Werner
Weiden, Bernd
auf der Heiden, Ing.
Bäckerei Bernhard Sudhoff
Bäckerei Birgit Prothmann

Vor 1929 gehörte Selbeck zu Kettwig – und somit auch die 1901 im Adressbuch erwähnte Bäckerei von Otto Nevians, welche unter Selbeck 58 1/4 geführt wurde. Vor der Eingemeindung hieß die heutige Kölner Str. 387 Düsseldorfer Chaussee.

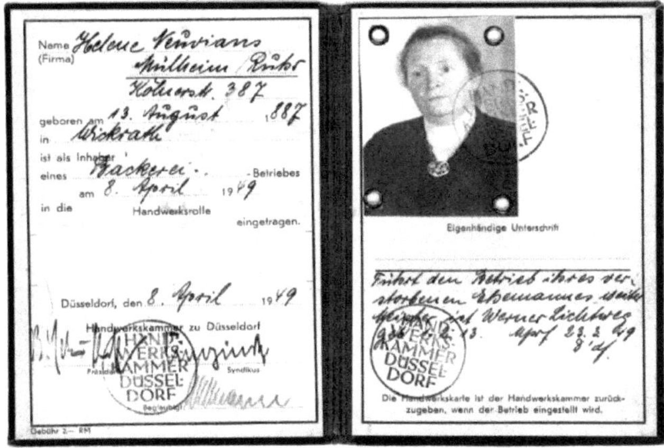

Name (Firma) Helene Nevians
Mülheim Ruhr
Kölnerstr. 387
geboren am 13. August 1887
in Wickrath
ist als Inhaber eines Bäckerei-Betriebes
am 8. April 1949
in die Handwerksrolle eingetragen.

Düsseldorf, den 8. April 1949

Handwerkskammer zu Düsseldorf

Präsident Syndikus

HANDWERKSKAMMER DÜSSELDORF

Beglaubigt:

Gebühr 2.– RM

Eigenhändige Unterschrift

HANDWERKSKAMMER DÜSSELDORF

Die Handwerkskarte ist der Handwerkskammer zurückzugeben, wenn der Betrieb eingestellt wird.

Nach dem zweiten Weltkrieg und der politischen Überprüfung durch die englische Besatzungsbehörde, eröffnete 1945 der Bäcker Johann Schauff die Bäckerei wieder. 1949 ließ sich die Witwe Helene Nevians in die Handwerksrolle eintragen. Die 1887 geborene Helene konnte aus Mangel an vorweisbaren Sachkenntnissen den Betrieb nicht ohne Meister führen. Deshalb führte der 1913 geborene Hans Werner Lichtweg mit ihr den Betrieb, welchen er 1957 übernahm und als Bäckerei und Lebensmittelladen bis 1970 führte.

Dann übernahm der Bäcker Bernd Weiden die Bäckerei und den Lebensmittelbetrieb an der Kölner Str. 387. Er führte ihn, bis um die Jahrtausendwende Bernhard Sudhoff aus Styrum von der Hauskampstraße dort eine Bäckereifiliale eröffnete.

Zu dieser Zeit gehörte das Haus der Familie auf der Heiden, deren Vorfahre, Gerd, mal eine Bäckerei am Buchenberg hatte.

Nach der Insolvenz von Bernhard Sudhoff, 2014, führte noch kurze Zeit Birgit Prothmann das Geschäft als Bäckerei. Ab 2015 ist dort ein Versicherungsbüro ansäßig.

Bäckerei Butenberg – Platte, Saarner Str. 135:

geb. 1873	Butenberg, Julius	verst. 1945
geb. 1900	Butenberg, Friedrich	verst. 1953
geb. 1931	Platte, Hermann	verst. 1999

Die Bäckerei lag an der Ecke Saaner Str./ Grenzstraße, heute Großenbaumer Straße. Auf der anderen Straßenseite lag die Brauerei und Gaststätte Schützenhof. Die Adresse lautete Saarn I 69/1. 1899 musste Julius Butenberg neue Hausnummern über die Landverwaltung Broich besorgen. Im gleichen Jahr heiratete Julius Buttenberg, mit vollem Namen Friedrich Wilhelm Julius, Maria Giesen.
1900 kam Sohn Friedrich Butenberg zur Welt. Friedrich machte beim Vater von 1918 bis 1921 eine Ausbildung zum Bäcker. 1932 heiratete er Anna Elisabeth Tellberg und 1935 kam Tochter Dorothea und sie heiratete 1954 den Bäckermeister Hermann Platte. Sie bekamen zwei Söhne. Nach dem zweiten Weltkrieg wird an der Saarner Straße 135 Schwiegersohn und Bäckermeister Hermann Platte bis in die siebziger Jahre als Inhaber geführt. Bei der Neugestaltung des Kreuzungsbereiches 1970 wurde die markante Bäckerei an der Ecke Saarner Straße/ Großenbaumer Straße abgerissen. Hermann Platte verstarb mit 68 Jahren, kurz nach Erreichung des Rentenalters. Dorothea Platte verstarb 2017.

Johannes Eick   Saarn 116
Geschäftseröffnung
Den geehrten Bewohnern Saarns und Umgebung erlaube ich mir ergebenst anzuzeigen, daß ich am hiesigen Platz eine Bäckerei und Spezereiengeschäft eröffnet habe. Auch führe ich alle Sorten Vorschußmehl, sowie Viehfutter, Kleien, Grand und Rübkuchen.
Indem ich nur relle Waare, sowie die äußerst billigsten Preise führen werde, bitte ich um geneigten Zuspruch und versichere, daß ich durch prompte Ausführung aller mir angegebenen Aufträge bemüht sein werde mir das Vertrauen meiner Gönner zu erwerben.
Saarn, bei Mülheim an der Ruhr   Johann Eick, 1860

Bäckerei Backhaus, Düsseldorfer Str. 157:

	Hermann von der Bey/Wwe. Kath.
geb. 1854	Buchloh
geb. 1868	von der Bey, Hermann
geb. 1863	Backhaus, Eduard
geb. 1903	Backhaus, Gustav
geb. 1897	Backhaus, Hermann Ed.
geb. 1907	Backhaus, Heinrich, 1915 Erich Johann, verst. 1950
geb. 1904	Backhaus, Wilhelm, Zugschaffner

Eine weitere Bäckerei, die es heute nicht mehr gibt, ist die Bäckerei Backhaus. Sie fiel dem Ausbau der Kreuzung Düsseldorfer Straße - Straßburger Allee und Alte Straße zum Opfer. Gustav Backhaus, der Vater von Eduard, war noch kein Bäcker, er war Ökonom oder Landwirt Eduard Backhaus gründete unter der Anschrift Saarn I 178/1 um 1900 eine Bäckerei. Dann lautete die Adresse Saarn 147, später Saarner Str. 157und zuletzt Düsseldorfer Str. 157.

Der 1863 geborene Eduard Backhaus heiratete 1892 Gertraud Wintgens, sie bekamen neun Kinder. Gertraud Backhaus verstarb 1906 und so heiratete Eduard Backhaus 1907 Ida Katharina Osterkamp. Mit der zweiten Frau bekam er zwei Söhne: 1907 Heinrich Backhaus, 1915 Erich Johann. Beide erlernten nicht das Bäckerhandwerk. Aber der aus erster Ehe, 1897 geborene Hermann Eduard erlernte von 1912 bis 1915 das Handwerk, beim Bäckermeister Braems an der Kaiserstraße.

Weitere Kinder aus dieser Ehe waren der 1899 geborene Karl Eduard, 1903 Gustav und der 1904 geborene Wilhelm Backhaus.

1904 bekam Eduard Backhaus von der Handwerkskammer Düsseldorf einen Verweis wegen seiner fehlenden Eintragung in der Handwerksrolle, welche er aber schnellstens nachholte. 1920 wurde Eduard noch als Inhaber der Bäckerei geführt, danach kehrte Ruhe an der Düsseldorfer Straße 157 ein. 1200/1595-MStA

Bäckerei Wellfonder, Düsseldorfer Str. 78:

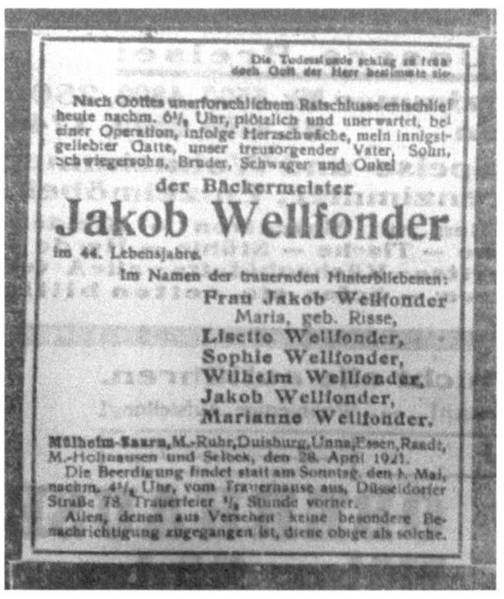

Die Todesstunde schlug zu früh,
doch Gott der Herr bestimmte sie.

Nach Gottes unerforschlichem Ratschlusse entschlief heute nachm. $6^1/_4$ Uhr, plötzlich und unerwartet, bei einer Operation, infolge Herzschwäche, mein innigstgeliebter Gatte, unser treusorgender Vater, Sohn, Schwiegersohn, Bruder, Schwager und Onkel

der Bäckermeister

Jakob Wellfonder

im 44. Lebensjahre.

Im Namen der trauernden Hinterbliebenen:
Frau Jakob Wellfonder
Maria, geb. Risse,
Liscette Wellfonder,
Sophie Wellfonder,
Wilhelm Wellfonder,
Jakob Wellfonder,
Marianne Wellfonder.

Mülheim-Saarn, M.-Ruhr, Duisburg, Unna, Essen, Raadt, M.-Holthausen und Selbek, den 28. April 1921.
Die Beerdigung findet statt am Sonntag, den 1. Mai, nachm. $4^1/_2$ Uhr, vom Trauerhause aus, Düsseldorfer Straße 78. Trauerfeier $^1/_2$ Stunde vorher.
Allen, denen aus Versehen keine besondere Benachrichtigung zugegangen ist, diene obige als solche.

	Wellfonder, Jakob
geb. 1865	Wellfonder, Jakob sen. verst. 1921
geb. 1909	Wellfonder, Wilhelm
geb. 1911	Wellfonder, Jakob jun.

Düsseldorfer Str. 1910, Saarner Straße, vorher Sektion I. Die Bäckerei von Jakob Wellfonder wird im Jahr 1870 unter der Adresse Saarn 134 genannt. Im Adressbuch von 1883 steht der 1865 geborene Jakob Wellfonder unter Saarn Sektion 1 Nr. 207, 1910 als Saarner Straße 78 und danach unter Düsseldorfer Str. 78 beschrieben. 1909 wird Wilhelm Wellfonder geboren, er macht 1924 bis 1927 in der Bäckerei van Hees seine Bäckerlehre. 1911 kommt Jakob jun. zur Welt. Auch er macht in Saarn von 1925 bis 1928 seine Ausbildung zum Bäcker. Jakob Wellfonder sen. starb mit gerade einmal 44 Jahren. Bis die beiden Söhne mit 25 Jahren die Befähigung und Führung des Meistertitels bekamen, wurde eine Ausnahme arrangiert.
Neben der Bäckerei Wellfonder war in den sechziger Jahren eine Rheinpreussentankstelle. Dort trafen wir uns mit ein paar motorsportbegeisterten Freunden. Wenn der große Hunger kam, holten wir bei Wellfonder Hefeteilchen. Gegen Ende des letzten Jahrhunderts, in den achtziger Jahren, war kein Nachfoger mehr vorhanden.
Die ehemalige Bäckerei, welche über drei Generationen die Saarner mit Brot und Backwaren versorgt hatte, schloss den eigenen Laden. Aus der Backstube heraus wurden noch eine Zeitlang Kunden und Geschäfte beliefert.
Aus dem Geschäft wurde das Saarner Reinigungscenter.

Bäckerei Konditorei Enaux, Düsseldorfer Str. 85:

	Enaux, Alexander	
geb. 1874	Enaux, Wilhelm	
geb. 1887	Enaux, Friedrich	
geb. 1902	Enaux, Wilhelm Alepius	verst. 1957
geb. 1905	Enaux, Friedrich Josef	
geb. 1934	Enaux, Hans Leo	verst. 2015

1872 wird unter der Adresse Saarn 188 der Bergmann Alex Enaux genannt. Zur gleichen Zeit, 1874, wurde an selber Stelle Wilhelm Enaux als Lagerist erwähnt. 1901 heiratete Wilhelm Enaux, Elisabeth Bröker, mit der er acht Kinder bekam. 1918 steht im Adressbuch unter der Düsseldorfer Straße 85, vorher Saarner Straße 85 und davor Saarn 188, der Konditormeister Fritz Enaux. Zeitweise war es auch das Eckhaus Lehnerstraße 26. 1902 kam der Stammhalter Wilhelm Alepius als Verstärkung, Sohn von Wilhelm und Elisabeth Enaux. Auch der 1905 geborene Bruder Friedrich Josef wurde Bäckermeister. Wilhelm Alepius heiratete 1932 Wilhelmine Oberdiek, eine Tochter von Gustav Oberdiek, von Beruf Wirt.
1934 wurde der Stammhalter Hans Leo Enaux geboren. Hans Leo machte durch die Kriegswirren etwas verspätet, von 1950 bis 1953, seine Konditorlehre bei dem Broicher Konditor Wilhelm Camphausen.
1970 übernahm Hans Leo Enaux vom Kollegen Wilhelm Oehler das Café Oehler an der Eppinghofer Straße 25 in der Stadtmitte. Gleichzeitig hatte er noch eine Filiale am Klostermarkt 6. Hans Leo Enaux war auch in der Konditoreninnung aktiv. 1997 setzte er sich mit seiner Frau Renate zur Ruhe.
2015 starb er und fand seine letzte Ruhestätte auf dem Friedhof an der Landsberger Straße. In das Café Oehler ist danach ein italienisches Eiscafé eingezogen und an der Düsseldorfer Straße ein Schreibwarengeschäft mit Gewinngarantie, eine Lottoannahme.

Bäckerei Wieners, Am Bühlsbach 16:

geb. 1849	Strohm, Wilhelm
geb. 1892	Strohm, Otto
	Wieners, Friedrich
geb. 1944	Wieners, Friedhelm
	Wieners & Baldauf

Bäckerei Wieners & Baldauf

1872 wird Karl Strohm als Winkelier und Bäcker unter der Adresse Saarn 168 genannt. Zur gleichen Zeit wird der 1849 geborene Wilhelm Strohm, erst unter Saarn Sektion I 157, dann Saarn I 159 und ab 1912 unter Nachbarsweg 52 als Bäckermeister geführt.

1872 ist er in der Streitsache um einen Lehrling, welcher ohne das Wissen seines Ausbildungsmeisters Burger Brezeln verkauft und bei zwei Bäckermeistern einen Ausbildungsvertrag hatte, involviert. Es handelte sich um den unter Carl Völker, späteren selbständigen Bäcker aus Eppinghofen.
1877 heiratet Wilhelm Strohm Maria Loggen, welche aus einer bekannten Saarner Bäckerfamilie stammte. Sie bekamen zehn Kinder.
Sohn Otto, 1892 geboren, machte von 1907 bis 1910 bei Ch. Schwörer am Wilhelmsplatz eine Lehre und übernahm 1912 den Betrieb vom Vater.
1940 übergab er die Bäckerei an Friedrich Wieners.
1957 baute Friedrich Wieners Am Bühlsbach 16 einen neuen Betrieb mit Lebensmittelgeschäft auf. Sein Sohn Friedhelm, 1944 geboren, machte von 1959 bis 1962 beim Vater seine Bäckerlehre.
1990 stieg Schwiegersohn Baldauf mit in den Betrieb ein.
1999 kam das Ende der Bäckerei Wieners & Baldauf. Heute ist unter der Adresse Am Bühlsbach 16 eine Computer- und Netzwerkfirma heimisch.

Bäckerei Moes, Waldbleeke:

geb. 1876	Moes, Peter
geb. 1908	Moes, Aloys
geb. 1912	Moes, Josef
	Moes, Rudolf
geb. 1935	Moes, Hans
geb. 1937	Moes, Hildegard

ehem. Geschäftshaus, Waldbleeke

Der Vorgänger der Bäckerei Peter Moes an der Eppinhoferstr. 123 war die Bäckerfamilie Spieker. Heinrich Spieker, 1833 geboren, war dort als Bäcker tätig. 1906 wird der 1876 geborene Peter Moes als selbstständiger Bäckermeister an der Eppinghofer Straße 123 geführt und in den Vorstand der Bäcker und Konditoreninnung gewählt. Sein Tod im Jahre 1927 findet in der Tageszeitung eine gebührliche Erwähnung. Der 1908 geborene Sohn Aloys Moes, der von 1922 bis 1925 beim Vater seine Bäckerlehre machte, übernahm den Betrieb mit einer Sondergenehmigung bis er 1930 die Meisterprüfung bestand. Mit seinem Bruder Josef, 1912 geboren, der 1926 bis 1929 seine Ausbildung beim Vater und dem Bäcker Siebenbart machte, führte er den Betrieb durch den Krieg bis 1956. Der Betrieb wurde an der Waldbleeke in Saarn neu gebaut und somit fand ein Umzug statt.

Auch Aloys Moes war im Vorstand der Bäckerinnung aktiv. Von 1946 bis 1949 machte Sohn Rudolf die Bäckerlehre beim Vater Aloys Moes. Der 1935 geborene Hans Moes, welcher heute noch im Betriebsgebäude wohnt, machte beim Vater die Ausbildung von 1950 bis 1953 und bestand sie mit "gut". Eine Zeitlang arbeitete er bei Otto Steinfartz.
Die 1937 geborene Tochter Hildegard machte 1952 bis 1954 eine Verkäuferinnen-Ausbildung, wie zwei Jahre später ihre 1939 geborene Schwester Ursula.
Um die Jahrtausendwende beendete Hans Moes aus Altersgründen und Nachfolgemangel die Backtätigkeit der Bäckerei Moes.

Bäckerei Orlik an der Saarner Str. 56:

geb. 1855	Zähres, Heinrich	
	Busch, Rudolf	
geb. 1922	Busch, Heinz	
	Pauly, Paul	
geb. 1934	Henkel, Wolfgang	verst. 2008
	Reitz,	
geb. 1957	Orlik, Bernhard	

1975 Bäckerei Henkel *2016 Bäckerei Orlik*

Am 1. April 2016 feierte Bernhard Orlik an der Saarner Straße 56 sein dreißigjähriges Betriebsjubiläum. Seit 1986 führt er diesen kleinen und feinen Betrieb, den er vom Bäckermeister Reitz übernommen hatte, der neun Jahre dort residierte.
Von 1972 bis 1977 hatte Wolfgang Henkel die Bäckerei. Er hatte 1949 bis 1952 bei Breuer in Heißen und bei Stürner an der Kampstraße seine Ausbildung gemacht.

Nachdem er sich von der Saarner Str. zurückgezogen hatte, arbeitete er eine Zeit noch beim Kollegen Kahrger in Dümpten. Wolfgang Henkel hatte eine Lizenz über eine Mehlmischung, dem Holzlukenbrot, welches er in Westdeutschland verkaufte und der kleinen Bäckerei zugute kam.
Vor Wolfgang Henkel war Paul Pauly an der Saarner Straße als Geschäftsinhaber von 1958 bis 1970 gemeldet.
Von 1920 bis 1957 wird Rudolf Busch als Betriebsinhaber genannt.
Sein Sohn Heinz machte in der Konditorei Brandt eine Ausbildung Tochter Helene absolvierte von 1952 bis 1954 beim Vater die Lehrzeit. Die jüngste Tochter Ellen machte 1956 bei Hans Knopp an der Monning die Ausbildung.
Vor Rudolf Busch gab es an der Saarner Straße 59 die Bäckerei Heinrich Zähres, welche 1897 zwangsversteigert wurde.
Es ist möglich, dass die Hausnummern 59 und 56 bei der Straßenumbenennung verändert wurden und an Stelle der alten Gebäude ein neuer Betrieb entstand.
Oder die neun ist gekippt und es wurde eine sechs.

Bäckerei Zähres, Saarn:

geb. 1815	Zähres, Matthias	
geb. 1845	Zähres, Gustav Matthias	
geb. 1855	Zähres, Heinrich	
geb. 1888	Zähres, Heinrich jun.	verst. 1953
geb. 1901	Zähres, Wilhelm August	

Schon 1815 wird in Saarn 152 1/2 über einen Bäckermeister Matthias Zähres berichtet. Sein Bruder, Hermann Zähres, 1822 in Eppinghofen geboren und ebenfalls Bäcker von Beruf, gründet den Eppinghofer Zweig der Zähresfamilie.
1845 wird amtlich erwähnt, dass Matthias wegen des Brotgewichtes Probleme mit dem Eichamt hatte. Er war mit Christine Rosenbeck verheiratet. 1845 wird Sohn Gustav Matthias Zähres geboren. 1855 kommt Sohn Heinrich zur Welt.
Gustav Matthias heiratet 1874 die 1851 geborene Katharina Vetter. Heinrich heiratet 1882 Margarete Pattberg, sie finden 1883 unter der Adresse Saarn I 239 ihr zu Hause. 1888 kommt Stammhalter Heinrich jun. zur Welt.
1897 wird berichtet, dass der jetzige Bäcker und Kaufmann Heinrich Zähres sen.

aus Saarn in eine Zwangsversteigerung verwickelt ist und Grund und Gebäude am 21.06.1897 unter den Hammer kamen. Hiermit war die Bäckerei Zähres in Saarn zerschlagen.

Weitere Bäcker:

1801		Schmäling, Johann	Kölner Str. 31	Backhaus
1872		Kleindick, Karl	Saarn 134	Bäcker
1872		Schweidtmann, Heinrich	Saarn 37	Tagelöhner
1872		Vogelbusch, Wilhelm	Saarn 37	Bäcker
1872		Bleckmann, Bernhard	Saarn 162	Nachbarsweg 56/42
1883		Stehlgen, Hermann	Saarn II 148	Düsseldorfer Str. 188
1900		Hennefeld, Ernst	Saarn II133	Düsseldorfer Str. 140
1900		Niesenhaus, August	Saarn I 317	
1912		Lücker, Friedrich	Bleckerstr. 1	
1928	geb. 1910	Holthaus, Ernst	Saarn	Ausbildung 1925

Speldorf

Bäckerei Konditorei Steiner:

geb. 1869 Steiner, Wilhelm Gottfried
geb. 1903 Steiner, Georg
geb. 1943 Schäfer, Marie Luise
Woldt, Rudolf
Rüdel, Uwe

Wohl eine der markantesten Bäckereien ist die Bäckerei Steiner/Schäfer an der Ecke Duisburger Straße/Heerstraße in Speldorf. Die Fassade des Hauses ist bis 2017 mit Motiven aus Wilhelm Buschs Buch von „Max und Moritz“ geschmückt.
1895 machte sich unter der Adresse Speldorf Duisburger Straße 3, später Duisburger Str. 203, der 1869 geborene Gottfried Steiner selbstständig. Er arbeitete 1883 noch als Geselle in der Bäckerei Heinrich Winnesheidt, Speldorf I 147 an der heutigen Ulmenallee. 1898 trat er der Innung bei.
1903 kam Stammhalter Georg Steiner zur Welt. Georg erlernte das Bäckerhandwerk von 1917 bis 1920 beim Vater Wilhelm Gottfried und bestand die Gesellenprüfung mit „sehr gut“. Georg Steiner und mein Vater Willibald Winkel waren befreundet. Wenn es mal ein Problem gab, half man sich gegenseitig. Georg Steiner war ein großer Zigarrenraucher, er hatte immer eine Kiste Zigarren am Ofen stehen und wie der Ofen, so ging auch die Zigarre nie aus. Georg heiratete Mathilde Rosendahl und sie bekamen zwei Töchter. Die 1943 geborene Marie Luise erlernte im Café Sander das Konditorenhandwerk. Sie machte 1960 erfolgreich ihre Gesellenprüfung und später auch die Meisterprüfung.
1970 verstarb Georg Steiner und Marie Luise übernahm mit ihrem Mann, Willi Schäfer, welchen sie bei ihrer Ausbildung im Café Sander kennengelernt hatte, den Betrieb. Willi Schäfer hatte von 1955 bis 1958 im StadtCafé Sander die Konditorlehre erfolgreich absolviert und später auch seine Konditormeisterprüfung abgelegt. 1990 trennten sich die Schäfers und Rudolf Woldt übernahm für fünf Jahre den Betrieb.
1995 machte sich der junge Bäckermeister Uwe Rüdel aus Oberhausen selbständig mit der Übernahme des Steiner - Schäfer Betriebes.

Zu diesem Zeitpunkt bestand die Bäckerei an der Duisburger Straße schon über 100 Jahre. Uwe Rüdel führte die Bäckerei so erfolgreich, dass er den Betrieb2015 weiter pachten und vergrößern wollte. Dieses Vorhaben scheiterte jedoch.
Uwe Rüdel verließ den Standort an der Duisburger Straße 203 und hat in Oberhausen eine neue Heimat gefunden.
In der ehemaligen Traditionsbäckerei befindet sich nun ein Tatooladen.

Bäckerei Monning, Speldorf:

	Monning, Wilhelm Mathias	
geb. 1857	Monning, Matthias	
geb. 1872	Monning, Hein. Her, Gerh	
geb. 1883	Monning, Fried. Wilhelm	Speldorf I 13/1
geb. 1883	Monning, Fried. Wilhelm	Speldorf III 64
geb. 1914	Monning, Karl Matthias	Ruhrstr. 8
	Monning, Karl Matthias	Hansastr.18

1850 wird in Speldorf der Bäckermeister Wilhelm Matthias Monning erwähnt.
1857 wird Sohn Matthias Monning in Speldorf III 64 geboren. 1883 heiratet dieser die Bäckermeistertochter Anna Römer. Ihr Vater Wilhelm Römer hatte in Huckingen eine Bäckerei. Auch der 1872 geborene Heinrich Hermann Gerhard Monning wird Bäcker und heiratet 1898 auch eine Anna, nämlich Anna Terjung. Heinrich Herm. war ein Vetter von Fried. Karl. 1883 Friedrich Wilhelm Monning, Sohn von Matthias Monningund Anna Römer, geboren. Friedrich Wilhelm heiratet 1914 schon wieder eine Anna, nämlich Anna Korinthenberg und im gleichen Jahr kommt Sohn Karl Matthias Monning zur Welt.

Nach dem Ende des ersten Weltkrieges erscheint die Bäckerei Monning nicht mehr in den Adressbüchern. Eigentümer des Hauses Hansastr. 18 ist 1918 Karl Matthias Monning. Für eine kurze Zeit hieß die Adresse auch Georgstr. 1.

Bäckerei Jeppel Speldorf:

geb. 1821	Jeppel, Wilhelm Matthias	verst. 1878
geb. 1848	Jeppel, Friedrich	
geb. 1864	Jeppel, Ernst Heinrich Gerhard	verst. 1931
geb. 1864	Jeppel, Ernst Heinrich Gerhard	
geb. 1869	Jeppel, Wilhelm	
geb. 1891	Jeppel, Wilhelm Matthias	verst. 1968
geb. 1894	Jeppel, Heinrich	verst. 1915

Wilhelm Matthias Jeppel, 1821 geboren und Fuhrmann von Beruf, ist der Stammvater dieses Jeppelzweiges. Er heiratete 1847 die 1828 geborene Helene Rating, welche 1866 verstarb. In zweiter Ehe erwählte er die Witwe von Johann Matthias Jeppel, Wirt in Eppinghofen, die 1829 geborene Elisabeth Luise Terjung zu seiner Frau. Aus der ersten Ehe ging der 1848 geborene Friedrich hervor, der später Bäcker und Wirt im "Weißen Rössl" in Broich wurde. 1864 wurde dessen Sohn Ernst Heinrich Gerhard geboren. Er war seit 1890 Bäckermeister, wurde aber später Beamter und verstarb 1931.

Bruder Wilhelm, 1869 geborener Sohn von Wilhelm Matthias und Elisabeth Terjung, wurde ebenfalls Bäckermeister. Ernst Heinrich Gerhard verlegte seinen Wohnsitz nach Speldorf Sektion III 23. Sein Sohn Wilhelm Matthias, 1891 geboren, machte 1929 seinen Bäckermeister und sich an der Moltkestr. 12, später war es die Reichstraße 15, in Broich selbständig.

1920 heiratete Ernst Heinrich Elisabeth Hermine Höfels und trat in die Bäckerinnung ein. Bruder Heinrich, geboren 1894, erlernte das Bäckerhandwerk von 1906 bis 1909 beim Bäckermeister Hugo Spieker und wurde dann Bankangestellter. Heinrich Jeppel fiel 1915 im ersten Weltkrieg an der Ostfront in Galizien.

An Ernst Heinrich Gerhard Jeppels Adresse kann man die Änderungen der Hausnummerierungen, die in kürzester Zeit passierten, nachverfolgen.

Hier endet die Geschichte der Bäckereidynastie der Familie Jeppel in Speldorf.

Bäckerei Konditorei Goldberg:

geb. 1872 Goldberg, Johann Albert verst. 1955
geb. 1908 Goldberg, Hermann
geb. 1908 Goldberg, Willi

Das Haus an der Duisburger Straße 198 hatte von 1900 bis 1910 die Hausnummer Duisburger Straße 22, davor war es Speldorf III 27 und davor Speldorf 185.
Das Haus grenzte im hinteren Bereich an die Bergstraße. Das war damals, in 1830er Jahren und vorher der Hauptverkehrsweg nach Duisburg. Unter dieser Adresse machte sich der 1872 geborene und spätere Bäckermeister Johann Albert Goldberg um die Jahrhundertwende mit einer Bäckerei selbstständig.
1900 heiratet Johann Albert die 1879 geborene Anna Siebmann und sie bekommen vier Kinder. 1908 wird Hermann Goldberg geboren, welcher von 1922 bis 1925 beim Konditormeister Camphausen in Broich die Ausbildung zum Konditor macht. Sein Zwillingsbruder Willi macht von 1922 bis 1925 eine Bäckerlehre beim Vater Albert. Bis in die neunziger Jahre des letzten Jahrhunderts bestand die Bäckerei Albert Goldberg an der Duisburger Straße, danach war sie nicht mehr im Adressbuch verzeichnet.

Konditorei Café Böhmer:

Litt, Paul
Borgarts, Alex
Kaffeehaus Rheingold
geb. 1901 Böhmer, Franz sen.
geb. 1934 Böhmer, Bernhard
geb. 1939 Böhmer, Franz jun

Protokoll

des Gesellenprüfungsausschusses der Handwerkskammer / Innung

für das Konditorei-Gewerbe zu Mülheim-Ruhr

Verhandelt Mülheim-Ruhr den 28. März 1957.

Anwesend:

a) Vom Prüfungsausschuß

1. Herr Hans Bergdorff als Vorsitzender
2. Herr als Meister-Beisitzer
3. Herr Wilhelm Oehler als Meister-Beisitzer
4. Herr Fritz Grossenbeck als Gesellen-Beisitzer
5. Herr als Gesellen-Beisitzer

Außerdem nahmen an der Prüfung teil:
Herr Gewerbeoberlehrer Sandten

Zu der auf heute anberaumten Gesellenprüfung war der Konditorlehrling Franz Böhmer

geboren am

zu

Kreis

geladen worden. Der Prüfling wohnt zu Mülheim-Ruhr

Er hat bei dem Konditor-Meister Franz Böhmer zu Mülheim-Ruhr das Konditor-Handwerk

vom

bis

erlernt.

Die Prüfung nahm folgenden Verlauf:

1. Praktische Prüfung

Aufgaben:	Urteil der Kommission:
a) Gesellenstück 1 Buttercremtorte m. Ornamente 1 Torte m. Spritzglasur	
b) Arbeitsprobe: Hefeteig, Blätterteig, Windbeutel, Spritzkuchen, Mandelmakronen, Kapselstück	
	Prädikat: „gut"

1933 übernahm Franz Böhmer, 1901 geboren, von Paul Litt die Konditorei und Café am Kohlenkamp 34/ Ecke Löhberg, welche 1920 gegründet wurde und neben der Bäckerei Karl Hilberath lag.
1934 wurde Sohn Bernhard Böhmer geboren und 1939 folgte Bruder Franz jun. Beim großen Bombenangriff auf Mülheim, 1943, wurde das über Mülheim hinausbekannte Kaffeehaus vollkommen zerstört. Die Familie Böhmer und weitere Hausbewohner konnten sich zum Glück, ohne menschlichen Verlust beklagen zu müssen, durch den Luftschutzkeller zum Nachbar Karl Hilberath retten. Konditorei und Café konnten am Kohlenkamp nicht mehr weitergeführt werden. Franz Böhmer verlegte den Betrieb nach Speldorf zur Duisburger Straße 285.
1949 bis 1952 machten Bernhard und 1954 bis 1957 Franz jun. beim sehr strengen Vater die Konditorenausbildung. 1958 bauten die beiden Brüder auf der anderen Straßenseite, der Duisburger Straße 250, eine neue Konditorei mit einem großen Café und neuer Produktion auf. Bernhard Böhmer war eine Zeitlang stellvertretender Obermeister der Konditoreninnung. 1994 setzten sich beide Brüder zur Ruhe.
In das Café zog ein chinesisches Restaurant ein.

Bäckerei Briem - Kirschbaum:

geb. 1815	Briem, Karl	
geb. 1831	Briem, Wilhelm	
geb. 1856	Briem, Karl Heinrich	
geb. 1863	Briem, Wilhelm Heinrich jun	
geb. 1861	Briem, Hermann	Blötter Weg 66
	Sosnick, Josef	
	Steinen, Wilhelm	
	Kirschbaum, Rudolf	Blötter Weg 63
geb. 1901	Kirschbaum, Heinrich	Saaner Str. 290

Um 1900 wird unter der Adresse Speldorf II 66, ab 1906 Blötter Weg 63, der 1861 geborene Bäckermeister und Wirt Hermann Briem genannt. Hermanns Eltern waren der 1831 geborene Ackerer und Wirt Wilhelm Briem und seine Frau Luise, geborene Biesgen. Der Erstgeborene Karl Heinrich, 1856 zur Welt gekommen, übernahm mit seiner Frau Maria Heintges, seit 1884 verehelicht, den Kotten Speldorf 226.
Der zweite Sohn, Hermann Briem, war schon in den Anfängen der Bäcker- und Konditoreninnung Mitglied dort.

Dritter im Bunde war der 1863 geborene Wilhelm Heinrich, welcher Schlosser wurde. In den zwanziger Jahren war der Bäckermeister Josef Sosnick am Blötter Weg Geschäftsinhaber. Er wurde vor dem Weltkrieg von Wilhelm Steinen abgelöst, ehe nach dem zweiten Weltkrieg Rudolf Kirschbaum aus der Bäckerei eine Konditorei machte. Sohn Heinrich Kirschbaum, 1901 geboren, machte von 1920 bis 1923 bei Emil Hankel am Löhberg seine Konditorlehre.

Schwarzwälder Backhaus:

geb. 1933	Nitz, Leo Schwarzwälder Backhaus
geb. 1933	Nitz, Leo
geb. 1966	Ahlf, Stephan Essen

1973 macht sich Leo Nitz, 1933 geboren, nach seinem kurz vorher erworbenen Bäckermeistertitel, an der Duisburger Straße 263 selbständig. Ende der siebziger Jahre baut er an der Friedhofstraße, direkt um die Ecke, eine alte Trinkhalle zur "Schwarzwälder Backstube" um. Die alte Trinkhalle, vorher gehörte sie der Fam. Schlotterbeck, wird eine Sensation.
1999 übergibt Leo Nietz den Betrieb an seine drei Söhne. Nach sechs Jahren geben diese den Betrieb an Stephan Ahlf, Bäckermeister aus Essen Holsterhausen, ab.
Heute besteht am Blötterweg 36 eine Filiale der Bäckerei Ahlf unter dem Namen Schwarzwälder Backhaus.

Bäckerei - Konditorei an der Ulmenallee:

	Winnesheidt, Heinrich
geb. 1847	Winnesheidt, Heinrich sen.
geb. 1880	Winnesheidt, Heinrich jun.
	Steiner, Wilhelm Gottfried Geselle
geb. 1890	Winnesheidt, Robert
geb. 1899	Winnesheidt, Gottfried
	Dost, Wilhelm
	Berthe, Franz
geb. 1933	Berthe, Elisabeth
	Kreyhan, Hermann

1880 wurde Am Froschenteich 71 der 1847 geborene Heinrich Winnesheit als Wirt und Destillateur angegeben. 1879 heiratete er die 1846 geborene Elisabeth Burger. Heinrich musste aus gesundheitlichen Gründen seinen Beruf aufgeben. 1855 hatte der Bäckermeister Heinrich Winnesheit Probleme mit dem Bürgermeisteramt, weil sein geprüftes Brot um 1/8 Loth (circa 2 Gramm!) zu leicht war. Den Beruf des Wirtes gab Heinrich Winnesheit auf und wurde nur noch Winkelier und Bäcker.
Um die Jahrhundertwende, 1880 gab es unter der Adresse Speldorf I 147 den Winkelier und Bäcker. Heinrich Winnesheit jun. An der gleichen Adresse, später Ulmenallee 46, zeitweise auch Coloniestraße, wohnte und arbeitete auch der Bäckergeselle Wilhelm Gottfried Steiner. Wilhelm G. Steiner machte sich nach bestandener Meisterprüfung an der Duisburger Straße 3 selbstständig. Heinrich jun. hatte zwei Söhne, die aber beide keine Bäcker wurden.
1903 wurde das Anwesen laut königlichem Amtsgericht zwangsversteigert.
1921 wurde Wilhelm Dost, Konditor von der Duisburger Straße, für einige Zeit dort geführt. Ab 1930 war in der Konditorei Ulmenallee 46 Franz Berthe beheimatet. Tochter Elisabeth Berthe machte ihre Fachverkäuferinnen Ausbildung von 1948 bis 1950 beim Vater.
Im Krieg war die Konditorei wegen Einberufung von Franz Berthe geschlossen. 1945 wurde sie wiedereröffnet und Franz Berthe führte die Konditorei bis 1957. Danach übernahm Hermann Kreyhan die Konditorei. Hermann Kreyhan war vorher an der Teinerstr. 21 selbständig, neben der Konditorei Hens.
Hermann Kreyhan bekam teilweise von Willibald Winkel Brot und im Gegenzug bekam Willi Winkel Torten von ihm.
Heute besteht die Konditorei nicht mehr, es ist eine Wohnung daraus geworden.

Bäckerei Konditorei Kramonisch:

geb. 1848 Kramonisch, Gottfried
geb. 1888 Kramonisch, Heinrich
geb. 1915 Kramonisch, Walter

Gottfried Kramonisch, 1848 in Eggerscheid geboren, erlernte das Bäckerhandwerk, erlangte seinen Bäckermeister und machte sich mit Gertaud Sibilla Lauterbach, welche er 1877 heiratete, unter der Adresse Speldorf III 84, welches vorher Speldorf III 119 war und später Speldorf 288, ab 1906 Duisburger Straße 108 und nach 1910

Duisburger Straße 238 hieß) selbständig. Der Vater seiner Frau Sibilla war der 1807 geborene Heinrich Lauterbach. Dieser war Bäcker und Winkelier an der Duisburger Str. und mit der Bäckerfamilie Heinrich Römer verwandt, die ebenfalls Winkelier und Bäcker waren. Gottfried und Sibilla hatten sieben Kinder.
Der 1888 geborene Heinrich trat in die Fußstapfen des Vaters, wurde Bäckermeister und übernahm das Geschäft an der Duisburger Straße. 1916 wurde Gottfried Innungsmitglied, 1929 verstarb er.
1914 heiratete Heinrich Kramonisch die 1887 geborene Bernardine Stürsberg, sie bekamen zwei Kinder. Der 1915 geborene Walter Kramonisch erlernte das Konditorenhandwerk und übernahm nach dem Krieg die Bäckerei und Konditorei vom Vater. 1946 heiratete er Anneliese Ludwig. Beide führten das Geschäft nach alter Tradition weiter. In den sechziger Jahren des letzten Jahrhunderts wurde die Bäckerei W. Winkel in Broich von W. Kramonisch mit Torten beliefert und im Gegenzug lieferte Willibald Winkel Brot.
Das Ende der Traditionsbäcker- und Konditorei kam 1973 aus gesundheitlichen Gründen. Innerhalb eines Jahres, 1998 und 1999, verstarben Walter und Anneliese Kramonisch. Beide ruhen auf dem Speldorfer Friedhof in der „Bäckerstraße“, wo auch die Winkels ruhen.
Tochter Ingeburg, 1948 geboren, führte die Bäckerei nicht weiter.
Heute steht dort ein neu erbautes Ärztehaus.

Bäckerei Kempchen - Damm:

geb. 1858 Kempchen, Johann jun
geb. 1863 Kempchen, Wilhelm
geb. 1878 Kempchen, Johann
geb. 1897 Kempchen, Robert
geb. 1915? Damm, Kurt

1858 wurde Johann Kempchen jun. in Styrum als Sohn der Eheleute Johann Kempchen sen. und seiner Frau Elisabeth, geb. Herkendell, geboren. 1863 kam sein Bruder Wilhelm zur Welt. Johann jun. heiratete 1878 Anna Fohrmann und sie bekamen 13 Kinder. Wilhelm Kempchen heiratete 1883 die aus der Speldofer Bäckerfamilie Peter Büschken, (1872 Speldorf 132), stammende Helene Wilhelmine Büschken, welche nach drei Jahren verstarb.

1882 zog Wilhelm Kempchen, ebenso wie sein Bruder Johann, nach Speldorf III 37/1, später Duisburger Str. 40 und ab1910 Duisburger Straße 336.
Wilhelm heiratete nach dem Tod seiner Frau ein zweites Mal, die 1859 geborene Katharina Stein. Bekannt ist, dass Wilhelm Kempchen mit seiner Familie Mitglied der Bäckersterbekasse war. Beim Tod seiner zweiten Frau, 1929, erhielt er von der Kasse 2000,00 Reichsmark. Ein anderer Bruder war Metzger in Speldorf.
1878 kam Johann Kempchen, aus der Ehe Johann jun. und Anna Fohrmann zur Welt. 1930 heiratete er Maria Lockau aus Duisburg. Ein Jahr vorher, 1929, war er in die Bäckerinnung eingetreten. 1880 wurde Wilhelm geboren und 1897 Robert Kempchen. Alle drei Brüder erlernten das Bäckerhandwerk. Johann und Wilhelm machten sich auf der anderen Straßenseite, Duisburger Str. 309, selbständig.
(siehe Kempchen - Dieker)
Robert Kempchen, 1897 geboren, machte von 1911 bis 1914 seine Ausbildung beim Vater und war als Geselle aktiv im Gesellenverein tätig. Als Bäckermeister führte er den Betrieb bis 1954, dann übernimmt der Bäckermeister Kurt Damm vom Scharpenberg die Bäckerei Kempchen an der Duisburger Straße 336.
Ab den siebziger Jahren wurde aus der Bäckerei ein Wohnhaus.

Bäckerei Kempchen - Dieker:

	Kempchen, Johann sen.	verst. 1838
geb. 1858	Kempchen, Johann jun.	
geb. 1863	Kempchen, Wilhelm	verst. 1954
geb. 1880	Kempchen, Wilhelm	verst. 1912
geb. 1878	Kempchen, Johann	
geb. 1897	Kempchen, Robert	
geb. 1901	Dieker, Winfied	
geb. 1905	Dieker, Johann	
	Dieker, Ernst sen.	
geb. 1922	Dieker, Ernst jun.	

Ab 1930 war der Name Kempchen an der Duisburger Straße 309 nicht mehr vorhanden. Dafür trat Ernst Dieker sen. als neuer Inhaber und Bäckermeister die Nachfolge an. Sohn Winfried Dieker, 1901 geboren, erlernte von 1915 bis 1918 bei Fried. Otto das Bäckerhandwerk. Sohn Johann Dieker, 1905 geboren, erlernte das Bäcker-

handwerk, machte seinen Meister und heiratete 1934 die 1906 geborene Gertraud Oehler. Seit 1929 war er Innungsmitglied der Bäckerinnung.
Der 1922 geborene Ernst jun. machte von 1938 bis 1939 und nach dem Krieg seine Ausbildung beim Vater. Nach der politischen Überprüfung durch die alliierte Besatzung ging es nach dem Krieg rasant aufwärts. Ernst Dieker hatte eine der ersten Brötchenanlagen in Mülheim und produzierte enorm viele Brötchen, welche er oft zu Schleuderpreisen abgab. Das brachte in den achtziger Jahren die Insolvenz und das Ende. Zeitweise schrieb Kempchen sich auch Kempgen.

Bäckerei - Konditorei Dost, Duisburger Str.:

geb. 1866 Dost, Friedrich
geb. 1898 Dost, Wilhelm
geb. 1935 Dost, Willy
Dost, Holger

Willi Dost
Tel. 50791
Die Konditorei
am alten Straßenbahn-Depot
Mülheim-Ruhr-Speldorf

An der Duisburger Straße 281 gründete Ende des neunzehnten Jahrhunderts der Bäckermeister Friedrich Dost eine Bäckerei und Konditorei. Er heiratete Auguste Matz und sie bekamen 1898 den Sohn und Stammhalter Wilhelm. 1921 wird Wilhelm an der Ulmenallee 46 bei der Bäckerei Berthe als Geselle geführt, ehe er das Geschäft vom Vater übernahm, welcher mit 53 Jahren 1919 nach kurzer, schwerer Krankheit früh verstarb. Wilhelm hatte seine Ausbildung von 1913 bis 1916 beim Vater Friedrich absolviert, welcher ebenso wie später sein Enkel Willi Dost, im Vorstand der Bäcker- und später der Konditoreninnung aktiv war.

Es ist bestimmt in Gottes Rat, daß man vom Liebsten, was man hat, muß scheiden.

Gott dem Allmächtigen hat es in seinem unerforschlichen Ratschlusse gefallen, heute morgen 1½ Uhr meinen innigstgeliebten Gatten, unsern unvergeßlichen, treusorgenden, lieben Vater, Bruder, Schwager u. Onkel, den wohlachtbaren

Bäckermeister

Friedrich Dost

nach kurzem, schwerem, mit großer Geduld ertragenem Leiden im Alter von 53 Jahren zu sich in die Ewigkeit zu nehmen. Er starb im festen Glauben an seinen Erlöser.

Um ein frommes Gebet und stille Teilnahme bitten:

Frau Witwe Friedrich Dost
Auguste geb. Matz
und Kinder.

Mülheim-Speldorf, Berlin, Westpreußen und Bochum, den 10. Oktober 1919.

Die Beerdigung findet Sonntag, den 12. ds. Mts., nachmittags 3 Uhr, vom Sterbehause (Duisburger Str. 281) aus, die Trauerfeier daselbst ¼ Stunde vorher statt. [5100

Denen, welchen aus Versehen eine besondere Benachrichtigung nicht zugegangen ist, diene Obiges als solche.

Der 1935 geborene Willi Dost machte seine Ausbildung zum Konditor beim Konditormeister Adolf Seul in der Stadtmitte von 1950 bis 1953 und schloss die Prüfung mit "sehr gut" ab. Mit 65 Jahren setzte sich Willi Dost zur Ruhe. Sein Sohn Holger ist dem Berufsstand treu geblieben, er hat

Betriebswirtschaft studiert und ist heute Verkaufsleiter bei der Bäckerei Horsthemke in Oberhausen.
In die Räume der Dreigenerationenkonditorei zog eine Kampfsportschule ein.

Bäckerei Kleinheisterkamp:

	Kleinheisterkamp, Georg
geb. 1822	Kleinheisterkamp, Heinrich
geb. 1835	Winterscheidt, Wilhelm
geb. 1855	Kleinheisterkamp, Gerhard
geb. 1857	Kleinheisterkamp, Wilhelm, Lindenstr.
geb. 1859	Kleinheisterkamp, Hein.
geb. 1903	Altenrath, Ernst, Lindenstr.

Bereits 1843 fand Georg Kleinheisterkamp als Bäckermeister in Speldorf in den Akten Erwähnung. Er fiel dem preußischen Eichamt wegen Verstoßes gegen das Gesetz über das Brotgewicht auf und musste sich rechtfertigen 1822 wird sein Sohn Heinrich Kleinheisterkamp unter der Adresse Speldorf 131 geboren. Verwandtschaftliche Bande bestanden mit der in der Nachbarschaft befindlichen Brauerei Kolkmann & Kleinheisterkamp und dem Kolonialwarengeschäft Kleinheisterkamp an der Parallellstr. 7 – Liebigstraße 7.
Der 1859 geborene Heinrich jun. wird wie sein Vater auch Bäckermeister und Winkelier unter der Anschrift Speldorf Sekt. 1 Nr. 63. Seine Bäckerlehre macht er von 1873 bis 1876. Später heißt die Straße Bachstraße 43, ab 1912 Rosenstraße 43, danach Lindenstraße.

Zwangsversteigerung.
Die in M.-Speldorf, Bachstraße 43 und 45 belegenen, dem Bäcker und Winkelier Heinrich Kleinheisterkamp gehörigen Hausbesitzungen nebst ca. 1,70 Hektar Wiesen und Ackerland, Bauparzellen, gelegen „im Bruch" im Blumenkamp und an der Bach- und Rosenstraße, werden am
11. März 1909, vormittags 10 Uhr
auf dem Königlichen Amtsgericht Mülheim-Ruhr öffentlich versteigert.

1909/1910 fand ein Vergleichsverfahren über das Vermögen von Heinrich Kleinheisterkamp statt. Der 1903 geborene Ernst Altenrath wird erst an der Lindenstraße 142 geführt. Ernst Altenrath absolviert 1921 bis 1924 seine Bäckerlehre bei Heinrich Zaun. Seine Meisterprüfung legt er 1929 mit der Note "gut" ab und macht sich an der Duisburger Str. 270 selbständig. In den dreißiger Jahren wechselt er zur Prinzess Luisen Straße 51 nach Broich.

Er wird zum Kriegsdienst einberufen und fällt kurz vor Kriegsende. Bruder Theo Altenrath, 1913 geboren, führt den Betrieb noch eine kurze Zeit weiter und übergibt ihn 1956 an den Konditormeister Günter Schliesing.

Konditorei von der Bey, Speldorf:

1872	von der Bey, Friedrich
1900	von der Bey, Gustav
1910	von der Bey, Hermann
geb. 1874	von der Bey,Otto
geb. 1902	von der Bey, Otto Friedrich

Zwischen 1872 und 1910 wird in Speldorf 179 ¼ der Konditor Friedrich von der Bey genannt. Verheiratet war er mit Katharina Runkel. 1883 lautete die Adresse Speldorf II 4, dann Speldorf I 389 und nach 1910 Duisburger Str. 6.
Der 1874 geborene Hermann von der Bey war Wirt und Conditor in Speldorf. Verheiratet war er mit Catharina Setzkorn aus Eppinghofen, dessen Vater auch Conditor war. Um 1900 gab es noch einen von der Bey in Speldorf unter dieser Anschrift, Gustav mit Namen. Der 1902 geborene, und 1951 verstorbene Sohn Otto wollte mit der Konditorei nichts zu schaffen haben, er wurde Kaufmann.

Bäckerei Otto, Hansastr.:

geb. 1804	Otto, Johann Friedrich
geb. 1845	Otto, Wilhelm sen.
geb. 1875	Otto, Friedrich
geb. 1877	Otto, Wilhelm Karl
geb. 1885	Otto, Karl
geb. 1887	Otto, Hermann
geb. 1893	Otto, Ernst
geb. 1895	Otto, Karl Heinrich
geb. 1920	Otto, Kurt Wilhelm
geb. 1930	Otto, Hans Alois
	Otto, Friedrich

Heute heißt die Adresse Hansastr. 49. 1872 hieß sie Speldorf 52/1, zur Jahrhundertwende lautete die Anschrift Speldorf III 86. 1906 hieß sie Ruhrstraße 49.
Erster Bewohner mit dem Namen Otto war der Schäfermeister Johann Friedrich Otto, 1804 geboren. Auch sein 1845 geborener Sohn Wilhelm Otto war noch Schäfer am Niederrhein. Er heiratete 1874 Anna Charlotte Heinen, geb. im Brahm. Er wechselte den Beruf und wurde Bäcker und Winkelier. 1917 verstarb er.
1875 war Sohn Friedrich als erstes von neun Kindern zur Welt gekommen. Friedrich machte von 1890 bis 1893 seine Ausbildung zum Bäcker und war ab 1906 bei der Bäckerinnung als Mitglied registriert. Er verstarb 1957.
1900 heiratete Friedrich die 1877 geborene Anna Cathrina Dieker. Weitere Brüder waren der 1877 geborene Wilhelm Karl, verst. 1931, der 1885 geborene Karl, der 1887 geborene Hermann Otto.
1893 wurde Ernst Otto geboren. Er machte von 1909 bis 1913 beim Vater die Bäckerlehre. 1919 heiratete er die Schwägerin seines Bruders, welcher 1895 geboren wurde und Metzger in Speldorf war, die 1892 geborene Katharina Christina Spindeck. 1953 heiratete er nochmals und zwar Käthe Volland.
1968 verstarb Ernst Otto. Der 1920 geborene Sohn von Karl Heinrich, Kurt Wilhelm Otto, ist 1942 an der Ostfront gefallen.
Der 1930 geborene Sohn Hans Alois machte nach dem Krieg, von 1945 bis 1948 bei Fritz Stachelhaus seine Bäckerausbildung. Die Bäckerei verlagerte sich mehr und mehr zu einem Lebensmittelgeschäft und schloss in den siebziger Jahren seine Pforten an der Hansastraße 49. Zuletzt führten die Schwestern Lotte und Gertrud Otto das Geschäft.
Heute ist dort ein Tierarzt tätig, zeitweise war dort ein Hundesalon.

Bäckerei Lauterbach, Duisburger Str. 379:

geb. 1807	Lauterbach, Heinrich	verst. 1876	Speldorf 250
geb. 1822	Römer, Heinrich		Speldorf 168
geb. 1822	Römer, Heinrich		Speldorf 43
geb. 1856	Lauterbach, Heinrich jun	verst. 1930	Speldorf II33
geb. 1848	Lauterbach, Wilhelm sen		Speldorf II 27
geb. 1856	Lauterbach, Heinrich jun	verst. 1930	Duisburger Str. 165
geb. 1883	Lauterbach, Karl	verst. 1931	Duisburger Str.379
geb. 1884	Lauterbach, Fried. Wilhelm j.	verst. 1955	

geb. 1887 Lauterbach, Heinrich Carl
geb. 1889 Lauterbach, Paul verst. 1916
geb. 1912 Lauterbach, Hein. Wilhelm
Miotk, Hans

Nicht viel weniger markant als die Bäckerei Steiner an der Ecke Heerstraße, war die Bäckerei Lauterbach an der Duisburger Straße 379, ganz nah bei der Brotfabrik Tenter & Dehnen. 1807 wird dort unter der Hausnummer Speldorf 206 1/2 Heinrich Lauterbach sen. geboren. Er wird als Kleinhändler bei der Volkszählung 1861 geführt. Verheiratet ist er mit Sibilla Römer, geb. 1813, welche aus der Bäckerfamilie Heinrich Römer und Anna, geb. Wenselbusch, geb. 1803, Speldorf 168 und später Speldorf 43, stammt. In zweiter Ehe war Heinrich Römer mit Charlotte Auguste Berg ab 1881 verheiratet. MHStA 1295/43217
1872 war Eduard Oechelhaus, 1836 geboren, und ebenso wie der spätere Bäckermeister Heinrich im Brahm, 1843 geboren, Gesellen bei Lauterbach.
Der erste Sohn von Heinrich Lauterbach wird 1848 geboren, Wilhelm heißt er. 1853 wird Tochter Gerd. Sibilla geboren, welche 1877 den Bäckermeister Gottfried Kramonisch von der Duisburger Str. 288 heiratet. 1856 wird ihr Bruder Heinrich jun. geboren. Heinrich jun. heiratet 1882 Anna Klingenburg, und sie bekamen elf Kinder. Wilhelm Lauterbach baute 1900 das Geschäftshaus im zeitgemäßen Stil noch unter Speldorf II 27, später Duisburger Str. 379, auf.
1883 wird Sohn Karl geboren. Der spätere Bäckermeister heiratet 1910 Charlotte Blessmann. 1884 wird Friedrich Wilhelm Lauterbach geboren. Auch er wird Bäckermeister und heiratet 1909 Anna Friedrich. Seine Tochter Brunhilde heiratet 1934 den Bäckermeister Hermann Schäferdiek von der Lindenstraße in Speldorf. Sohn Heinrich Matthias wird ebenfalls Bäckermeister.

ehem. Bäckerei Lauterbach

1889 kommt Paul Lauterbach zur Welt. Er heiratet 1912 Agnes Hoppe und sie bekommen einen Sohn, welcher Bäcker wird. Paul Lauterbach stirbt schon 1916 mit nur 27 Jahren. Der Sohn von Paul Lauterbach, Heinrich Wilhelm, wird 1912 geboren und macht von 1930 bis 1933 beim Großvater die Bäckerlehre. Er heiratet 1939 Lydia Scheidt und führt den Betrieb noch bis in die fünfziger Jahre weiter. 1957 wird Hans Miotk als Inhaber im Adressbuch genannt Seit 1984 befindet sich in den Räumen des Gebäudes von 1900 die Bauberatungsfirma Dipl. Ing. Thomas Dietz Waldow.

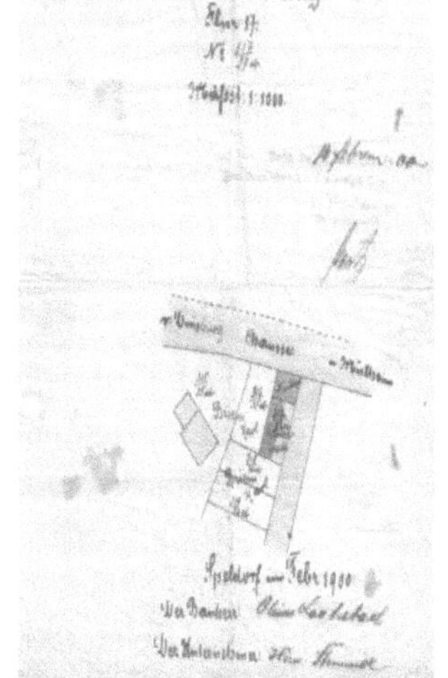

Bäckerei - Winkelier Römer:

geb. 1822 Römer, Heinrich

Der Winkelier und Bäcker Heinrich Römer wird bei der Volkszählung 1861 in Speldorf 168 erwähnt. Auch in Kataster- und Flurkarten wird Heinrich Römers Grundstück an der heutigen Duisburger Straße zwischen Heerstr. und Flockenweg beschrieben. Heinrich wurde 1822 geboren. Verheiratet war er mit der 1803 geborenen Anna Wenselbusch, sie war 19 Jahre älter als Heinrich. Nachdem Anna verstorben war, heiratete Heinrich Römer 1881 ein zweites Mal, und zwar die 1840 geborene Charlotte Auguste Berg.
1901 wird Heinrich Römer unter der Adresse Speldorf I 150, später Duisburger Straße 21 – 23 in Speldorf als Rentner geführt.

1861 suchte Heinrich Römer dringend einen tüchtigen Bäckergesellen in der Rhein Ruhr Zeitung. Heinrichs Schwester, die 1813 geborene Sibilla, heiratete den 1807 geborenen Heinrich Lauterbach von der Duisburger Straße 379.
1861 wird der 1843 geborene Hermann Imbrahm als Bäckergeselle bei Heinrich Römer genannt. Der Name der Bäckerei Römer verliert sich im Laufe der Zeit und anderer Bäckerfamilien.

Bäckerei Schäferdiek, Lindenstr. 52:

geb. 1806 Schäferdiek, Wilh
geb. 1843 Schäferdiek, Hermann sen
geb. 1875 Schäferdiek, Math. Hermann jun
geb. 1906 Schäferdiek, Hermann
geb. 1941 Schäferdiek, Bernhard
Lebensmittel Knippscheer

1861 wird als Wirt und Stellmacher der 1806 geborene Wilhelm Schäferdiek unter der Adresse Speldorf 104 1/2 geführt. 1872 hieß die Adresse Speldorf 27, dann Speldorf I 54, danach Rosenstraße, Mergelstraße und schließlich ab 1912 Lindenstr. 52. 1906 wird dort der 1843 geborene Bäckermeister Hermann Schäferdiek im Adressbuch genannt.

1912 wird der 1875 geborene Matthias Heinrich jun. als Bäckerinnungsmitglied und als Ausbildungsbetrieb geführt. Matth. Heinrich jun. war mit Anna im Brahm verheiratet. Sie bekamen drei Kinder. Der 1906 geborene Hermann machte von 1921 bis 1924 beim Vater seine Bäckerlehre und bestand die Prüfung mit „sehr gut". Zu dieser Zeit wurde in dieser Gegend viel gebaut. Es entstanden dort der neue Schlachthof und die Schokoladen-Fabrik und Verwaltung von Wissol/Tengelmann. 1934 heiratete Hermann die 1910 geborene Brunhilde Lauterbach, Tochter vom Bäckermeister Fried. Wilh. Lauterbach von der Duisburger Straße.
Der 1941 geborene Bernhard Schäferdiek stieg nicht ins Bäckerhandwerk ein.

1948, kurz nach dem Krieg, verstarb Hermann Schäferdiek. Ab 1957 wird unter der Adresse Lindenstr. 52 das Lebensmittelgeschäft von Hilde Knippscher genannt. Nach ihr kam eine Heißmangel in das Bäckereigebäude.

Brotfabrik Tenter & Dehnen, Duisburger Str. 357:

geb. 1857	Tenter, Bernhard	verst. 1938	
geb. 1865	Dehnen, Wilhelm		
geb. 1874	Tenter, Otto	verst. 1939	
1890	Speldorfer Brotfabrik Tenter & Dehnen		Gründung
geb. 1896	Dehnen, Dietrich	verst. 1954	
geb. 1898	Dehnen, Wilhelm	verst. 1958	
geb. 1900	Dehnen, Max		
geb. 1904	Tenter, Bernhard	verst. 1993	
geb. 1908	Tenter, Heinrich		
geb. 1911	Kammerichs, Otto		
geb. 1919	Tenter, Otto	gefallen	
geb. 1921	Dehnen, Edith		
geb. 1928	Dehnen, Hans Dieter		
geb. 1926	Dehnen, Günter		
geb. 1948	Tenter, Bernd jun		
	Kammerichs, Gerhard Otto		

Anzeige 1960

An der heute Duisburger Straße 357 genannten Adresse wohnte der 1865 geborene Wilhelm Dehnen. Damals hieß es noch Speldorf II 25/1. Unter Speldorf II 25 lebte der Nachbar, Bernhard Tenter. Bernhard Tenter war Kaufmann und Wilhelm Dehnen war selbstständiger Bäckermeister. Der 1857 geborene Bernhard Tenter heiratete Anna Dehnen, und damit nahm die Brotfabrik ihren Ursprung.

Von 1879 bis 1882 machte Wilhelm Dehnen eine Bäckerlehre und später seinen Bäckermeister. 1895 heiratete er Anna Maria Hammel. 1890 schlossen sich beide zur Speldorfer Brotfabrik Tenter & Dehnen K.G. zusammen.

1896 kam Dietrich Dehnen zur Welt. Er erlernte das Bäckerhandwerk ebenso wie sein 1928 geborener Sohn Dieter, der auch von 1943 bis 1946 erst beim Konditormeister Wilh. Sander und danach bei Heinrich Lohscheidt beendete. Der 1900 geborene Onkel von Dieter, Max Dehnen, erlernte das Konditorenhandwerk von 1914 bis

1917 bei Fritz Brandt an der Leineweber Straße. Der 1903 geborene Onkel Wilhelm machte seine Bäckerlehre von 1917 bis 1920 bei Heinrich Trappmann an der Holzstraße in Broich. In den fünfziger Jahren des letzten Jahrhunderts (1965) stieg der Schwager von Dieter Dehnen, der gelernte Bankkaufmann Otto Kammerichs geb. 1911, seit 1944 verheiratet mit der 1921 geborenen Edith Dehnen, einer Tochter von Dietrich als Geschäftsführer in die seit 1906 als „offene Handelsgesellschaft" geführte Brotfabrik, ein. Wilhelm Dehnen – und nach dem Zusammenschluss auch die Speldorfer Brotfabrik – bildeten Bäcker bis hin zur Meisterprüfung aus.

In der Familie Tenter kam 1874 Otto Tenter zur Welt. Er machte seine Bäckerausbildung und 1904 seine Bäckermeisterprüfung. Im gleichen Jahr heiratete er die 1884 geborene Anna Brands. Sie bekamen im Laufe der Zeit fünf Kinder. Das erste war 1904 Bernhard, 1908 folgte Heinrich und als letzter 1919 Otto jun. 1929 feierte Otto Tenter sen. ganz groß seine Silberhochzeit und sein 25-jähriges Bäckermeisterjubiläum.

Heinrich Tenter machte seine Bäckerlehre von 1924 bis 1927 bei Heinrich Brune in Styrum. Als Bäckermeister zog er nach Bremen. Dort heiratete er 1933 Elisabeth Ruckdeschel, gründete eine Familie und eine große Handwerksbäckerei. Diese bestand noch bis ins heutige Jahrtausend.

1948 kam Bernd Tenter jun. zur Welt und erlernte – neben einer kaufmännischen Ausbildung – von 1964 bis 1966 das Bäckerhandwerk bei der Bäckerei Hemmerle am Dickswall. Otto jun. erlebte leider nur den Abstieg der über die Grenzen Mülheims hinaus bekanten Brotfabrik. Trotz der vielen Auszeichnungen durch die deutsche Landwirtschafts Gesellschaft (DLG) und des Bundeslandwirtschafts Ministeriums wegen der sehr guten Qualität der erzeugten Backwaren, konnte auch der dazu gekommene Otto Kammerichs, gelernter Bankkaufmann, die Talfahrt nicht

abwenden. Auch die Spezialisierung auf die Marken "Golden Toast" und "West Toast", um gegenüber der erdrückenden Macht des Lebensmitteleinzelhandels und der Mitbewerber konkurrenzfähigzu bleiben, brachte nichts mehr. 1977 erfolgte die Übernahme durch die Duisburger Brotfabrik im Brahm und der Dortmunder Brotfabrik Scherpel. Kurze Zeit später, nachdem die Kundschaft von Tenter & Dehnen übernommen war, wurde die Produktion an der Duisburger Straße eingestellt.
Fast eine Ironie des Schicksals könnte man es nennen, dass ein Sohn der Brotfabrik Scherpel später die Bäckerei Malzer in Gelsenkirchen gründete und heute im REWE Markt, welcher auf dem Grundstück der Brotfabrik Tenter & Dehnen gebaut wurde, eine Filiale betreibt. Einem zweiten Scherpelsohn gehört die Biobäckerei "Backbord" in Bochum Wattenscheid, welche auch in Mülheim eine Filiale besitzt.

Konditorei Gerads, Duisburger Str.:

	Konditorei H. Tiggemann
geb. 1908	Konditorei Beckhoff, Hans
geb. 1939	Konditorei Beckhoff, Hans Wilh
	Konditorei Böhmer
	Konditorei Gerads, Theo

1930 wird an der Duisburger Straße/ Ecke Karlsruher Straße die Konditorei H. Tiggemann genannt. 1934 wird als Nachfolger der 1908 geborene Hans Beckhoff bekundet.
1942 wird Hans Beckhoff zum Wehrdienst einberufen, aber sein Eintrag in die Handwerksrolle bleibt ihm erhalten.
1939 kommt der Stammhalter Hans Wilhelm zur Welt und möchte auch Konditor werden. Er macht seine Konditorlehre von 1954 bis 1957 beim Vater an der Duisburger Straße. 1960 wechselt Hans Wilhelm Beckhoff nach Bottrop, um dort einen Betrieb zu führen. Sein Nachfolger wird der Konditormeister Theo Gerads.

Von 1943, nach der Zerstörung des Betriebes durch den alliierten Bombenangriff auf Mülheim, war die Konditorei Franz Böhmer bis 1951 dort untergebracht. In den siebziger Jahren wurde die Straßeneinfahrt der Karlsruher Str. zur Duisburger Str. erweitert und Theo Gerads musste weichen. Er eröffnete eine Filiale im neuerbauten Forum in der Innenstadt und eine weitere neben der Produktion in Styrum an der Oberhausener Straße 146.

In den neunziger Jahren wurde der Betrieb geschlossen und das Insolvenzverfahren beantragt. Theo Gerads wurde Betriebsberater in der Backbranche.

Den Betrieb an der Oberhausener Straße übernahm Mustafa Özer.

Ein Sohn von Mustafa hat 2015 in Olpe an der ersten Deutschen Bäckerfachschule seinen Bäckermeister gemacht. (siehe Gerads – Özer in Styrum)

Weitere Bäckerein in Speldorf:

	Schneider, Gerhard
	Schneider, Ewald
geb. 1936	Schneider, Edith
	Schneider, Ewald
1872	Büschken, Peter verheiratet mit Wilhelmine Reschmann
	Büschken, Matthias
1861	Marks, Ernst Speldorf 24
1861	von Delft, Wilhelm Speldorf 182
1913	von Delft, Wilhelm Duisburger Str. 16 Wirt
1860	Anna Monning verkauft Grundstück

Konsumbrotfabrik in Speldorf, Ruhrorter Str.:

1905	Gründung durch die Gewerkschaften in Duisburg
1915	Bau einer Bäckerei in Duisburg Wedau
1919	Hauptsitz Duisburg Krommacherstr.
1919	Styrumer Brotfabrik
1926	Styrumer Brotfabrik
1926	Konsum Oberhausen 3 Doppelöfen
1930	Konsum Mülheim Speldorf
1928	Neubau Verwaltung, Vertrieb und Bäckerei in Mülheim an der Weseler Str.120
1929	Großbäckerei mit 12 Öfen, 1 Gasofen 1939 Betriebsordnung, MHStA 1324/4/5
1941	Auflösung der Konsumgenossenschaften
1946	Neugründung der "Konsumgenossenschaft Duisburg Mülheim", 34000 Mitglieder
1949	Inbetriebnahme eines Durchlaufofens, 10 - 12000 Brote und 16 - 18000 Brötchen
1950	von Mülheim bis Kleve, 360 Mitarbeiter in Mülheim,
1957	Konsum Genossenschaft Duisburg Mülheim Weseler Str. 120
1966	Ende der Konsumgenossenschaft, Eingliederung in die COOP Dortmund

Ende des neunzehnten Jahrhunderts entstanden vor allem im Ruhrgebiet Konsumgenossenschaften, um die werktätige Bevölkerung mit Nahrungsmittel gut, sicher und

günstig zu versorgen. Initiatoren waren Gewerkschaften und Großindustrielle wie Krupp in Essen. Jeder Mitarbeiter oder auch Bürger konnte Mitglied der Genossenschaft werden. 1905 entstand in Duisburg so eine Konsumgenossenschaft.
1915 war die Genossenschaft so stark gewachsen, dass sich eine eigene Bäckerei lohnte. Diese wurde im eigenständigen Ortsteil Wedau gebaut. 1928 platzte die Konsumgenossenschschaft Duisburg aus allen Nähten und man beschloß einen Umzug in einen Neubau. Die Wahl fiel auf das Grundstück Weseler Straße in Mülheim Speldorf. Schnell waren die Verwaltungs-, Lagerräume, Kaffeerösterei und Bäckerei gebaut und 1929 wurden in der neuen Großbäckerei 12 Backöfen und ein Gasofen in Betrieb genommen. Unter der nationalsozialistischen Herrschaft wurde die Genossenschaft stark beschnitten, weil der Genossenschaftsgedanke aus den Gewerkschaften, dem politischen Gegner, entstanden ist.
1941 wurden alle Konsumgenossenschaften aufgelöst und liquidiert.
1946 gründete sich die Konsumgenossenschaft Duisburg Mülheim an der Weseler Straße neu. 34 000 Mitglieder zählte sie als Genossenschaft in kurzer Zeit.

1949 wurde ein Durchlaufofen gebaut, es konnten stündlich 1000 bis 1200 Brote und 16 000 bis 18 000 Brötchen hergestellt werden. Das Vertriebsgebiet reichte von Mülheim bis Kleve, also dem ganzen Niederrhein. Im Mülheimer Betrieb arbeiteten 360 Mitarbeiter. In den siebziger Jahren zog die Fusionswelle auch über den Mülheimer Betrieb, man wurde zur COOP Dortmund eingegliedert und so folgte kurze Zeit später das Ende der Konsumgenossenschaft Duisburg Mülheim.
Gleichzeitig fielen sehr viele Arbeitsplätze, wie auch bei Oesterwind und Tenter & Dehnen, in Mülheim der Fusionswelle zum Opfer.

Konditorei und TanzCafé an der Monning:

Rittershaus, Carl
Röper, Paul
Herli, Eugen
van der Ven, Herm.
geb. 1909 Buss, Robert Konditore

1901 wird unter Speldorf III 167/2 der Konditor Carl Rittershaus als Geschäftsinhaber einer Gaststätte, Café und Tanzcafé genannt.
1910 hieß die Adresse Duisburger Straße 308 und danach Duisburger Straße 482.
1910 bis 1920 war der Konditormeister Paul Röper Inhaber des Betriebes an der Monning in Speldorf.
In den zwanziger Jahren wird Eugen Herli als Inhaber geführt und in den dreißiger Jahren des letzten Jahrhunderts bewirtschaftete Hermann van der Ven den Betrieb.
1939 übernimmt Robert Buss, 1909 geboren, das TanzCafé.
1936 macht Robert Buss seinen Konditormeister und wird in die Handwerksrolle eingetragen.
1941 wird Robert Buss zum Wehrdienst eingezogen. Nach seiner Rückkehr aus dem Krieg führt er das Vergnügungslokal erfolgreich weiter.
Das Lokal ist bis heute im Großraum Duisburg/Mülheim bekannt unter dem Namen „Ball der einsamen Herzen".
Ein Lothar Buss ist heute deutschlandweit ein angesehener Chocolatier.

Konditorei Knopp:

1957	Knopp, Hans
1970	Schlüter, August
2000	Fotostudio

An der Duisburger Straße 456 befand sich nach dem Krieg bis zur Jahrtausendwende das Café und die Konditorei von Hans Knopp.
Ab 1970 war August Schlüter bis zur Schließung Ende 1999 Chefkonditor dort.

Bäckerei Hoffmann – Schunk, Saarner Str.:

geb. 1854	Hoffmann, Philipp	Eichenberg 35, Speldorf 178
geb. 1854	Hoffmann, Philipp	Speld. II 152
geb. 1889	Hoffmann, Philipp jun	verst. 1950 Friehofstr. 104
geb. 1886	Hoffmann, Heinrich	
geb. 1903	Hoffmann, Matthias	Saarn?
geb. 1907	Hoffmann, Heinrich	Saarner Str. 355
geb. 1936	Schunk, Dieter	Friedhofstr. 139

Unter der Adresse Speldorf 178 ist der 1825 geborene Ackerer Matthias Hoffmann und seine Frau Anna, geb. 1830, registriert. Deren Sohn Philipp, 1854 geboren, beantragte 1893 für seine Bäckerei unter Speldorf II152 ein neues Hausnummernschild. Philipp Hoffmann heiratete Charlotte Lauterbach, aus der Speldorfer Bäckerfamilie.
1886 kam Sohn Heinrich zur Welt, er erlernte das Bäckerhandwerk und heiratete 1912 Emilie Schwintkowski und sie bekamen gemeinsam drei Töchter.
1889 kam Sohn Philipp jun. als Verstärkung und ehelichte später Helene Kirkes.

Bäckerei Hoffmann, 1909

Der 1903 geborene Matthias Hoffmann aus Saarn, ein Verwandter, verheiratet seit 1930 mit Elfriede Helene Roßenbeck, führte den Betrieb weiter, nachdem er bei Heinrich Hoffmann an der Saarner Str. seine Ausbildung gemacht hatte.
Auch Heinrich Hoffmann, 1907 geboren, erlernte von 1921 bis 1924 das Konditorenhandwerk und zwar bei Heinrich Ernst.
Ab 1924 war die Bäckerei unter der umbenannten Adresse Sarner Straße 355 zu Hause und lag an der Kreuzung Friedhofstaße/Saarner Straße. Von 1964 bis 1999 war der Bäckermeister Dieter Schunk dort Inhaber einer Bäckerei. Dieter Schunk übernahm ab 2000 die Bäckerei von Hermann Bruckhoff an der Aktienstr. 229. Heute ist dort an der Saarner Str. ein Bettenlager eingezogen.

Bäckereien ohne Zuordnung:

	Strohm, Karl Bäckerei	Parallelstr. 27	Liebigstr.
1861	Holthaus, Wilhelm	Speldorf 3	
1900	Niegels, Johann	Speldorf I 29	Meister
1900	Kreckeler, Ludwig	Speldorf I 29	Geselle
1900	Wanders, Johann	Duisburger Str. 83/84	Händler
	Wanders, Ernst		
	Wimman, Peter	Speldorf II 21	
1920	Hayn, Wilhelm	Speldorf I 148	
1923	Hayn, Wilhelm	Jakobstr.11	

Bescheinigung zum Eintrag in die Handwerksrolle, 1946

HANDWERKSKAMMER DÜSSELDORF

Düsseldorf, den 17.4.46
[illegible] Straße 11
z. Schr.

Bescheinigung

Hiermit wird bescheinigt, daß die Bäckerei Willibald Winkel, Mülheim-Ruhr, Duisburgerstr.137

geb. 4.9.08 Eiserfeld, Siegen

den Voraussetzungen der III. Handwerks-Verordnung für die Ausübung des Handwerks entspricht und am 30.12.35

in die Handwerksrolle eingetragen worden ist.

Meisterprüfung Düsseldorf 15.6.34
Die Ruhendmeldung wird aufgehoben,

Der Geschäftsführer
I. A.

Holthausen

Bäckerei Horn, Dohne 79:

geb. 1865 Horn, Wilhelm
geb. 1896 Horn, Adolf
geb. 1898 Horn, Gustav
geb. 1896 Horn, Adolf

1888 wird der 1865 geborene Wilhelm Horn Mitglied der Bäckerkrankenkasse und wird sofort von seinen Kollegen in den Vorstand als Beisitzer gewählt. Seine Bäckerei lag an der Dohne 79. Zum ersten Mal heiratete Wilhelm 1895 Helene Katharina Erwig. Der Schwiegervater war auch gelernter Bäckermeister. Mit Helene bekam er drei Kinder. Sohn Adolf wurde 1896 geboren und machte von 1911 bis 1914 beim Vater seine Bäckerlehre. Gustav Horn wurde 1898 geboren.
1905 heiratete Wilhelm Horn zum zweiten Mal, nämlich die 1872 geborene Katharina Barbara Warnke. 1919 traute Wilhelm sich, ein drittes Mal zu heiraten, die Auserwählte war Gertrud Kaiser, 1874 als Jansen geboren.
Ein Sohn namens Wolfgang wurde als Bäckergeselle beim Vater Wilhelm geführt. Adolf Horn übernahm trotz einer Behinderung, er war gehörlos, damals nannte man das „taubstumm", den Betrieb vom Vater und führte ihn weiter.
In der Nachbarschaft war Adolf sehr beliebt. Vor allem die Kinder, die ihn Onkel Adolf nannten, mochten ihn – schon deshalb, weil sie immer, wenn sie ihm im Geschäft begegneten, ein Brötchen oder eine Kuchenkante bekamen.
1964 erscheint die Bäckerei Adolf Horn zum letzten Mal im Adressbuch.
Der Betrieb lag neben dem Getränkehersteller „Flöckchen" Schulten an der Dohne.

Bäckerei Oesterwind, Höhenweg 7:

geb. 1819	Oesterwind, Johann	verst. 1885
geb. 1854	Oesterwind, Hermann sen.	verst. 1927
geb. 1883	Oesterwind, Hermann jun.	verst. 1956
geb. 1888	Oesterwind, Carl	
geb. 1910	Oesterwind, Hermann jun.	
	Sudhoff, Heinz	
geb. 1913	Oesterwind, Gerhard	

Protokoll

des Gesellenprüfungsausschusses der Handwerkskammer / Innung

für das Bäcker -Gewerbe zu Mülheim-Ruhr

Verhandelt Mülheim-R., den 4ten November 1947

Anwesend:

A. Vom Prüfungsausschusse:

1. Herr Willi Kamphaus als Vorsitzender
2. " F. Nünninghoff als Meister-Beisitzer
3. " K. Hilkrath als Meister-Beisitzer
4. " A. Thiemann als Gesellen-Beisitzer
5. " als Gesellen-Beisitzer

Außerdem nahmen an der Prüfung teil:

Zu der auf heute anberaumten Gesellenprüfung war der Bäckerlehrling Herm. Oesterwind geboren am 30. 7. 1910 zu Mülheim-Ruhr Kreis Stdt geladen worden. Der Prüfling wohnt zu Mülheim-Ruhr. Er hat bei dem Bäcker-Meister Hermann Oesterwind zu Mülheim-Ruhr das Bäcker-Handwerk vom 1ten Aug. 1945 bis 30ten Aug. 1947 erlernt.

Die Prüfung nahm folgenden Verlauf:

I. Praktische Prüfung.

Aufgaben:	Urteil der Kommission:
a) Gesellenstück: Herstellung von Brot- u. Weißbrotteigen	
b) Arbeitsprobe: Aufarbeiten von Grau-, Fein- u. Weißbroten Ofenarbeit und Ausbacken der Ware	sauber und schnelle Arbeit

Prädikat: gut

Um 1900 betrieb Hermann Oesterwind sen. unter der Anschrift Kuhlendahl 18 eine Bäckerei. Großvater Johann, 1819 geboren, noch wohnhaft in Holthausen 120 und seit 1845 mit Katharina Neuhaus verheiratet, verkündete 1883 stolz die Geburt des Enkels Hermann junior. Hermann jun. erlernte von 1897 bis 1900 beim Vater Hermann sen. das Bäckerhandwerk und machte sich später am Höhenweg 7 mit einer Bäckerei selbständig. In erster Ehe war Hermann sen. mit H. Giesen vermählt. Seine zweite Frau wurde Anna Born, mit welcher er 14 Kinder bekam.
Sohn Heinrich Matthias, 1895 geboren, gründete die Brotfabrik Oesterwind am Dickswall. 1910 kommt wieder ein Hermann Oesterwind zur Welt. Er wird auch Bäcker, denn seine spätere Lehrzeit von 1945 bis 1947 beim Vater Hermann ist im Prüfungsprotokoll der Innung belegt. Unter der Adresse Höhenweg 7 sind in der Zeit von 1940 bis 1957, mal die Bäcker Oesterwind und mal Heinz Sudhoff genannt. Der 1913 geborene Gerhard Oesterwind wird Kaltbäcker, also Brothändler und steigt später beim Bruder in die Brotfabrik mit ein, und verwaltet laut M. Rüweller, die Altbrotannahme.
1986 verkauft Hermann Oesterwind das Haus an das benachbarte Max Planck Institut, welches das Gebäude zu Betriebswohnungen umbaut.
Es gibt acht Brüder, welche teilweise in der Brotfabrik von Heinrich Oesterwind arbeiteten. Diese Brüder waren:
der geb. 1898 Oesterwind, Ernst Ausbildung bei Fritz Rosorius von 1912 bis 1915
der geb. 1901 Oesterwind, Gustav, verstorben 1934, war Kutscher beim Bruder
der geb. 1902 Oesterwind, Martin, war Kraftfahrer beim Bruder
der geb. 1907 Oesterwind, Walter, verstorben 1968 war Expedient beim Bruder
und der geb. 1913 Oesterwind, Gerhard - Kaltbäcker.

Info: M. Rüweller, Bäckerei u. Brotfabrik Oesterwind

Bäckerei Schmidt, Zeppelinstr.:

geb. 1914 Schmidt, Hugo
geb. 1931 Schmidt, August
Schmidt, Gerhard

geb. 1824 Ternieden, Hermann
geb. 1855 Ternieden, Wilhelm
geb. 1893 Ternieden, Hermann jun.

1914 wurde Hugo Schmidt geboren. Er machte von 1929 bis 1932 beim Konditormeister Lohscheidt in Rathausnähe seine Lehrzeit. Der 1931 geborene August Schmidt fand seinen Ausbilder in Hans Tüch in der Zeit nach dem Krieg von 1946 bis 1949 und der 1936 geborene Jürgen Schmidt wurde bei Gustav Sander in der Stadtmitte von 1951 bis 1954 zum Konditor ausgebildet.
Der Schmidtsche Betrieb lag an der Zeppelinstr. 83. Aus der Konditorei wurde um 1990 eine Trinkhalle. Heute ist dort eine Pizzeria beheimatet.
Unter Holthausen 34 wird 1861 der Bäcker Hermann Terniedern, 1822 geboren und verheiratet mit Anna Hemscheid, geb. 1833 genannt.1855 kommt der stammhalter Wilhelm zur Welt und macht eine Ausbildung bis zum Bäckermeister. Verheiratet war er mit Wilhelmine Feldmann und sie bekamen 6 Kinder. Tochter Else heiratete 1930 Ernst Wilhelm Jeppel, 1903 geb. Bäckermeister in Broich. Hermann jun wurde auch Bäckerund machte seine Ausbildung beim Vater von 1909 bis 1912. Wilhelm Ternieden stirbt 1914.

Bäckerei Schulten, Gracht 129:

	Schulten, Johann	
geb. 1855	Schulten, Hermann	verst. 1929
geb. 1885	Schulten, Johann	verst. 1951
geb. 1891	Schulten, Hermann	
geb. 1911	Schulten, Heinz	
geb. 1915	Schulten, Ernst	
geb. 1931	Schulten, Heinz	
	Beckfeld, Hermann	

Hermann Schulten, 1855 geboren, erlernte das Bäckerhandwerk genau so wie sein Vater Johann Schulten. Johann war mit Gertrud Keienberg verheiratet.

1878, am 23.04. Heute Nacht gegen 2 Uhr brannte in dem nahen Holthausen (auf der Gracht) das dem Bäcker und Winkelier Johann Schulten gehörige Wohnhaus bis auf die Umfassugsmauer nieder. Wie man hört ist der Schaden beträchtlich, doch soll der Eigenthümer glücklicherweise sein Anwesen nebst Mobiliar bei der „Colonia“ versichert haben

1885 heiratete Hermann Schulten Mathilde Straeter und übernahm vom Vater den Betrieb an der Gracht 129. Er war Gründungsmitglied der Bäcker- und Konditoreninnung und war dort sehr aktiv. Deshalb wurde er später zum Ehrenvorstandsmitglied ernannt.
1885 wurde Sohn Johann geboren und natürlich erlernte er das Bäckerhandwerk.
1904 legte er erfolgreich die Gesellenprüfung ab.
1891 kam Hermann Schulten auf die Welt und erlernte bei Johannes Wilms sein Handwerk.
1911 heiratete Johann Schulten die 1891 geborene Mathilde Holsteg. Der Erstgeborene, Heinz Schulten, erlernte den Beruf des Bäckers beim Vater. Sein 1915 geborener Bruder, Ernst Schulten, machte von 1932 bis 1935 bei Fritz Brandt an der Leineweber Straße eine Konditorlehre.
1931 kam Stammhalter Heinz Schulten jun. auf die Welt. Wie sein Urgroßvater, Großvater und Vater wurde auch er Bäcker und Konditor. Er machte von 1951 bis 1953 beim Konditormeister Ernst Donat und beim Bäckermeister Fritz Kemper seine Ausbildung.
1957 übernimmt Hermann Beckfeld den Traditionsbetrieb von der Gracht 129.
1990 sucht man im Adressbuch unter der Adresse Gracht 129 vergebens einen Backbetrieb. Es steht dort ein Wohnhaus.

Weitere Bäcker in Holthausen:

1861	geb.1856	Buchmüller, Hermann	Holthausen 96 led.	Geselle
1861	geb.1811	Loh, Wilhelm	Holthausen 99 led.	Geselle
1832		Kuhlendahl, Heinrich	Kuhlendahl 82	Backhaus und Brauhaus um 1720 ca. (siehe Brauereien – Brinkmann)

Bäckerei Konditorei Steinfartz:

geb. 1897	Steinfartz, Otto
geb. 1931	Steinfartz, Otto Wilhelm
geb. 1931	Steinfartz, Otto Wilhelm Bäckerei Stiepel

Am Werdener Weg 70 und später an der Zeppelinstraße 24 war die Bäckerei Steinfartz beheimatet. 1897 wird der Firmengründer Otto Steinfartz geboren. Seine Bäckerlehre absolvierte er von 1913 bis 1916 in Saarn bei Hermann von der Bey.
1927 heiratet er Maria Meier. Sie gründen eine Bäckerei am Werdener Weg 70. Ab 1933 heißt die neue Adresse Zeppelinstraße 24.
1931 kommt der Stammhalter Otto Wilhelm Steinfartz auf die Welt. Auf ausdrücklichen Wunsch des Vaters macht Otto Wilhelm von 1945 bis 1948 eine Ausbildung zum Bäcker. Zunächst beim Vater und den Konditorteil bei Otto Rossenbeck. Im Jahr 1956 heiratete er Hannelore Stoffeln, und sie bekommen drei Kinder.
Später widmete er sich seinem Hobby, dem Segelsport. Eine eigene Segelyacht war die Erfüllung seines Wunschtraumes.
Weil Otto Wilh. Steinfartz seinen eigenen – anderen – Berufswunsch nicht verwirklichen konnte, ließ er seinen Kindern freie Hand bei der Berufswahl. Das nutzten alle drei. Keiner von ihnen wollte Bäcker werden.
Bernd Orlik, Bäcker von der Saarner Straße arbeitete eine Zeitlang bei Otto Steinfartz an der Zeppelinstraße.
1985 übergab Otto Wilhelm den Betrieb an den Bäckermeister Stiepel.
Ab 1990 steht die Bäckerei nicht mehr im Adressbuch.

Weitere Bäcker in Holthausen:

1875 Theißen, Johann Holthausen 95, Aufgebot bestellt mit Gertraud Holtei
1845 Jansen, H.S.Wwe. Bachstr. Anzeige zum Nikolaus und Weihnachtsgeschäft inder Rhein Ruhr Zeitung
1860 Jansen, H.S. Wwe Weiterführung des Geschäftes mit einem Gesellen nach T Tod des Ehemanns
1772 Witthaus, Georg Holthausen Bauer mit Back- und Brauhaus
1825 Witthaus, Hermann Leineweberstr. Wirt und Bäckermeister bis 2007 Lokal Jägerhof
1858 Witthaus H. Bietet in der RRZ Anzeige seinen billigen Wein und Speisen an
1911 geb. 1897 Winken, Friedrich Holthausen, Ausb. bei Rud. Sander 1912 - 1915

Menden

1834	Schulte Marxloh, Heinrich	Mendener Str. 218
	Obermühlenbeck, Johann	
	Mittelste Mühlenbeck, Johann	

Laut B. Brinkmann in seinem Buch über Brauereien in Mülheim unterhielten diese drei Herren an der Mendener Chaussee neben der Landwirtschaft ein Brauhaus und ein Backhaus auf ihrem Anwesen. Sie waren also Ackerer, Brauer und Bäcker. Eine genauere Beschreibung der Verhältnisse und der Bewohner der Gehöfte Obermühlenbeck und Mittelste Mühlenbeck sind im Buch Menden, von Andreas ten Brink nach zu lesen. Das Back- und Brauhaus, 1800 errichtet, war zuletzt ein Schweine- und Hühnerstall und steht heute in neuem Glanze da.

Backhaus, Mendener Str. 218

1860 fand sich folgende Anzeige in der Rhein Ruhr Zeitung:
Der dringende Wunsch der Anlieger der Mendener Chaussee ist es eine befestigte Straße von Mülheim nach Kettwig zu bauen. Die Fuhrwerke versinken bei Regen und Schnee auf der alten Wegstrecke im Schlamm.

Bäckerei Kampmann:

	Kampmann, Wilhelm		Raadt
	Kampmann, Hermann		Menden 48
geb. 1803	Kampmann, Heinrich W. sen.	verst. 1876	Menden 48
geb. 1836	Kampmann, Hermann	verst. 1914	
geb. 1837	Kampmann, Heinrich W.		
geb. 1843	Kampmann, Heinrich jun.		

geb. 1854	Kampmann, Wilhelmine		
geb. 1859	Kampmann, Karl		
geb. 1869	Kampmann, Heinrich	verst. 1917	Hingberg 28
	Kampmann, Wilhelm		Mendener Str. 118

Mendener Str. 118

1801 wird über einen Brauer, Wirt und Bäcker in Raadt, Wilhelm Kampmann, berichtet. Zur gleichen Zeit wird in Menden 48 Hermann Kampmann, verheiratet mit Anna Eichholz, genannt. Auch dieser war Brauer, Ackerer und Bäcker, denn ein Backhaus war beim Anwesen vorhanden. Ein 1805 unter der Adresse Menden 48 geborener Heinrich Wilhelm Kampmann stirbt 1876.
1835 heiratet Heinrich W. Kampmann sen. Caroline Horst.
Der erstgeborene Sohn Hermann kommt 1836 zur Welt und heiratet 1867 die 1839 geborene Gertrud Großbeckes aus Menden. Er stirbt 1914 im Alter von 78 Jahren.
1837 wird der zweite Sohn Heinrich Wilhelm geboren. Er geht zum Militär, heiratet 1877 Maria Catharina Auguste Liebe.

Bei seinem Tod 1902 hinterlässt Heinrich Wilhelm Frau und zwei Kinder. Zu seiner Beerdigung wird über die Mülheimer Zeitung
"die 1. und 2. Kompanie dringend eingeladen mit allen Prunk- und Ehrenzeichen, sowie Mütze und weiße Handschuhe sich einzufinden."

1849 erwirbt der Bäcker Heinrich Kampmann, genannt Eichholz das Anwesen und 1904 erweiterten Hermann und Gertraud die Bäckerei um ein Lebensmittelgeschäft.
Vormals war die alte Mendener Dorfschule, seit 1648 beurkundet, auf dem Grundstück Mendener Str. 118. Hermanns 1869 geborener Sohn trägt den Namen Heinrich und bewohnt den Hingberg 28.
Von 1920 bis 1954 wird an der Mendener Straße ein Bäcker und Wirt Namens Wilhelm Kampmann in den Adressbüchern geführt. Verheiratet war er mit Anna Stötmer, geb. 1882, verst. 1952.
1960 wurde das Gebäude wegen der Straßenbegradigung abgerissen.

Der 1869 geborene Heinrich Kampmann, Sohn von Heinrich Wilhelm, hatte bis 1943 am Hingberg 26 - 30 eine Bäckerei, welche beim Luftangriff auf Mülheim zerstört wurde. Sie lag da, wo heute das Innenstadtforum steht.
Siehe auch Kampmann Stadtmitte, Hingberg 30, Foto

Bäcker Müller – Menden:

geb. 1822 Müller, Johann verst. 1913
geb. 1865 Müller, Fritz verst. 1946
geb. 1903 Müller, Kurt verst. 1971

1865 pachtete Johann Müller aus Kettwig - Laupendahl den Kotten Mendener Str. 109. Johann war Bäcker und Wirt und mit seiner Frau Bertha, geb. Oberfeld (1828-1893) bewirtschaftete er die Gaststätte. 1940 übernahm der Enkel Kurt Müller das Gasthaus und den seit 1932 dazu gehörenden Ruhrgarten, zu seiner Zeit der größte Biergarten Mülheims. Tausend Sitzplätze gab es dort. Im Ruhrgarten trafen sich die Bäcker und Konditoren zu gemeinsamen Veranstaltungen. Es gab dort eine Kegelbahn und für die Kleinen einen großen Spielplatz.
Seit 1971 befindet sich dort das Seniorenwohnheim "Ruhrgarten".
1976 wurde die alte Gaststätte durch einen Brand zerstört, abgerissen und durch einen Neubau ersetzt. Seit 1977 gibt es in den neuen Räumen die alte Restauration Müller Menden wieder.
1510/80.13 Ruhrgarten Fritz Müller, A. ten Brink, Menden

Heißen

Bäckerei Hesseln:

geb. 1815 Hesseln, Heinrich
geb. 1818 Hesseln, Hermann
geb. 1819 Hesseln, Wilhelm Heinr. verst. 1898
geb. 1832 Hesseln, Wilhelm

geb. 1815 Hesseln, Heinrich
geb. 1845 Kloster, Wilhelm
geb. 1847 Hesseln, Wilhelm Sohn von Heinrich
geb. 1848? Hesseln, Johannes
geb. 1854 Hesseln, Heinrich

geb. 1874 Hesseln, Hermann Heinrich
geb. 1880 Hesseln, Johannes
geb. 1897 Hesseln, Hermann
geb. 1909 Hesseln, Johannes
Hesseln, Tante Emma Lebensmittel
Tebbe, Herbert
Filiale Hemmerl
Lohrmann,Wilhelm

Unter der Adresse Heißen 55 erblickt 1815 Heinrich Hesseln laut Volkszählung von 1861 das Licht der Welt. Heinrich ist der älteste von vier Hesseln-Brüdern.
Hermann Hesseln wird 1818, Wilhelm Heinrich 1819 und Wilhelm 1832 geboren. Heinrich war Wirt und Bäcker von Beruf und heiratete die 1826 geborene Elise Kloster. Beider gemeinsame Tochter, 1841 geboren, heiratet den 1845 in Heißen geborenen Wilhelm Kloster. Aus Heißen 55 wird später die Adresse Honigsberger Straße 21. Ein weiterer Bruder, Johannes Hesseln, weilte 1861 zur Volkszählungszeit nicht in Heißen, wahrscheinlich war er beim Militär. Aber man weiss, dass er mit Margarete In der Beck verheiratet war. 1874 kam der Sohn von Margarete und Johannes Hesseln zur Welt und wurde Bäcker. Hermann Heinrich hieß der Erstgeborene.

1880 kam Johann Hesseln. Johann wurde Metzger, heiratete 1908 Anna Maria Stockamp. Sie machten sich in Oberhausen selbstständig.
Hermann Heinrich, 1874 geboren, heiratete wie sein jüngerer Bruder im Jahr 1908 und zwar die 1883 in Menden geborene Emma Wilhelmina Schmitz. Beide führten die Bäckerei an der Honigsberger Straße 21 weiter.
1897 kommt noch ein – schlecht einzuordnender – Hesseln auf die Welt. Er heißt ebenfalls Hermann und wird nach dem Krieg als Bäckermeister und Betriebsinhaber geführt. 1909 kommt der erste Sohn von Hermann und Emma Hesseln zur Welt, er wird Johann genannt. Man weiss, dass Johann jun. 1937 geheiratet hat und das Geschäft bis 1958 unter dem Namen "Bäckerei und Lebensmittel Emma Hesseln" lief. Es war im wahrsten Sinne ein „Tante Emma“ Laden.
An der Honigsberger Straße 78 gab es bis 1950 die Konditorei Wilhelm Lohrmann, welche später der Bäcker und Konditor Herbert Tebbe übernahm. Herbert Tebbe hatte finanzielle Probleme, die Produktion an der Honigsberger Str. 21 und das Geschäft Honigsberger Str. 78 zu halten.
Ende der achtziger Jahre übernahm die Bäckerei Hemmerle die Filiale. Das alte Fachwerkhaus, die Produktionsstätte der Bäckereifamilie Hesseln, wurde abgerissen. An gleicher stelle entstand ein Wohnhaus. Unter Winkhausen steht die Geschichte der Familie Wilhelm Heinrich und Hermann Hesseln.

Bäckerei Wirtshaus Fuente:

1843		Bruns, Hermann	Fuente	Brauer, Bäcker, Wirt
1861	geb.1822	Bruns, Wilhelm	Heißen 32	Wirt
	geb.1858	Bruns, Heinrich		
	geb. 1906	Bruns,	Ausbildung bei Heinrich Bruns, 1921 – 1924	
	geb. 1950	Bruns, Frank		

Neben der Brauer und Wirtelinie der Familie Bruns in der Fuente, gab es auch die Bäckerlinie. 1843 findet ein Hermann Bruns als Brauer, Bäcker und Wirt erwähnung. 1822 wird Sohn Wilhelm unter Heißen 32 geboren. Verheiratet war er mit Mina Oberscheidt. Aus dieser Verbindung kam 1858 Heinrich Bruns auf die Welt.
1886 heiratete er die 1852 geborene Katharina Wilhelmina Hohendahl und führte die Fuente

Kulturzentrum Fünte 2016

weiter. 1886 kam Wilhelm Hermann, 1888 Hermann. 1905 wird noch ein Herbert Ernst erwähnt. Der letzte Bruns in der Fuente ist Frank Bruns, welcher aus der Fuente ein kleines Kulturzentrum gemacht hat.

Biobäckerei Broehnhorst:

geb. 1838 Finkenburg, Bertha Ehef.
geb. 1848 ? Finkenburg, Wilhelm sen
geb. 1879 Finkenburg, Wilhelm jun.
geb. 1907 Finkenburg, Wilhelm Sohn
geb. 1933 Broehnhorst, Karl Heinz verst. 1980
geb. 1960 Broehnhorst, Gerd

Um die Jahrhundertwende wird an der Velauer Straße 25 die Bäckerei Finkenberg genannt. Zuerst wirkt Wilhelm Finkenburg sen. dort in der Bäckerei.
1879 wird der Stammhalter, Wilhelm jun. geboren, er übernimmt 1927 den Betrieb vom Vater. 1907 wird der dritte Wilhelm Finkenburg geboren, erlernt von 1921 bis 1924 dasBäckerhandwerk beim Vater und schließt die Gesellenprüfung mit "sehr gut" ab.
Bis 1962 führt Wilhelm Finkenburg den Betrieb. Dann übernimmt der 1933 geborene Karl Heinz Broehnhorst die Bäckerei und Konditorei.
Karl Heinz Broehnhorst hat sein Handwerk von 1948 bis 1951 in der Bäckerei Heimbach an der Eppinghofer Str. gelernt. 1970 wurde die Straßenführung der Velauer Str. geändert und gleichzeitig umbenannt in Paul Kosmalla Straße – nach einem berühmten Handballspieler des RSV Mülheim-Heißen.
1960 wurde Gerg Broehnhorst geboren. Er musste den Betrieb schon im Alter von 20 Jahren übernehmen und weiterführen, da sein Vater 1980 verstarb.
In den neunziger Jahren stellte Gerd Broehnhorst mit seiner Frau Britta den Betrieb auf eine reine Biobäckerei um. Ein Bruder von Gerd B. arbeitet als Bäckermeister in Süddeutschland. Gerd Broehnhost gehört zu den letzten selbstbackenden Betrieben in Mülheim.

Bäckerei Bruckmann – Graf:

geb. 1826	Bruckmann, Hermann	verst. 1918
geb. 1876	Bruckmann, Peter Karl	verst. 1950
	Graf, Julius	
geb. 1898	Graf, Walter	
geb. 1906	Bruckmann, Robert	
geb. 1925	Graf, Walter jun.	
geb. 1929	Graf, Bruno	

Bereits 1856 gab es unter der Adresse Heißen 98 einen Wirt und Bäcker, den 1826 geborenen Hermann Bruckmann. Verheiratet war er seit 1856 mit Johanna Greifeld. Peter Bruckmann, verheiratet mit Anna Briemekamp, war dort ebenfalls als Bäcker geführt.

* **Heißen, 29. Febr.** Bei dem Bäcker und Wirt Karl Bruckmann in Winkhausen wurde in der Dienstag Nacht mittelst Einbruchs eine Anzahl Säcke mit bestem Weizenmehl, a 200 Pfd., gestohlen. Die Polizei fahndet eifrig nach den Tätern, welche ihre Beute mittels Wagen fortgeschafft haben. Auf die Ermittelung der Täter ist von der Polizeiverwaltung in Heißen eine Belohnung ausgesetzt worden.

Der 1876 geborene Karl Bruckmann hatte an der Hansbergstraße/Ecke Scharnhorststraße ein Restaurant mit Gartenwirtschaft und Bäckerei. Verheiratet war er mit der Bäckermeistertochter Margarete Schönnenbeck. Ihr Vater Ferdinand Schönnenbeck

senior war 1844 geboren und seit 1878 verheiratet mit der 1858 geborenen Anna Maria Winkhaus.
Margaretes Bruder, Ferdinand jun. 1896 geboren, macht seine Bäckerlehre von 1910 bis 1913 beim Schwager Peter Karl Bruckmann. 1921 erwählte er Johanna Goldkuhle, 1898 in Essen geboren, zu seiner Ehefrau und sie bekamen drei Kinder.
Ab 1920 wird Karl Bruckmann als Bäckereibetrieb an der Velauer Str. 39 geführt. Sein 1906 geborener Sohn Robert steigt in die Fußstapfen des Vaters und erlernt von 1920 bis 1923 bei selbigem das Bäckerhandwerk. Übernommen hat er den Betrieb jedoch nicht. Das machte ab 1930 der 1898 geborene Walter Graf sen.
Dieser war nämlich mit der Bruckmanntochter Maria Clara, geboren 1902, verheiratet. Der Vater von Walter, Julius Graf, legte 1889 seine Meisterprüfung als Bäcker ab und war in Heißen tätig.
In den zwanziger Jahren kam Walter jun. zur Welt und wurde natürlich auch Bäcker, wie sein Bruder Bruno, der 1929 geboren wurde und die Lehre von 1943 bis 1946 beim Vater absolvierte. Walter Graf ging mit Lorenz Rasche und Willi Obermann in Düsseldorf zur Meisterschule. Alle drei legten dort die Meisterprüfung erfolgreich ab und übernahmen Bäckereien. Im Zuge der Umbaumaßnahmen der Velauer Str. verschwand die Bäckerei Graf von der Bildfläche.
Die Bäckerfamilien Bruckmann, Denkhaus und Graf waren miteinander verwandt.

Bäckerei Breuer:

geb. 1865 Helbig, Gustav Adolf verst. 1954
geb. 1892 Helbig, Fritz
geb. 1897 Helbig, Adolf jun.
geb. 1900 Helbig, Gustav verst. 1936
Helbig, Wolf?
geb. 1930 Helbig, Adolf jun.
geb. 1908 Breuer, Wilhelm
geb. 1928 Breuer, Ulrich
geb. 1938 Breuer, Horst verst. 2004
Breuer, Christian

Bäckerei Helbig, das Pferd ist weg

Bereits Ende des letzten Jahrhunderts gab es an der später Humboldtstraße 34 genannten Straße die Bäckerei Helbig.
Gustav Adolf Helbig, 1865 geboren, erlernte von 1879 bis 1882 das Bäckerhandwerk und heiratete 1890, nach bestandener Meisterprüfung, die 1867 geborene Wilhelmina Koring. 1897 kam Adolf jun. zur Welt und 1900 Gustav Helbig. Gustav machte beim Vater seine Bäckerlehre und war bis 1929 im väterlichen Betrieb als Geselle tätig. Dann übernahm er vom Vater den Betrieb.
1927 hatte er die 1906 geborene Gertrud Heistermann geheiratet, und sie bekamen zwei Kinder. Der 1930 geborene Adolf Helbig machte bedingt durch die Kriegswirren und den frühen Tod seines Vaters, seine Konditorenausbildung von 1949 bis 1951 bei Adolf Seul. Da Adolf Helbig 1936 beim Tod seines Vaters erst 6 Jahre alt war, konnte er natürlich den Betrieb nicht weiterführen.
Ab 1937 steht der 1908 geborene Wilhelm Breuer als Geschäftsinhaber der Bäckerei an der Humboldtstraße 34 in den Adressbüchern. Wilhelm Breuer machte von 1926 bis 1929 beim Bäckermeister Hugo Sense in Styrum seine Bäckerlehre. Ulrich Breuer, geboren 1928, machte bei Willi Monning von 1945 bis 1948 seine Bäckerlehre. Nach dem Krieg hieß die Anschrift Kleiststraße 155.
Der 1938 geborene Horst Breuer wurde ebenfalls Bäcker und absolvierte seine Ausbildung von 1953 bis 1956 beim Vater auf der Heimaterde.
1949 baute Wilhelm Breuer an der Kleiststraße 155 in Heimaterde eine neue Betriebsstätte.
1959 verstarb der Firmengründer unerwartet und Sohn Horst übernahm den Betrieb
1977 konnte Horst Breuer das vierzigjährige Firmenjubiläum feiern.
1986 eröffnete er die ersten Filialen. Sein Sohn Christian wurde auch Bäcker, aber es zog ihn in die Ferne. Er gründete in Kanada eine eigene große Bäckerei und Konditorei. 1987 konnten die Breuers das fünfzigste Geschäftsjubiläum bestreiten.
Seit 1990 steht die Bäckerei Breuer nicht mehr in Mülheim im Adressbuch.

Bäckerei Renner:

	Gebauer, Friedrich
geb. 1871	Gebauer, Wilhelm Ludwig
geb. 1913	Gebauer, Ernst Heinz
geb. 1884	Renner, Robert
geb. 1921	Renner, Heinz

Geschäfts-Eröffnung
Den geehrten Bürgern von Heißen und Umgebung zur gefl. Kenntnis, daß ich in dem Hause
Kruppstraße 222
(früher Bäcker Gebauer)
heute, Mittwoch, den 8. Oktober eine Bäckerei und Kolonialwarengeschäft eröffnet habe. Es ist mir von der Stadt außer dem Brot- und Lebensmittel-Verkauf der Verkauf von Kinder-Nährmitteln und Kranken-Weißbrot übertragen worden.
Indem ich um Eintragung in die Kundenlisten bitte, empfehle ich mich und sichere reelle Bedienung jedermann zu
Robert Renner.
4809

In Heißen 441 wird Friedrich Gebauer als Bäckermeister Mitte des neunzehnten Jahrhunderts erwähnt. Er war mit Anna Katharina Rothamel verheiratet und 1871 konnten sie sich über die Geburt des Sohnes Wilhelm Ludwig freuen. Wie sein Vater wurde auch er Bäckermeister und heiratete 1897 die 1878 geborene Maria Hübbers. Sie bekamen vier Söhne. Es gab da noch einen Ernst Heinz Gebauer, 1913 geboren und 1945 zum Ende des Krieges noch gefallen, der seit 1936 mit Sophia Pillen verheiratet und Konditor war. Er gehörte aber nicht zur direkten Verwandtschaft von Wilhelm Ludwig Gebauer. 1919 gab Wilhelm Ludwig Gebauer seine Bäckerei an Robert Renner, siehe Anzeige in der Zeitungsseite, weiter. Jetzt hieß die Adresse Kruppstr. 222.
Robert Renner, 1884 geboren, machte von 1899 bis 1902 bei Karl Bruckmann und E. Hausmann seine Lehre. Bis zur Geschäftsübernahme der Bäckerei Gebauer war Robert Bäckergeselle bei Karl von Delft in Broich.
Zur gleichen Zeit hatte Robert Renner einen Betrieb an der Hardenbergstr. 162 in Heißen. 1921 kam Heinz Renner auf die Welt und machte vor dem Krieg von 1935 bis 1938 beim Vater eine Bäckerlehre. Nach dem Krieg ist unter beiden Standorten keine Bäckerei mehr verzeichnet.

Bäckerei Denkhaus, Dessauer Str. 2:

	Denkhaus, Wilhelm	
geb. 1884	Denkhaus, Joh. Hermann sen.	
geb. 1899	Denkhaus, Heinrich	
geb. 1910	Denkhaus, Willi	
geb. 1912	Denkhaus, Hermann jun.	gef. 1941

Im Schatten der Zechen Rosenblumendelle und Humboldt, an der späteren Dessauer Straße 2, führte Wilhelm Denkhaus mit seiner Frau Elise, geborene Frackmann ein kleines Lebensmittelgeschäft als Winkelier und Bäcker.
1884 wurde Sohn Johann Hermann Denkhaus geboren. 1899 kam die Verstärkung in Form des Bruders Heinrich. Heinrich machte von 1915 bis 1918 beim Vater die Bäckerlehre. 1928 heiratete er Elisabeth Menges, 1905 geboren und 1954 in Duisburg verstorben.
1910 heiratet Johann Hermann die 1884 geborene Bäckermeistertochter Anna Katharina Bruckmann und im gleichen Jahr kam der Stammhalter, Willi Denkhaus, auf

die Welt. Willi Denkhaus ist nicht mit dem Mehlhändler gleichen Namens zu verwechseln. Sie waren nicht verwandt.
1912 wurde Hermann jun. Denkhaus geboren, welcher 1941 im Krieg gefallen ist. Verheiratet war er mit Martha Maria Steinkamp.
Willi Denkhaus machte 1929 seine Gesellenprüfung und führte den Betrieb mit seiner Frau Martha Steinkamp, welche er 1939 ehelichte, an der Dessauer Str. 2. bis 1970 nach der letzten Zechenschließung das ganze Areal zum Rhein-Ruhr-Zentrum umgebaut wurde. Willi Denkhaus übernahm den alten Betrieb von Alois Amshoff an der Aktienstr. 129b.
Kurze Zeit später wurde auch diese Bäckerei geschlossen.

Konditorei Schröder, Sunderplatz:

geb. 1861	Schroeder, Robert	verst. 1940
geb. 1894	Schröder, Wilhelm Robert	
geb. 1910	Schröder, Paul	
geb. 1933	Schröder, Georg	verst. 2016

1861 gab es in Saarn einen Kaufmann namens Robert Schröder, verheiratet war er mit Auguste Steckling geb. 1865, verehelicht 1889 in Broich. Deren Sohn Wilhelm Robert, geboren 1894, wurde Konditor und heiratete 1936 Anna Dorothea Erna Walport aus Wanne-Eickel, Jahrgang 1906.
Der Vater von dem in Essen 1910 geborenen Paul Schröder, Friedrich Schröder war Werkmeister.
Paul erlernte den Beruf des Konditors und heiratete 1936, nach seiner Meisterprüfung, die 1911 geborene Martha Giegler. Paul Schröder machte sich in Heißen-Heimaterde 1939 mit einer Konditorei am Sunderplatz selbstständig. 1940 wurde Sohn Manfred geboren.
Die Konditorei wurde von der Bäckerei Bröhnhorst übernommen und schloss im Juli 2017 ihre Pforten.
Ein 1933 geborener Georg Schröder erlernte den Konditorenberuf, machte seinen Meister und wurde Studiendirektor an dem Mülheimer Berufskolleg. Er verstarb 2016.

Bäckerei Elstermeier, Velauer Str.:

geb. 1875 Elstermeier, Karl sen. verst. 1929
geb. 1899 Elstermeier, Heinrich
geb. 1902 Elstermeier, Karl jun.
geb. 1913 Elstermeier, Fritz
geb. 1946 Elstermeier, Annegret

1910 gründet der 1875 geborene Karl Elstermeier an der Velauer Straße 118 eine Bäckerei und Konditorei.Von 1912 an gehörte er zur Bäckerinnung. Seit 1898 war Karl mit der 1876 geborenen. Maria Kuhlendahl verheiratet, und sie bekamen vier Kinder miteinander. 1907 verstarb Maria Elstermeier. 1912 heiratete Karl Elstermeier ein zweites Mal. Die Auserwählte war Helene Elisabeth Juffernholz.
Aus erster Ehe stammte der 1899 geborene Heinrich Elstermeier und dieser machte von 1913 bis 1916 beim Vater eine Bäckerlehre.
Auch der 1902 geborene Karl jun. wurde Bäcker und machte seine Ausbildung von 1917 bis 1920 beim Vater. Er schloss die Prüfung mit „sehr gut" ab.
Aus der zweiten Ehe stammt der 1913 geborene Fritz Elstermeier, welcher 1920 mit seinem Halbbruder Karl die Gesellenprüfung absolvierte. Fritz heiratete 1940 die 1917 geborene Johanna Kampmann. Mit seiner Frau führte er die Bäckerei weiter.
Aus den Prüfungsprotokollen der Bäckerinnung geht hervor, dass die Tochter Annegret Elstermeier von 1961 bis 1964 beim Vater eine Ausbildung zur Bäckereifachveräuferin absolviert hat.
Ab 1990 ist die Bäckerei Elstermeier nicht mehr im Adressbuch aufgeführt.

Weitere Bäcker aus Heißen:

1905 Lohbeck, Joh.Fried. Hein. Heißen 142,1
1867 Dörrenhaus, Georg Heißen sucht einen erfahrenen Bäcker, lt RRZ

2 Bäckergesellen
gesucht von
G. Dörrenhaus in Heissen.

1911

Bäckerei Anton Döbbe, Wiehagen:

1966 Bäckerei Anton Döbbe
Die Anfänge dieses Familienunternehmens liegen bereits in den sechziger Jahren des vergangenen Jahrhunderts
Anton und Hildegard Döbbe übernahmen 1966 in Essen-Frohnhausen die Bäckerei Franz Niermann, bevor sie
1968 in der Mülheimer Straße in Essen die erste Döbbe-Filiale eröffneten
1984 Bäckerei Anton Döbbe Neubau Umzug Wiehagen 19 in MH
1990 Bäckerei Anton Döbbe
1999 Söhne Antonius und Ralf Döbbe als Nachfolger.
2016 Bäckerei Anton Döbbe 50 Jahre Bäckerei Döbbe

Die größte heute noch produzierende Backstube in Mülheim ist die Bäckerei Döbbe in Heißen. 1966 übernahm Anton Döbbe mit seiner Frau Hildegard die Bäckerei Franz Niermann in Essen Frohnhausen. Anton Döbbe war kein Bäcker, aber er baute diesen großen Betrieb auf. Die Zankereien zwischen ihm und Wälkens waren damals legendär. Auf dem Höhepunkt belegten sich die beiden verfeindeten Eigentümer mit gegenseitigem Lokalverbot.
1984 zog es auch Anton Döbbe von Essen nach Mülheim auf das ehemalige Gelände der Zeche Rosenblumendelle, in Sichtweite des Mitbewerbers Wälken. Die beiden Söhne, Antonius und Ralf, stiegen in den Betrieb ein und schon bald war der Betrieb auf über 500 Mitarbeiter gewachsen.
1991 erzeugte die Bäckerei Döbbe mit 2 Filialen, die „Gutes von gestern“ verkauften, in den Medien, bei der Kundschaft und bei Kollegen für Aufsehen.
Der Wahlspruch der Bäckerei Döbbe lautete, „von Herzen Ihr Bäcker“.
2013 verstarb der Firmengründer Anton Döbbe.
2016 feierte man das fünfzigjährige Jubiläum. Die aufgeschlossenen Inhaber backen auf modernste Weise, aber nach alter handwerklicher Tradition und Rezepten.
Die Bäckereien Döbbe sind die größten Bäckereien in Mülheim und Essen.

Wälken´s Bäckereien, Witzlebenstr.:

1881	Wälken, Wilhelm	verst.1924
1928	Wilhelm Wälken	Rüttenscheider Str. 84 Essen
1974	Wälken's Bäckereien	Inh.: Baute, Melchers; Wolf Frischback GmbH
1980	Wälken's Bäckereien	Witzlebenstr. 5 Mülheim Heißen
1993	Wälken's Bäckereien	Verkauf an Inh.: Fiat, Agnelli, Metallgesellschaft Frankfurt
1999	Wälken's Bäckereien	Back Partner Beteiligungsgesellschaft GmbH
2000	Inh.: Kamps AG	

Die Wälkens, einst eine alte Horster Handwerkerfamilie, konnten mit Stolz 1981 als Bäckerei ihr einhundertjähriges Firmenjubiläum feiern. 1881 hat der Bäckermeister Wilhelm Wälken im Stammhaus an der Hochstraße, heute Buerer Straße, einen kleinen Bäckereibetrieb eröffnet. Er florierte zunächst in bescheidenem Rahmen. Als der Meister und seine Frau 1924 kurz hintereinander verstarben, führten drei ihrer sechs Kinder, die gleichfalls das Bäckerhandwerk erlernt hatten, den Betrieb gemeinsam weiter. Sohn Paul wanderte 1928 nach New York aus, wo er gleichfalls Wälken-Brot gebacken hat. Wilhelm eröffnete in Essen Rüttenscheidt einen Betrieb. Alfons führte das Horster Geschäft weiter, bis es im letzten Krieg total zerstört wurde. Nach dem Krieg begann der Wiederaufbau und das Geschäft in Gelsenkirchen nahm einen erfreulichen Aufschwung.
Ein Sohn von Auswanderer Paul, Christopher Walken, wurde in Amerika ein erfolgreicher Schauspieler. Er bekam für sein Können sogar einen „Oskar".
Quelle: Joseph Büscher in "7oo Jahre Freiheit Horst". Gelsenkirchen 1982

Wälken's Bäckerei/ Zweig Wilhelm Wälken, Essen Rüttenscheidt und Mülheim Heißen:
Nachdem Wilhelm Wälken an der Rüttenscheidter Str. in Essen eine florierende Bäckerei aufgebaut hatte, verlor er in den sechziger Jahren den Firmennachfolger. Sein Sohn verunglückte tödlich. Wilhelm verpachtete den Betrieb 1972 an die "Ja-Markt"-Gruppe. Diese gab 1974 den Betrieb an die mit altem Namen neugegründete Firma "Wälken's Backstube".
Inh. Baute, Melchers, Wolf weiter.

Zu diesem Zeitpunkt fing ich dort als Backstubenleiter an. 1980 bauten die Inhaber in Mülheim-Heißen eine neue Produktionsstätte. Es entstand eine der innovativsten Filialbäckereibetriebe Deutschlands, die BWM Frischback GmbH.
1993 verkauften die drei Inhaber "Wälken's Bäckereien", welche mittlerweile über 500 Mitarbeiter hatte, an das Konsortium Metallgesellschaft Frankfurt und eine Firma aus dem Fiat-Agnelli Clan. Ein Manager, welcher in Essen den Gründungsort besuchen wollte, sagte dem Taxifahrer am Hauptbahnhof in Essen, er wolle zum Wälken's Platz. Der Fahrer kannte sich in Essen aus, er fuhr den Manager zum Hauptgeschäft nach Rüttenscheidt. Einen Wälken's Platz gab und gibt es nicht. Gemeint war derweithin bekannte Wochenendstuten, welcher eben Wälken's Platz hieß.
Der Name lautete jetzt: „Acquisio, 4. AC". Dieser Bäckereiverkauf war damals in Branchenkreisen eine Sensation. Die Firmengruppe vergrößerte sich mit weiteren Zukäufen in ganz Deutschland, von Lübeck bis Köln.
1998 ging Wälken's Bäckereien zurück an die Geschäftsführer und vormaligen Inhaber der Bäckereien Schweinsberg in Bochum und Windeck in Ratingen. Sie führte nun den Namen „Backpartner Beteiligungsbesellschaft GmbH".
1998 brannte die Produktionsstätte durch einen technischen Fehler ab. Der Schaden wurde auf mehrere Millionen D-Mark geschätzt. Die Produktion wurde auf andere Mitgliedsbetriebe nach Bochum und Ratingen verteilt. Der Betrieb in Mülheim wurde nicht wieder aufgebaut. Der Schaden lag bei ca. 7 Millionen DM.
Im Jahr 2000 ging die Firmengruppe in die Kamps AG auf.

Winkhausen

Bäckerei Hesseln:

geb. 1815	Hesseln, Heinrich		Heißen 55
geb. 1817	Hesseln, Wilhelm Heinr.	verst. 1898	Winkhausen 19
geb. 1818	Hesseln, Hermann		Winkhausen 19
geb. 1832	Hesseln, Wilhelm		
geb. 1844	Hesseln, Johann, Sohn von Herm		
geb. 1863	Hesselen, Georg	verst. 1944	Winkh. 64
Söhne von Georg:			
geb. 1896	Hesseln, Wilhelm		
geb. 1897	Hesseln, Georg		Hardenbergstr. 136
geb. 1899	Hesseln, Heinrich		
geb. 1902	Hesseln, Friedrich		
geb. 1909	Hesseln, Rudolf		
geb. 1911	Hesseln, Karl	gef. 1941	
geb. 1915	Hesseln, Ernst Wilhelm		
	Hesseln, Georg jun.		Wiescher Weg 45
geb. 1844	Hesseln, Johann hat bei Wilhelm von Delft in Broich 10 die Bäckerlehre gemacht		

Unter der Adresse Heißen 55 erblickt 1815 Heinrich Hesseln das Licht der Welt.
1817 wird Wilhelm Heinrich unter der Adresse Winkhausen 19, der späteren Hardenbergstraße 136, geboren. Nachdem er seinen Bäckermeister gemacht hat, heiratet er 1860 die 1824 geborene Gertrud Haberkamp. Zwei Brüder, nämlich den 1818 geborenen Hermann und den Nachzügler, den 1832 geborenen Wilhelm, hatte Wilhelm Heinrich noch.
1861 erschien Wilhelm Heinrich in den Akten der Landbürgermeisterei Mülheim, weil er dort einen Bauantrag über einen Anbau an seinem Wohnhaus, Winkhausen 19, gestellt hatte. Wilhelm Hesseln war der Bauherr, die Bauausführung lag beim Zimmermeister W. Rossenbeck aus Raadt und dem Maurermeister Wilhelm Lechtleitner aus Alstaden.

1863 kam Stammhalter Georg Hesseln zur Welt. Auch er schlug den Weg des Bäckers ein und übernahm den Betrieb 1896 nach der Heirat mit der 1877 geborenen Christiane Eickmeier. Sie bekamen elf Kinder.
Hier eine Auflistung und passende Daten zu den Söhnen von Georg sen. und Christiane Hesseln: 1896, im Jahr der Hochzeit, kam Wilhelm auf die Welt. Er ist 1931 in Stuttgart verstorben.
1897 wurde Georg jun. geboren. Er machte von 1911 bis 1914 eine Lehre bei Robert Röntgen an der Löhstraße 54 a. Später machte er seinen Bäckermeister und übernahm den Betrieb vom Vater. 1899 folgte Heinrich, er heiratete 1923 die 1901 geborene Katharina Beekmann und wurde Polizeiwachtmeister.
1902 kam Friedrich auf die Welt. Er heiratete 1929 die 1906 geborene Pauline Waßmann. Er erlernte den Beruf des Schlossers. Gemeinsam bekamen sie fünf Kinder.
1909 wurde Rudolf geboren, er heiratete 1938 Anna Caroline Kalbfleisch.
Der 1911 geborene Karl heiratete 1938 Maria Wanda. Er machte von 1925 bis 1928 eine Bäckerlehrebei H. Portmann in Broich. Drei Jahre nach seiner Hochzeit fiel er 1941 im Krieg.
1915 wurde Ernst Wilhelm geboren. Er heiratete 1940 Irmgard Schellhofer, welche aber kurz nach der Hochzeit verstarb. Ernst Wilhelm heiratete 1946 ein zweites Mal. Unter der Führung von Georg Hesseln jun. überstand die Bäckerei Hesseln den Krieg.
Wegen des Verbandsstraßenbaus zur Autobahn 40 – und der damit verbundenen Verlegung der Hardenbergstraße – wurde allerdings der Betrieb an der Hardenbergstr. 136 geschlossen und ein Neustart am am Wiescher Weg 45 gemacht.
1958 setzte sich Georg Hesseln zur Ruhe und übergab den Betrieb an den Bäckermeister Klaus Sudhoff aus der Oberhausener Bäckerdynastie. Klaus machte seine Bäckerausbildung von 1947 bis 1949 bei Georg Hesseln.

Bäckerei Vöckel:

Vöckel, Philipp Nordstr. 48

An der Nordstraße 48 befand sich von 1920 bis 1930 die Bäckerei Philipp Vöck.

Bäckerei Voß Obermann, Kreuzfeld:

Central-Verband Deutscher Bäcker-Innungen „Germania“.

Lehrbrief.

Heinrich Voß.

geboren am 11. ten Januar 1898 zu Mülheim Ruhr Kreis Mülheim. hat das Bäcker- u. Konditorhandwerk 3. Jahre, und zwar vom 1. ten April 1912 bis zum 1. ten April 1915 bei dem Innungsmitglied Herrn H. Voß sen. zu Mülheim Ruhr erlernt. Seine Führung während der Lehrzeit war gut.

Auf Grund des nebenstehenden Prüfungs-Zeugnisses ist heut dieser Lehrbrief ausgefertigt und unter Nr. 230 in die Gesellenrolle der Innung eingetragen worden.

Mülheim Ruhr, den 15 ten Mai 1915.

Der Vorstand der Bäcker- u. Konditor-Innung Mülheim a/Ruhr

Obermeister.

Prüfungs-Zeugnis.

Heinrich Voß.

hat nach Beendigung seiner Lehrzeit vor dem unterzeichneten Prüfungs-Ausschuß gemäß §§ 129 u. 131 der Gewerbeordnung und nach den bestehenden Prüfungsvorschriften

die Gesellen-Prüfung

heute abgelegt und { praktisch sehr gut / theoretisch sehr gut } bestanden.

Mülheim Ruhr, den 15 ten Mai 1915.

Der Prüfungs-Ausschuß der Bäcker- u. Konditor-Innung zu Mülheim Ruhr

Vorsitzender.

Meister-Beisitzer. Gesellen-Beisitzer.

Vorstehendes Prüfungs-Zeugnis, welches von einem auf Grund des § 131 der Gewerbeordnung zur Abnahme der Gesellenprüfung bestellten Prüfungs-Ausschuß erteilt ist, verleiht dem Inhaber mit vollendetem 24. Lebensjahre gemäß § 129 a. G. O. die Befugnis zur Anleitung von Lehrlingen.

Der Inhaber hat das Verbandsbuch Nr. 66044 erhalten.

Bäcker- u. Conditor-Innung Mülheim a. d. Ruhr

geb. 1807 Voß, Heinrich sen Eppinghofen 43 ¼

geb. 1837 Voß, Hermann Eppinghofen 24a

geb. 1842 Voß, Wilhelm

geb. 1898 Voß, Heinrich jun. Kreuzfeldstr. 1

geb. 1919 Obermann, Willi

geb. 1921 Obermann, Gerhard Verwandtschaft,
geb. 1947 Obermann, Heinz Gustav, Bäckermeister
Obermann, Dirk
Obermann, Nick

Heinz Obermann, Inhaber eines der größten Mülheimer Autohäuser, welcher PKW und LKW verkauft, Auto- und Baumaschinen transportiert und einen LKW-Fahrzeugbau betreibt, ist gelernter Bäckermeister. Er hat 1962 bis 1965 bei seinem Vater Willi Obermann eine Bäckerlehre gemacht und 1970 an der ersten deutschen Bäckerfachschule in Olpe seine Meisterprüfung abgelegt. Sein Hobby, den Automobilsport, machte er Ende der siebziger Jahre zu seinem Beruf. Sein Vater, Willi Obermann, 1919 geboren, erlernte von 1945 bis 1947 das Bäckerhandwerk beim späteren Schwiegervater Heinrich Voß jun. am Kreuzfeld 1.Willi Obermanns Schwager, Heinz Voß, 1925 geboren, erlernte auch beim Vater von 1939 bis 1942 das Bäckerhandwerk. Er fiel im Krieg. Schwager Willi Obermann sprang ein und übernahm nach seiner verkürzten Ausbildungszeit und der folgenden Meisterprüfung 1950 den altbekannten Backbetrieb.

Wärend der Lehrzeit verliebte Willi sich in die Meistertochter und heiratete sie nach dem Krieg. 1947 kam Sohn Heinz und 1950 Willi jun. zur Welt.

1950 machte Willi Obermann in Düsseldorf seinen Meister. Mein Vater erzählte mir, dass Willi Obermann sen. in jungen Jahren ein guter Schwergewichtsboxer war.
Heinrich Voß, geboren 1898, machte seine Bäckerlehre von 1912 bis 1925 beim Vater Hermann. 1915 heiratete er Sophie Wilhelmine Eickmeier. Sie bekamen 1925 einen Sohn, Heinz Voß, und zwei Töchter.
Der 1807 geborene Heinrich Voß sen. war der Gründer der Traditionsbäckerei in Winkhausen, verheiratet mit Maria Liebendahl, war er zuerst Tagelöhner, dann Bauer und Bäcker im Eppinghofer Bruch unter der Adresse: Eppinghofen 43 1/4.
Sohn Wilhelm kam 1842 zur Welt.

Ein 1837 geborener Hermann Voß, verheiratet mit der 1841 geborenen Christine Brinkmann, wohnte 1861 in Eppinghofen 24a.
1900 wurde Wilhelm wegen der Erweiterung der Eisenbahn mit dem Grundstück am Kreuzfeld 1 plus 3000,- Reichsmark entschädigt und errichtete dort seine Bäckerei. Gebacken wurde in einem zur damaligen Zeit modernen Königswinterofen.
Heinrich Voß jun. war ein impulsiver Mann, 1929 steht im Protokoll der Innungs - Hauptversammlung, dass Heinrich Voß wegen ungebührlichem Auftritt das Wort entzogen wurde. Ein erstmaliger und einmaliger Vorgang seit Bestehen der Bäckerinnung von 1885. Vorher, in seiner Gesellenzeit, war Heinrich Voß auch im Gesellenverein aktiv.
Heute ist Urenkel, Dirk Obermann im Autohaus neben seinem Vater Heinz in der Geschäftsführung tätig. Auch die nächste Generation steht mit Nick Obermann schon bereit. Gerhard Obermann, 1921 geboren, machte seine Bäckerlehre von 1936 bis 1939 beim Bäckermeister Ferdinand Ehring in Styrum. Er war ein Bruder von Willi Obermann und wurde später Kaltbäcker, also Backwarenhändler.

Bäckerei Bruckhoff - Broichhausen:

	Kirchberg, H.		
	Kirchberg, Wilhelm	Bäckerei	Aktienstr. 220
geb.1836	Denkhaus, Johann	verst.1917	Aktienstr. 229
geb.1882	Denkhaus, Heinrich		
	Hofmann, Emil		Aktienstr. 280
geb.1917	Bruckhoff, Hermann	verst. 1987	Aktienstr. 229
	Horbach, Arnold		Aktienstr. 280
geb.1917	Bruckhoff, Hermann	verst. 1987	Aktienstr. 282
geb.1950	Bruckhoff, Manfred		
	Mathes, Herbert		
geb.1954	Broichhausen, Peter		Aktienstr. 282

Hermann Bruckhoff, 1917 geboren, bestand nach der Gesellen- und Soldatenzeit 1946 vor der Handwerkskammer in Flensburg seine Meisterprüfung.
1952 übernahm er von seinem Vorgänger, Heinrich Denkhaus, die Bäckerei an der Aktienstraße 229, später zog er zur Aktienstr. 282.
Seit 1960 war er aktiv im Aufsichtsrat und später im Vorstand der Bäcker- und Konditoren Einkaufsgenossenschaft ehrenamtlich tätig. Ab 1969 bis 1977 war Hermann Bruckhoff Obermeister der Bäckerinnung Mülheim an der Ruhr. Von 1974 bis zu seinem Tod 1987 war er Kreishandwerksmeister. 1985 wurde er zum Ehrenobermeister ernannt.
1983 wurde Hermann Bruckhoff bei einem großen Empfang in der Stadthalle, stellvertretend für den Bundespräsidenten von der Oberbürgermeisterin das Bundesverdienstkreuz verliehen. Vor Hermann Bruckhoff war die Familie Denkhaus an der Aktienstraße 229 mit einer Bäckerei präsent.
Johann Denkhaus, 1836 geboren, war seit 1866 mit Katharina Spieker verheiratet.
Ein zweites Mal heiratete er 1877 die 1860 geborene Gertrud von der Heidt. Er war der erste Bäcker unter dieser Adresse.
Später übernahm der 1882 geborene Sohn Heinrich Denkhaus die Bäckerei, ehe 1952 Hermann Bruckhoff, welcher schon eine Zeitlang bei Heinrich Denkhaus gear-

beitet hatte, den Betrieb übernahm. Von 1931 bis 1934 absolvierte Hermann Bruckhoff seine Bäckerlehre bei Wilhelm Finkenburg in Heißen.
1947, fünf Jahre vor der Betriebsübernahme, heiratete Hermann Bruckhoff die 1924 geborene Bäckermeistertochter Erna Claußen. 1950 erblickte Sohn Manfred das Licht der Welt.
1962 baute Hermann Bruckhoff an der Aktienstraße 282 ein neues Geschäftshaus mit großem Ladenlokal und neuer Backstube. Vorgelagert war das Haus Aktienstr. 280 der Bäckerei Emil Hoffmann.
1957 war deren Inhaber Arnold Horbach. Altersbedingt wurde diese Bäckerei nach dem Neubau auf dem hinteren Grundstück geschlossen und nach „Heißen - Backwaren" kam eine „Heiß-Mangel" in die Aktienstr. 280.
In die Bäckerei Aktienstraße 229 zog 1962 Bäckermeister Klaus Dieter Schunk von der Saarner Str. 144. Manfred Bruckhoff machte 1966 bis 1968 beim Vater eine Bäckerlehre. Er konnte aus gesundheitlichen Gründen nicht in die Fußstapfen des Vaters steigen. 1977 gab Hermann Bruckhoff den Betrieb an den 1936 geborenen Herbert Mathes weiter.

Seit 1990 ist Peter Broichhausen neuer Inhaber der Bäckerei. Er hat den Betrieb durch einige Filialen vergrößert und hat sich einen Namen als Hersteller von Hochzeitstorten erworben. Seine Berufsausbildung hat er von 1968 bis 1971 beim Konditormeister Willy Dost in Speldorf genossen.
Hermann Bruckhoff schloss sich nach seiner Geschäftsverpachtung mit Hans Ulrich Kahrger zu einem Betrieb unter der Adresse Winkhauser Weg 85 zusammen.
Hermann Bruckhoff konnte nach Bedarf die Betriebsstätte Mellinghofer Str. 222 von Hans Ulrich Kahrger mitbenutzen. Wegen einer Erkrankung wollte er den Posten des Kreishandwerksmeisters ablegen. Doch es fand sich kein Nachfolger und so machte Hermann Bruckhoff weiter.
1987 verstarb Hermann Bruckhoff mit 70 Jahren nach langer Krankheit.

Bäckerei Lücker, Aktienstr. 257:

	Lücker, Friedrich
	Lücker, Heinrich
geb. 1935	Lücker, Manfred

An der Aktienstraße findet sich 1833 ein Winkelier namens Friedrich Lücker.
1894 schließt Heinrich Lücker von der Aktienstraße 257 eine Feuerversicherung über 6780,- Reichsmark ab. Der Hausbesitzer ist der Vater Friedrich Lücker.
Heinrich betreibt dort eine Bäckerei und einen Spezereienhandel.
Sohn Manfred, 1925 geboren, macht beim Konditormeister Heierberg in Broich eine Konditorlehre.

Bäckerei Konditorei Sprenger:

	Sprenger, Josef, sen.
geb. 1890	Sprenger, Josef Hermann
geb. 1895	Sprenger, Eduard Paul
	Sprenger, Franz
geb. 1899	Sprenger, Friedrich
	Sprenger, Josef jun.

Um die Jahrhundertwende befand sich in Heißen an der Humboldstr. 32 die Bäckerei, Konditorei und spätere Keksfabrik Franz Sprenger.
1890 wird Josef Sprenger geboren. Nach seiner Ausbildung heiratet er 1919 Bernadine Armbrust aus Fulerum. Sein 1895 geborener Bruder Eduard Paul ehelicht 1922 die 22jährige Johanna Emilie Becker aus Broich. Wie sein 1899 geborener Bruder Friedrich macht er beim Vater seine Berufsausbildung. Friedrich machte die Ausbildung von 1914 bis 1917, also mitten im ersten Weltkrieg. Er bestand die Prüfung mit „sehr gut".
1973 war die Bäckerei Franz Sprenger noch Eigentümer des Hauses und Fritz Sprenger war dort noch im Adressbuch zu finden. Fritz war nun Rentner und gebacken wurde dort nicht mehr. Im Hause wohnte auch der Bäckereinkauf Vertreter Erich Selzer.

Dümpten

Bäckerei am Wenderfeld 30:

geb. 1865 Ruhrmann, Fritz verst.1936
Multhaupt, August
geb. 1932 Multhaupt, Friedhelm

Unter der Adresse Dümpten III 165 eröffnet 1901 der 1865 geborene Fritz Ruhrmann eine Bäckerei. Ab 1920 hieß die Adresse Wenderfeld 30.
Fritz Ruhrmann heiratet 1897 die 1873 geborene Emilie Schlinkert. Kinder bekamen sie lt. Standesamtakte keine. 1936 verstarb Fritz.
Das Bild oben zeigt, dass die Bäckerei nicht gerade klein war, denn ein Pferdegespann kostete damals sehr viel Geld. Ein Pferd hatte 1894 einen Wert von ca. 1200 Mark, Geschirr und Wagen ca. 600 Mark. Im Vergleich hatte eine goldene Taschenuhr einen Wert von ca. 150 Mark.
Nach dem zweiten Weltkrieg und der Prüfung der politischen Führung übernahm August Multhaupt den Betrieb von Fritz Ruhrmann. In den dreißiger Jahren hat Bernd Sudhoff dort gearbeitet, bevor er sich mit einer Bäckerei selbständig machte.

Vertriebswagen mit Frontantrieb Bäckerei Ruhrmann

1932 wurde Friedhelm Multhaupt geboren. Friedhelm machte von 1946 bis 1949 bei Fritz Elstermeier in Heißen eine Ausbildung zum Bäcker. Zum Ende des letzten Jahrzehnts im vergangenen Jahrtausend wurde der Backbetrieb Multhaupt am jetzigen Wenderfeld 30 eingestellt und an gleicher Stelle stehen jetzt Einfamilienhäuser.

Bäckerei Konditorei Kahrger:

geb. 1874 Heitkamp, Hein. August sen. verst. 1930
geb. 1906 Heitkamp, August jun.
geb. 1905 Heitkamp, Willi
geb. 1935 Heitkamp, Karl Heinz

geb. 1936 Heitkamp, Margret
geb. 1905 Kahrger, Albrecht
geb. 1942 Kahrger, Hans Ulrich

1874 erblickt Heinrich August Heitkamp das Licht der Welt. August heiratet 1901 Maria Sophie Kohlstädt aus Styrum, und der Bäckermeister bekommt mit seiner Frau drei Kinder. Willi, 1905 geboren, macht beim Vater von 1919 bis 1922 seine Bäckerlehre und August jun., 1906 geboren, wird von 1921 bis 1924 beim Vater ausgebildet. Nach der Meisterprüfung wollten sich beide den Traum von einer eigenen Bäckerei verwirklichen. Willi Heitkamp übernahm den Betrieb von Aug. Stolte an der Talstr. 25 und August jun. kaufte die Bäckerei Klugewitz in Styrum am Rosenkamp 23.

In Oberdümpten an der Talstraße 25 blieb Wilhelm Heitkamp bis zum Krieg. Nach dem Krieg übernahm er die Bäckerei an der Mellinghofer Str. 224. Bruder Karl behielt die Bäckerei an der Talstraße. Die Bäckerei an der Mellinghofer Str. 224 übernahm 1970 der Bäckermeister Hans Ulrich Kahrger.
Schon Hans Ulrichs Vater war in Duisburg als Bäckermeister selbständig. Er wird seit 1945 in Russland vermißt. Ab 1977 war Hermann Bruckhoff, Obermeister und Kreishandwerksmeister von der Aktienstraße, für kurze Zeit Mitteilhaber an der Bäckerei Kahrger.
Hans Ulrich Kahrger wurde später stellvertretender Obermeister der Bäckerinnung. Wolfgang Henkel von der Saarner Str. hat nach Beendigung seiner Selbständigkeit bei Kahrger gearbeitet. Der Sohn von Hans Ulrich Kahrger erlernte beim Vater den Beruf des Bäckers und Konditors und will den Betrieb weiterführen. Bekanntheit erlangte der Sohn als Radrennfahrer.

Konditorei Café Hilleke:

geb. 1928 Hilleke, Ludwig verst. 1999
geb. 1965 Hilleke, Olaf
60 Jahre Bäckerei Konditorei Hilleke

Ludwig Hilleke, 1928 geboren, machte von 1943 bis 1949 in Heißen bei Walter Graf die Bäckerlehre und schloss diese mit "sehr gut" ab. 1956 machte Ludwig Hilleke sich am Schildberg 62 als Bäckermeister selbständig.
1965 kam Sohn Olaf zur Welt. Olaf machte eine Ausbildung von 1980 bis 1983 im StadtCafé Sander zum Konditor. 1990 absolvierte er die Meisterprüfung im Konditorenhandwerk 1995 übernahm Olaf Hilleke den Betrieb vom Vater und führt die Konditorei mit einem Café in der zweiten Generation weiter. Er zählt zu den letzten in Mülheim backenden Betrieben.

2016 wurde das sechzigste Geschäftjubiläum am Schildberg groß gefeiert. Die Seniorchefin ist zeitweise noch im Geschäft aktiv und schlägt eine Brücke zwischen Vergangenheit und Zukunft.

Konditorei Grobe - Richter:

geb. 1872	Grobe, Otto	verst. 1943
	Richter, Otto	
geb. 1904	Bourguignon, Theodor	

Der 1872 geborene Otto Grobe gründete um die Jahrhundertwende am Schildberg 21 eine Konditorei. 1899 heiratete er Herta Margarete Bruck. Ein Nachfolger stellte sich nicht ein und so übergab Otto Grobe mit 64 Jahren seinen Betrieb 1936 an Otto Richter. Otto Richter führte den Betieb über den Krieg. 1957 stieg Theo Bourguignon für eine kurze Zeit in den Betrieb ein. Nach 1960 erscheint am Schildberg 21 keine Bäckerei oder Konditorei mehr.

Bäckerei & Edekamarkt Zerback:

	Wetzel, Johann sen.
geb. 1896	Wetzel, Johann jun.
geb. 1900	Stechbart, Paul

geb. 1928	Stechbart, Erika
	Stechbart, Paul
geb. 1904	Stechbart, Helmut
	Zerback, Otto

In den Adressbüchern von 1910 und 1913 steht Johann Wetzel sen. als Bäckereiinhaber, erst am Zentweg 50, dann 1913 am Zentweg 230. Verheiratet war er mit Berta Oberheiden. 1896 wird Sohn Johann jun. geboren. Er machte beim Vater, der auch früh Mitglied der Bäckerinnung war, seine Bäckerlehre von 1910 bis 1913. Der Junior heiratete 1920 Anna Fabri. Seine Schwester Alma Wetzel, geboren 1903, heiratete 1926 den späteren Bäckermeister Paul Stechbart. 1928 kam Tochter Erika auf die Welt und machte beim Vater Paul Stechbart, welcher mit seiner Frau Alma 1927 das Geschäft von Johann Wentzel jun. übernommen hatte, von 1942 bis 1944 eine Ausbildung zur Bäckereifachverkäuferin.
Der Bäckerei war auch das EDEKA Lebensmittelgeschäft angegliedert, welches nach und nach die Grundlage des Betriebes bildete.
Anfang der sechziger Jahre übernahm Otto Zerback das EDEKA Geschäft und verlegte es ein paar Grundstücke weiter, in einen Neubau Richtung Mühlenstraße. An der alten Wohnstätte steht heute ein großes Wohnhaus.

Bäckerei Lüning:

geb. 1859	Lüning, Hermann sen.		
geb. 1895	Lüning, Heinrich	verst. 1945	
geb. 1859	Lüning, Hermann sen.		EisCafé
geb. 1901	Lüning, Hermann jun.		
	Eiscafé		

Unter der Adresse Dümpten II 29 machte sich 1890 Hermann Lüning, 1859 geboren, mit einer Konditorei selbständig. 1891 heiratete er die 1863 geborene Frederike Mester und 1895 stellte sich Sohn Heinrich ein. Heinrich Lüning heiratete 1920 die 1894 geborene Gertrud Wahl.
Die Lünings waren noch Mitglieder der Zwangsinnung Styrum/Dümpten, ehe diese sich

mit der Mülheimer Bäcker und Konditoreninnung zusammen schloß. 1901 wurde Bruder Hermann jun. geboren.
Ab 1900 lautete die Anschrift nun Mellinghofer Str. 252. Bis zum zweiten Weltkrieg florierte die Konditorei. Die Lünings blieben Eigentümer der Immobilie, in welcher sich seit geraumer Zeit ein Eiscafé befindet.

Bäckerei Ufer:

geb. 1864	Ufer, Johann sen.
	Ufer, Wilhelm
geb. 1864	Ufer, Johann sen.
geb. 1891	Ufer, Johann Ernst jun.

1888 heiratete der 1864 geborene Bäckermeister Johann Ufer die 1865 geborene Emilie Katharina Pierburg und sie bekamen zusammen zehn Kinder.
1992 machten sich die Eheleute am Zentweg 35 mit einer Bäckerei selbständig. Johann Ufer suchte per Anzeige in der Zeitung einen Bäckerlehrling. Ein weiterer Nachweis des Betriebes war 1894 der Vertragsabschluss mit der Feuerversicherung Provinzial. 1891 kam der Stammhalter Johann Ernst Ufer zur Welt und stieg später in das elterliche Geschäft ein.

Konditorei Borgmann:

geb. 1832	Borgmann, Arnold	verst. 1889
geb. 1856	Borgmann, Hermann	Essers Mellingh. Volksz.
geb. 1859	Borgmann, Wilhelm	
geb. 1895	Borgmann, Phil. Wilhelm	
geb. 1927	Borgmann, Heinz	

Der gelernte Konditor Heinz Borgmann, 1927 geboren, und aus der alten Bäckerfamilie Philip Wilhelm Borgmann, 1895 geboren, und seit 1921 mit Josefine Breil verheiratet, von der Heide 63 stammend, übernahm von Ernst Ufer den Betrieb am Zentweg 35. Großvater Arnold Borgmann, 1832 geboren, und mit Margaretha Oppenberg verheiratet, war am Zentweg 18 als Wirt und Bäcker selbständig. Sohn Hermann, 1856 geboren, war jetzt am Zentweg 80 Bäcker. 1888 heiratete er Maria Franziska Springmann.

1895 kam Sohn Philip Wilhelm zur Welt. Heinz Borgmann, 1927 geboren, hatte von 1948 bis 1951 seine Konditorlehre bei Ernst Donat gemacht.
Heinz heiratete 1957 Ingeborg Mescher, dann verloren sich die Spuren in den Adressbüchern. Zuletzt war die Adresse, Zentweg 250.

Bäckerei Land, Wenderfeld 59:

geb. 1874	Land, Karl	verst. 1942
geb. 1894	Land, Paul	Vetter
geb. 1911	Land, Paul	
geb. 1952	Land, Helmut	

1901 wird unter der Adresse Dümpten III 170 Karl Land benannt. 1874 wurde er in Dümpten geboren, heiratet 1895 die 1876 ebenfalls in Dümpten geborene Maria Dohms und machte sich nach seiner Bäckerausbildung um die Jahrhundertwende am Wenderfeld 59 selbstständig. Karl und Maria bekamen die stolze Zahl von 16 Kindern.
1894 wird Paul Land geboren. Er zählt aber zu den 14 Kindern von Karls Bruder Wilhelm, 1862 geboren. Dieser Neffe möchte mit vierzehn Jahren Konditor zu werden und erlernt den Beruf von 1908 bis 1911 beim Bäckermeister Friedrich von der Bey in Broich. 1911 kommt Paul Land zur Welt. Paul, Sohn von Karl Land, möchte auch Bäcker werden und absolviert von 1925 bis 1928 eine Bäckerlehre bei Wilhelm Strengbier.
1942 verstirbt Karl Land. Nach dem Krieg führt Paul Land den Betrieb vom Vater weiter. 1954 wird der Stammhalter Helmut Land geboren.
Auch Helmut Land möchte den Beruf des Bäckers erlernen und absolviert beim Bäckermeister Otto Zerback am Zentweg von 1969 bis 1971 seine Lehre.
Ein paar Jahre besteht der Betrieb am Wenderfeld 59 noch.
1977 wird der Ofen ein letztes Mal angeheizt und dann ist Schluss.
Helmut Land wechselt zum Nachbarn Bernhard Sudhoff. Dort bekommt er den Spitznamen "Stuten". Zur gleichen Zeit arbeitete er dort mit Heinz Obermann zusammen. Heute, 2017, arbeitet Helmut Land gelegentlich noch bei Hans Ulrich Kahrger. Aus der Bäckerei Wenderfeld 59 ist ein Wohnhaus entstanden.

Bäckerei Schlimm - Kühnen:

geb. 1921 Schlimm, Karl
Schlimm, Friedrich
geb. 1923 Kühnen, Wilhelm
Kühnen, Hans Willi

1960 gründete an den Denkhauser Höfen 107 der 1921 geboren Bäckermeister Karl Schlimm im neu erbauten Geschäftshaus eine Bäckerei und Konditorei. Er machte seine Berufsausbildung bei W. Otto in Speldorf von 1936 bis 1939 mit Erfolg.
1970 folgte ihm sein Sohn Friedrich Schlimm als Bäcker und Konditormeister. Die Bäckerei firmierte unter dem Namen F & A Schlimm.
A steht für Anna Schlimm.
Ende der siebziger Jahre veräußerte die Familie Schlimm den Betrieb. Bei den verworrenen Verhandlungen 1990 behielt Wilhelm Kühnen die Übersicht und den Betrieb. Die Produktion der Bäckerei Kühnen befindet sich heute in Oberhausen an der Bebelstraße. Vor dem zweiten Weltkrieg gab es in Styrum eine Konditorei Wilhelm Kühnen. Wilhelm wurde 1923 geboren und machte seine Ausbildung bei Fritz Rosorius am Hingberg von 1938 bis 1941.
Am 31.12.2016 wurde das Geschäft an den Denkhauser Höfen geschlossen.

1861
Im Feb. 1861 ereignete sich lt. Rhein Ruhr Zeitung in Dümpten bei einem Winkelier und Bäcker Merkwürdiges. In geistiger Verwirrtheit warfen sie ihre Kinder aus dem Fenster, zum Glück ohne sie zu schädigen.
Dann zerschlugen sie die Brandweinfässer und ließen den Brandwein auslaufen. Der Mann fand wieder ins normale Leben zurück, doch die Frau ist immer noch so verwirrt, daß man ihnen die Kinder wegnehmen mußte.

Bäckerei Mehring:

geb. 1873	Mehring, Wilhelm	verst. 1920
	Mehring, Otto	
geb. 1909	Mehring, Kurt	
	Kämper, Hermann	

1873 wird an den Denkhauser Höfen 162 Wilhelm Mehring geboren.
Die Anschrift lautete zu dieser Zeit Dümpten III 106c. Zusammen mit seinem Bruder Otto gründete er dort eine Bäckerei. Wilhelm heiratete Auguste Schwagereit. Tochter Paula wurde 1905 geboren. Paula heiratete den Bäckermeistersohn Wilhelm Bourguignon. Kurt Mehring wurde 1909 geboren und nach ihm kam noch die Brüder Otto jun. und Wilhelm. Kurt machte von 1923 bis 1926 beim Vater seine Bäckerlehre.
Doch 1930 übernahm Hermann Kemper den Betrieb. Nach dem Krieg war er nicht mehr vorhanden, und aus der Bäckerei wurde ein stattliches Wohnhaus.

Suchet Jesum und sein Licht:
Alles andere hilft dir nicht.

Heute morgen 3 Uhr verschied plötzlich und unerwartet, nach $10^1/_2$ jährigem, mit Geduld ertragenem Leiden mein innigstgeliebter Mann, unser treusorgender Vater, Schwiegersohn, Bruder, Schwager, Onkel und Vetter, der

Bäckermeister

Herr Wilhelm Mehring

im Alter von 47 Jahren 2 Monaten.

Um stille Teilnahme bitten die trauernden Hinterbliebenen:

Frau Wilhelm Mehring
Auguste geb. Schwagereit
Otto Mehring
Frieda Mehring
Paula Mehring
Wilhelm Mehring
Kurt Mehring. 1778

Mülheim-Dümpten, den 22. Mai 1920.

Die Beerdigung findet am Mittwoch, dem 26. Mai 1920, nachm. $4^1/_2$ Uhr, vom Trauerhause (Denkhauserhöfe 162) aus statt. Trauerfeier $^1/_4$ Stunde vorher.

Die Raue (Kaffee ohne Brot) ist beim Wirt Otto Gaster.

Kranzspenden im Sinne des Verstorbenen dankend verbeten.

Allen, denen aus Versehen eine besondere Benachrichtigung nicht zugegangen ist, diene obiges als solche.

Kleinkrieg in Dümpten.
Zeitungsartikel in der Mülheimer Zeitung von 1927.
Falsch geführter Konkurrenzkampf? Von beteiligter Seite wird uns geschrieben:
Am 5. d. M. bediente der Bäckermeister Hermann Oesterwind in Dümpten seine Kundschaft. In der Nähe des Friedhofs haltend, schoß der Bäckermeister Otto Mehring mit einer Büchse eine Kugel in den neuen Wagen des Oesterwind, angeblich aus Geschäftsneid. Es herschte reger Verkehr, so daß leicht jemand hätte getroffen werden können.

Bäckerei Sudhoff:

	Humrich, Albert sen.
geb. 1900	Humrich, Albert jun.
	Sudhoff, Bernhard
geb. 1931	Sudhoff, Klaus
	Haidjer, Franz

Um 1900 lautete die Adresse Schmalbeckstraße 13 noch Dümpten III 89. und Albert Humrich sen. war hier mit einer Bäckerei zu Hause. 1900 wurde in dieser beschaulichen Umgebung Albert jun geboren. Albert jun wollte Bäcker werden und machte beim Vater von 1924 bis 1927 seine Lehre. Ab 1940 ist Bernhard Sudhoff, verwandt mit der Oberhausener Bäckerdynastie, dort als Bäckermeister selbständig.
Der 1931 geborene Klaus Sudhoff wird auch Bäcker, er macht von 1946 bis 1949 seine Ausbildung bei Wilhelm Sensing in Styrum.
Klaus Sudhoff übernimmt nach dem Tod von Berthold Gehrmann den alten Sensing-Gehrmannbetrieb. Aber er übernimmt nicht den Betrieb an der Schmalbeckstraße, sondern Franz Haidjer, vormals Backmittelvertreter, übernimmt den Betrieb, baut eine Brötchenstaße und überschwemmt für einige Zeit den Markt mit preiswerten Brötchen. 1971 arbeitet Heinz Obermann für ein halbes Jahr dort. Heute ist die alte Bäckerei ein beschauliches Wohnhaus.

Konditorei Toenbreker:

Frowein, Artur
Mumme, Klaus
Toenbreker, Heinz
Toenbreker, Heinz
Araltankstelle

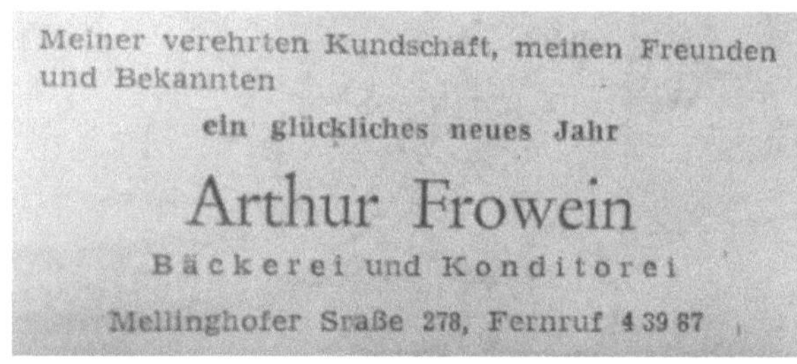
Meiner verehrten Kundschaft, meinen Freunden und Bekannten

ein glückliches neues Jahr

Arthur Frowein

Bäckerei und Konditorei

Mellinghofer Straße 278, Fernruf 4 39 87

1920 wird an der Mellinghover Str. 278 eine Konditorei unter der Leitung von Artur Frowein genannt. Zur gleichen Zeit war Klaus Mumme dort als Geselle beschäftigt. Noch vor dem Krieg übernimmt Heinz Toenbreke die Konditorei und führt diese bis Anfang der sechziger Jahre. Dann wurde auf dem Platz, wo einst die Backstube glänzte, eine Araltankstelle errichtet. Bis nach dem Krieg war Artur Frowein noch als Hausbesitzer im Adressbuch eingetragen.

Weitere Bäcker in Dümpten:

1872	Küpper, Heinrich	Dümpten 32
	Linden, Johann	Dümpten 37 / 11
	Volkenborn, Wilhelm	Dümpten 127 1/2

1872	Borgsmüller, Hermann	Dümpten 94/1	Bäcker und Wirt
1902	Borgsmüller, Friedrich	Dümpten 94/1	Kassenführer der Zwangsinnung Styrum

Bäckerei in Oberdümpten, Talstr.:

	Brusius, Arnold	verst. 1832	Backhaus
	Brusius, Wilhelm		Bäckerei Brusius
geb. 1886	Brusius, Werner		
	Stolte, August		
geb. 1879	Stolte, Wilhelm Fried.		
geb. 1905	Heitkamp, Willi		
geb. 1897	Heitkamp, Karl		

geb. 1906 Heitkamp, August jun.

geb. 1927 Kassemeck, Ernst
geb. Pabst, Arno

In seinem Buch über Brauereien in Mülheim, berichtet B. Brinkmann 1832 auch über eine Brauerei und Bäckerei Brusius in Dümpten. Wilhelm und Arnold, Vater und Sohn, werden als Brauer und Bäcker genannt. 1790 unter Dümpten 1162, 1832 unter Dümpten 12 und Dümpten II 101, was später die Adresse Oberheitstr. 121 war. Der 1886 geborene Werner Brusius schließt 1904 beim Konditormeister Camphausen in Broich seine Ausbildung ab.
1930 wird an der Talstraße 25 der Bäckermeister August Stolte geführt. 1938 setzt der 1879 geborene Wilhelm Friedrich Stolte durch seine Bäckerlehre von 1904 bis 1907 beim Bäcker im Brahm in Styrum die Geschäftstradition an der Talstraße fort.
Die Brüder Karl, Willi und August Heitkamp übernehmen das Geschäft und teilen sich die Bäckerei neben dem Dümptener Friedhof.
Willi, 1905 geboren, übernimmt 1957 den väterlichen Betrieb an der Mellinghofer Str. 224. August, 1906 geboren, zieht es 1945 nach Styrum zum Rosenkamp. Karl, 1897 geboren, bleibt bis 1948 an der Talstraße.
Seine Qualifikation hat er von 1911 bis 1914 bei Karl Bröker in der Mülheimer Altstadt durch seine absolvierte Lehre bezeugt. 1919 heiratet Karl die 1897 geborene Katharina Freise.
Sein Nachfolger an der Talstraße wurde der 1927 geborene Erich Kassemeck, der durch die Kriegswirren etwas verspätet seine Bäckerausbildung bei Albert Arens von 1945 bis 1947 durchführte. Günter Gabriel war Geselle bei Erich Kassemeck.
Er wurde später Backmittelvertreter und Berater von Bäckern.
Hauseigentümer war zu jener Zeit immer noch August Stolte. 1964 folgte ihm der Bäckermeister Arno Pabst. Heute befindet sich in Oberdümpten an der Talstraße 25 das Friseurgeschäft „Haarform“.

1901 Kirchberg, Hermann Gathestr. 92 Mitglied der Zwangsinnung Amt Styrum, Dümpten

Styrum

1872 Brinks, Johann Hingberg 22

1872 Am heutigen Kaiserplatz gab es die Altenhofmühle mit einem großen Teich, 1385 erstmals erwähnt. 1769 war eine Witwe Mathias Brinks Besitzerin, 1703 stellte der Sohn Hermann Brinks eine Liste der Kunden zusammen. Es war immer eine Fruchtmühle. (siehe „Das Rumbachtal" von Justus Böving)

1960	Kond. Brinks, Erich	Oberhausener Str. 179
1970	Müller, Helmut	Oberhausener Str. 179
2016	türkische Bäckerei, Café	Oberhausener Str. 179

Bäckerei Würden, Schlägelstraße:

geb.1882	Würden, Peter	verst. 1939
geb. 1908	Würden, Wilhelm August	
geb. 1912	Würden, Karl Peter	
	Würden, Hulda	

1908 machte sich der 1882 geborene Peter Würden an der Schlägelstraße 10 mit einer Bäckerei selbständig. Im gleichen Jahr heiratete er die 1887 geborene Katharina Becker und es kam der erste Sohn, Wilhelm August, zur Welt.
Wilhelm machte beim Vater von 1922 bis 1925 eine Bäckerlehre und schloss diese mit "sehr gut" ab.
1912 wurde Karl Peter Würden geboren. Auch er erlernte das Bäckerhandwerk und führte den Betrieb bis in die sechziger Jahre weiter. Ab 1919 war Peter Würden eingetragenes Mitglied der Bäckerinnung Mülheim und bildete zu dieser Zeit unter anderen, Karl Strunk aus. In der Backstube herrschte ein sehr rauher Ton, da flogen schon mal die Fetzen, lt. Aussage von Zeitzeugen des Geschichts- Gesprächkreises Styrum. A. Kahrger war eine Weile Geselle bei Würden.
Nach Karl Peter Würdens Tod führte seine Frau Hulda den Betrieb als Lebensmittelgeschäft weiter. In den achtziger Jahren wurde aus der Backstube eine Autoelekt-

rowerkstatt, welche zehn Jahre lang von Peter Budahn und Thomas Schilling betrieben wurde. Statt Brötchen gab es Zündkerzen.
Der Lebensmittelladen wurde geschlossen.

1924 Café Becker, Heckfeld, Roonstr.

Kaffeehaus, Konditorei Bischoff:

geb. 1830? Bischoff, Gerhard

Bischhoff, Wilhelm

Gahmann, Theodor

Schon 1880 gab es unter der Adresse Styrum I 64, später Hauskampstr. 5, eine Bäckerei und einen Winkelier namens Gerhard Bischoff. Verheiratet war er mit Christine Wolterhoff.
1918 wurde aus der Bäckerei unter Wilhelm Bischoff ein Kaffeehaus.
Die Attraktion des Cafés war ein elektrisches Klavier, welches besonders die Styrumer Jugend anzog. In den dreißiger Jahren übernahm Theodor Gahmann das Kaffeehaus und brachte es über den Krieg. Er wurde von der Bäckerei Kolling mit Brot beliefert. 1950 bis 1954 wurde das Geschäft vom Nachbarn, Walter von der Lahr, zu einer Metzgerei umgebaut und die Kaffeehauszeit war beendet. Walter von der Laar zog mit seinen Schweinehälften von der Hauskampstaße 3 nach 5.

Weitere Bäckereien in Styrum:

	Nierhaus, Heinrich	Dümpten III 142/2	
		Geschäftsaufgabe, Anzeige Verkauf von Geräten	
1891	Nierhaus, Johann	Styrum 83	Mitglied der Zwangsinnung Styrum
1901	Nierhaus, Wilhelm	Styrum 83	Ausb. bei Hein. Zaun, 1902 - 1905

1901 geb. 1895 Nierhaus, Heinrich Duisburg

Ausb. 1911 - 1912 bei Herm. Klostermann

1861 geb. 1833 van de Kamp, Reinhard Styrum 109/2 Bäckerei in Styrum
Oberhausen
1862 geb. 1833 van de Kamp, Reinhard Ehef. geb. Röhring 1834

Bäckerei Konditorei Sensing – Gehrmann:

Fasshauer, Karl
Sensing, Wilhelm sen.
geb. 1922 Sensing, Wilhelm jun.
Sensing, Heinz
geb. 1949 Gehrmann, Berthold
Sudhoff, B.

An der Hauskampstraße 7 wird 1910 Karl Fasshauer als selbständiger Bäcker im Adressbuch genannt. 1921 übernahm Wilhelm Sensing sen. den Betrieb. Ein Sohn von Karl Fasshauer, Kurt, 1904 geboren, machte von 1918 bis 1921 beim Bäckermeister Wilhelm Zähres eine Ausbildung zum Bäcker.
Karl trat im gleichen Jahr der Bäckerinnung Mülheim bei und war bekannt als Ausbildungsbetrieb. Ende der zwanziger Jahre fand sich Wilhelm Sensing in den Innungsunterlagen, welche ihn als gewählten Innungskontolleur, der mit drei Kollegen die gesetzlich vorgeschriebenen Ladenöffnungszeiten (7.00 Uhr) und das Nachtbackverbot (Arbeitsbeginn nicht vor 4.00 Uhr), also die Einhaltung der Innungsvorschriften seiner Kollegen überwachen mussten, auswiesen.

1922 wurde Wilhelm Sening jun. geboren. Er machte beim Vater von 1938 bis 1941 seine Bäckerlehre und bestand die Gesellenprüfung mit "sehr gut".

Wilhelm jun. war während meiner Lehrzeit Lehrlingswart, und ich hatte meine Zwischenprüfung bei ihm. Wilhelm Sensing war auch Mitbegründer des Bäckergesangvereins. 1982 übernahm Berthold Gehrmann, 1949 geboren, den Betrieb.
Er setzte die musikalische Seite der Bäckerei an der Hauskampstraße 7 fort, denn er wurde neben seiner Bäcker- und Konditorentätigkeit ein weitläufig bekannter Alleinunterhalter.
Bertholds Vater hatte an der Meißelstraße eine Bäckerei und Konditorei und Berthold wählte den gleichen Weg. Er machte seine Konditorlehre von 1963 bis 1966 bei Ernst Pieper. Nach erfolgreicher Meisterprüfung machte er aus der Bäckerei Sensing die "Tiroler Backstube".
Berthold Gehrmann verstarb 2008. Sein letzter Wunsch war es, in einem weißen Sarg beerdigt zu werden. Dieser Wunsch wurde ihm erfüllt.
Bernd Sudhoff führte den Betrieb weiter, konnte aber die Insolvenz seiner Bäckerei und Filialen, wie an der Kölner Straße, 2015 nicht verhindern. So war auch die Zeit der alten Styrumer Bäckerei - Konditorei an der Hauskampstraße beendet.
(siehe auch Bäckerei Gehrmann)

Bäckerei Pöpping:

	Pöpping, Josef
geb. 1883	Pöpping, Josef Johann
geb. 1910	Pöpping, Josef
geb. 1922	Pöpping, Werner Hermann

Josef Pöpping war noch um 1860 mit seiner Frau Elisabeth Weber als Ackerer aufgelistet. Der 1883 geborene Sohn Josef Hermann Pöpping machte in jungen Jahren seinen Bäckermeister, heiratete die im gleichen Jahr geborene Elise Fischer und sie bekamen vier Kinder.
Ab 1920 war Josef Hermann Mitglied der Bäckerinnung in Mülheim und von da ab auch mit einer Bäckerei an der Roonstr. 20 selbständig.
1918 wurde lt. MZ Frau Pöpping und ihr Geselle, da ihr Mann im Felde war, angezeigt das Brot mit Holzmehl gestreckt zu haben. Die Beimischung soll 25 % betragen haben. Beide wurden zu zwei Jahren Haft verurteilt und namentlich in der Mülheimer Zeitung veröffentlicht. Das Urteil von Frau Pöpping wurde in eine Geldstrafe von 400,- Mark umgewandelt.

1910 kam Josef jun. zur Welt und Bruder Werner Hermann 1922.

m Holzmehl war in der Bäckerei von Josef P. ins Brot gebacken worden. Frau P. führte das Geschäft in Abwesenheit ihres Mannes, der sich im Felde befindet, mit dem Gesellen C., dessen Nachfolger L. die Sache anzeigte. Stadtchemiker Dr. Goske stellte in einer Mischungsprobe 25 Prozent Holzstreumehl fest, das, wie der Sachverständige betonte, zu Backzwecken so fein gemahlen wird, daß die Vermischung mit dem Backmehl von Laien nicht zu bemerken ist. Es wirke solche Mehlstreckung gesundheitsschädlich. Das Schöffengericht verurteilte Frau P. und den Gesellen C. zu je 2 Monaten Gefängnis und Urteilsveröffentlichung in den Mülheimer Zeitungen. Die Angeklagten legten Berufung ein. Nach den Aussagen zweier Lehrlinge und eines Mädchens, nahm die Strafkammer an, daß die Sachverständigenprobe aus einer nicht gut durchgemischten Stelle herrühre und daß das Brot in Wirklichkeit nur etwa 1⅓ Prozent Holzstreumehl enthalten habe, daß ferner die Frau dem C. nachgegeben habe, um sich wegen fehlender Brotmarken zu entschädigen. Die Strafkammer änderte daher das Urteil für Frau P. in 400 Mark Geldstrafe um. Die Berufung des C. mußte verworfen werden, weil sein Verteidiger die ihm ausgestellte Vollmacht nicht zu den Akten eingereicht hatte, sondern nur die für Frau P., wobei bemerkt worden war, daß die Vollmacht für C. nachfolgen würde, was aber nicht geschah.

1926 ereignete sich ein tragischer Unfall. Ehefrau Elise Pöpping rutschte beim Backen von Berliner Ballen aus und fiel in das heiße Siedefett. Sie verbrannte sich so stark, dass sie an den Verletzungen verstarb.
Im Krieg wurde die Familie Pöpping an der Roonstraße ausgebombt.
Werner Hermann Pöpping heiratete 1946 nach Duisburg Hüttenheim und machte sich dort mit einer Bäckerei wieder selbständig.

Bäckerei Heckmann:

	Heckmann, Wilhelm
	Heckmann, Heinrich
geb. 1904	Heckmann, Hermann

Wilhelm Heckmann wird unter Styrum 82 als Bäcker und Winkelier aufgelistet. 1872 steht unter Styrum 259/1 Heinrich Heckmann als Bäckermeister. Er ist mit Margarethe Nussbaum verheiratet. 1896 haben die beiden die Adresse Styrum III 89. Im Jahr 1922 macht ein 1904 geborener Hermann Heckmann seine Ausbildung bei Wilhelm Strengbier in Mülheim. Hermann Heckmann ist nun in Styrum-Oberhausen an der Grenzstr. 33 wohnhaft.

Bäckerei Wolberg:

Wolberg, Xaver

1862 backt unter der Adresse Styrum 147 Xaver Wolberg seine Backwaren.
1868 läßt er seine Firma ins Handelsregister eintragen und veröffentlichen.
RhuR 11.9.1868

Bekanntmachung. In das Handelsregister des unterzeichneten Gerichts ist unter Nro. 161 die Firma "Xaver Wolberg" zu Styrum bei MH eingetragen.
Der alleinige Inhaber ist der Bäcker Xaver Wolberg zu Styrum, bei Mülheim Broich.
30. August 1868 Königlichese Kreis-Gerichts-Deputation

1872 kommt noch ein zweites Standbein, eine Wirtschaft zum Lebensmittelladen und zur Bäckerei hinzu.

Weitere Bäcker aus Styrum:

1901	Pieper, Peter	Mitglied der Zwangsinnung 1901
1902 geb. 1860	Wetzel, Peter	Schriftführer der Zwangsinnung
1901	Bovermann, Heinrich	Mitglied der Zwangsinnung Styrum

Café Pötter:

	Pötter, Richard
geb. 1867	Pötter, Julius Franz Josef
geb. 1904	Pötter, Ernst Wilhelm
geb. 1904	Pötter, Ernst Wilhelm
	Buschmann, Maria

Zwischen 1867 und 1904 muss es am Marienplatz schon einen Konditor Namens Pötter gegeben haben, denn Ernst Wilhelm Pötter wurde 1904 geboren und da gab es im Adressbuch von Styrum am Marienplatz 6 das Café Pötter schon.
1845 wird ein Richard Pötter, von Beruf Gärtner, erwähnt. 1867 wird Julius Franz Josef Pötter geboren, er wird Anstreicher und heiratet 1898 in erster Ehe E. Hicking und in zweiter Christine Anna Belling. Julius verstarb 1926.
Ernst Wilhelm heiratet 1931 Margarete Löffler und 1946 Karoline Lühner.
Ab 1919 wurde das Café Pötter von Maria Buschmann als Inhaberin geführt.
Also wird Ernst Wilhelm Pötter nicht in die Fußstapfen des Vaters gestiegen und nicht Konditor geworden sein.
Ab 1930 ist am Marienplatz 6 kein Café mehr beheimatet.

Bäckerei Brune Dümptener Str. 64:

	Klopotek, Franz Glozezewki	
geb. 1883	Brune, Heinrich	verst. 1927
	Jordan, Gustav	
geb. 1907	Brune, Gerhard	
	Brune, Inh. Geb. Jordan, 1935	
	Sinnack, Julius	
geb. 1920	Faßbender, Ulrich	

Um 1915 eröffnete der Bäckermeister Franz Klopotek an der Dümptener Straße 64 eine Bäckerei und Konditorei. Ab 1925 steht der 1883 geborene Heinrich Wilhelm Brune als Inhaber der jetzt genannten „Brotfabrik“ am gleichen Standort.

1929 verstarb Heinrich Brune nach einem Schlaganfall und sein 1907 geborener Sohn, Gerhard musste in jungen Jahren den Betrieb übernehmen.
Gerhard Brune absolvierte seine Bäckerlehre von 1922 bis 1925 beim Vater und Schloss die Gesellenprüfung mit "sehr gut" ab.

Bäckerei Brune, Lieferwagen

Nach dem zweiten Weltkrieg blieb die H. Brune OHG weiter Hauseigentümer, aber die Leitung der Brotfabrik lag jetzt bei den Gebrüdern Jordan. Gleichzeitig steht im Adressbuch Julius Sinnack als Brotfabrikant unter Dümptener Straße 64.
Ab 1970 hat der 1920 geborene Ulrich Faßbender den Betrieb unter seiner Führung. Ulrich Faßbender erlernte das Bäckerhandwerk von 1934 bis 1937 bei Ernst Altenrath in Broich. Er hatte in den sechziger und siebziger Jahren mehrere Filialen in Mülheim. Ein späterer Arbeitskollege von mir, Friedhelm Westermann, war einige Zeit dort Produktionsleiter, bevor der Betrieb eingestellt wurde.
Ab 1990 war dort ein Möbel- und Antiquitätengeschäft ansässig.

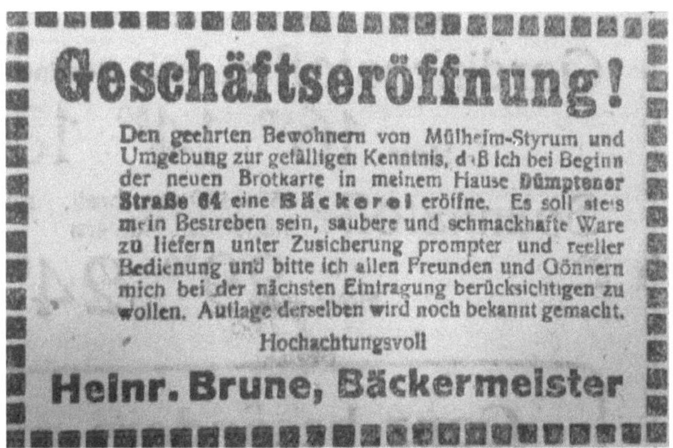

Geschäftseröffnung!

Den geehrten Bewohnern von Mülheim-Styrum und Umgebung zur gefälligen Kenntnis, daß ich bei Beginn der neuen Brotkarte in meinem Hause **Dümptener Straße 64** eine **Bäckerei** eröffne. Es soll stets mein Bestreben sein, saubere und schmackhafte Ware zu liefern unter Zusicherung prompter und reeller Bedienung und bitte ich allen Freunden und Gönnern mich bei der nächsten Eintragung berücksichtigen zu wollen. Auflage derselben wird noch bekannt gemacht.

Hochachtungsvoll

Heinr. Brune, Bäckermeister

Bäckerei Brune, 1921 MZ

Bäckerei Riehl:

geb. 1866 Riehl, Johann Heinrich verst. 1919 19

geb. 1896 Riehl, Hermann
geb. 1902 Riehl, Wilhelm verst. 1956
geb. 1936 Riehl, Heinrich USA
Häckel, Felix
Schneider, Heinz

Um die Jahrhundertwende, 1896, wurde an der Hofstraße 140 in Styrum der 1866 geborene Bäckermeister Johann Heinrich Riehl gemeldet. Vorher lebte er in Winkhausen. 1890 heiratete er die 1882 geborene Margarete Klockhaus.

Sie bekamen acht Kinder. Der 1896 geborene Hermann erlernte, genau so wie sein 1902 geborener Bruder Wilhelm, das Bäckerhandwerk. 1934 heiratete Wilhelm die 1908 geborene Rosalie Maria Köller. Zwei Jahre später kam Sohn Heinrich zur Welt. Wilhelm war aktives Mitglied im Gesellenverein. 1920 bestand er seine Bäckermeisterprüfung mit „gut“.

Metzgermeister Walter von der Laar berichtet heute noch gerne wie er und Heinrich Riehl, mit dem zusammen er die Schulbank drückte, in der großen Pause ihre Butterbrote tauschten. Heinrich oder Heinz Riehl wanderte 1990 in die USA nach Florida aus. Durch den Bau der Umgehungsstraße 1940, der Verbandstraße, der späteren Autobahn 40, wurde die Hofstraße geteilt und derart abgeschnitten, dass aus einem Teil der Hofstraße die heutige Landgrafenstraße wurde. Die Hausnummer 37 hatte die Bäckerei Riehl jetzt.

Wer weiß, wie nahe mir mein Ende.

Heute nachmittag 3½ Uhr entschlief sanft im festen Glauben an seinen Erlöser nach kurzem, schwerem, mit größter Geduld ertragenem Leiden mein innigstgeliebter, guter Mann, unser treusorgender Vater und Großvater, unser lieber Bruder, Schwager und Onkel, der

Bäckermeister

Heinrich Riehl

im beinahe vollendeten 54. Lebensjahre.

In tiefer Trauer namens der Hinterbliebenen

Frau Heinrich Riehl nebst Kinder
und Anverwandte.

Mülheim-Styrum, Mülheim-Dümpten, Mülheim-Heißen und Oberhausen-Alstaden, den 17. Oktober 1919.

Die Beerdigung findet am Sonntag nachmittag um 1½ Uhr vom Trauerhause (Styrum, Hofstraße 140) aus statt. Trauerfeier ¼ Stunde vorher.

Von Beileidsbesuchen bitten wir Abstand zu nehmen.

Allen, denen aus Versehen eine besondere Benachrichtigung nicht zugegangen ist, diene obiges als solche. 5667

1956 verstarb Wilhelm Riehl. Ab 1957 ist Felix Häckel als Bäckermeister an der Landgrafenstraße Geschäftsinhaber. Ab 1970 ist Heinz Schneider mit einem Lebensmittelladen dort eingetragen.

Ab 1980 steht kein Geschäft mehr im Adressbuch. Die Betriebsräume werden danach zu Wohnraum umgebaut. Man erkennt heute noch die Schaufenster am Gebäude.

Heinrich Riehl, 1866 geboren, war in Styrum eine bekannte Persönlichkeit. Als er 1919 verstarb, zogen über 1000 Trauergäste beim Leichenzug mit. Er war Mitglied der Feuerwehr, der Bäckerinnung Styrum, dem Veteranenverband und etlichen weiteren Vereinen.

Bäckerei Benecke - Kamphaus:

	geb. 1902	im Brahm, Hugo
		Stehberg, Hugo
1919		Konsumverein
		Benecke, Wilhelm
	geb. 1903	Kamphaus, Wilhelm
	geb. 1930	Kamphaus, Willi jun.
		Spanferkelbraterei Dahlmann

Alte Styrumer erzählten mir, dass sie unter der Adresse Mülheimer Straße 156, später Oberhausener Straße 169, ihre Backwaren beim Bäcker Benecke gekauft haben. 1900 wird Hugo Stehberg als Inhaber der Bäckerei und Innungsmitglied genannt. 1910 ist dort ein Hugo im Brahm, dessen Familie an der Feldstraße eine Bäckerei betreibt, genannt. Sie firmieren dort als "Styrumer Brotfabrik".

Hugo im Brahm, 1902 geboren, machte von 1917 bis 1919 beim Vater Hermann an der Feldstraße seine Bäckerlehre.

Die Styrumer Brotfabrik wurde von 1919 bis 1926 an die Oberhausener Konsum Genossenschaft verpachtet.

1929 übernahm die Brotfabrik Tie & Becker. Ende der dreißiger Jahre war Wilh. Benecke Betriebsinhaber an der Oberhausener Str. 169.

Der 1903 geborene Wilhelm Kamphaus stieg 1954, nach dem Krieg in den Betrieb mit ein. Vorher hatte er den Jeppelbetrieb in Broich gepachtet.

Wilh. Benecke ging 1954 in den Ruhestand.

1930 kam Sohn Willi Kamphaus zur Welt. Er erlernte von 1945 bis 1947 beim Vater das Bäckerhandwerk und schloss die Prüfung mit „sehr gut" ab. Wilhelm sen. heiratete 1950 ein zweites Mal.

Im zweiten Weltkrieg von Bomben getroffen, wurde in Broich die Bäckerei Jeppel als Ausweichquatier für die Produktion genutzt. Ernst Wilhelm Jeppel war im Krieg gefallen und Willi Kamphaus sen. übernahm den Jeppelbetrieb. In den fünfziger Jahren hat Kamphaus unter anderem auch für die Bäckerei Voß - Obermann geba

cken. Willi jun. hat in den fünfziger Jahren seinen Bäckermeister gemacht, aber er stieg nicht in den väterlichen Betrieb ein. In den achtziger Jahren haben wir bei Wälken's Bäckereien in Heißen zusammengearbeitet.

Ab 1980 waren keine Einträge mehr in den Adressbüchern. Seit Anfang der neunziger Jahre ist dort eine Spanferkelbraterei zu Hause.

Bäckerei Tohfarn:

Tofahrn, Johann Hein. Landw. Eigent.
Augustastr. 6,
verh. mit Maria Klöttschen,

geb. 1882 Tofahrn, Ernst verst. 1948

geb. 1921 Tofahrn, Ernst jun. verst. 1946

geb. 1912 Tofahrn, Heinrich verst.1971
geb. 1912 Tofahrn, Heinrich verst.1971
geb. 1952 Tofahrn, Heiner verst. 2016

1911 heiratet Ernst Tofahrn, geboren 1882 in Styrum, die 1888 geborene Katharina Brückermann und bekam mit ihr drei Kinder. 1896 bis 1999 machte Ernst Tofahrn in Duisburg seine Bäckerlehre und kurze Zeit später seinen Bäckermeister. Ernst

war in der Bäckerinnung nach dem Zusammenschluss mit der Innung Mülheim aktiv. Er gehörte zur von der Innung eingesetzten Kontrollkommission, welche die Ladenöffnungszeiten und das Nachtbackverbot der Bäckereien und Konditoren auf Einhaltung kontrollieren mussten.
1912 wurde Heinrich Tofahrn geboren, und er erlernte auch das Bäckerhandwerk.
1921 wurde Ernst Tofahrn jun. geboren, er verstarb früh, 1946.
Die Tochter vom Nachbarn, dem Polizisten Reismann, war mit einem Tohfarnsohn verheiratet. Heinrich Tofahrn, 1912 geboren, war ein im Umkreis bekannter Kakteenzüchter. Er nahm nach dem Krieg den 1952 geborenen Heiner Tofahrn öfter mit auf große Kakteenausstellungen. Nach schwerer Krankheit verstarb Heinrich Tohfarn 1971. Schon vorher wurde in der Bäckerei Tofahrn nicht mehr gebacken. Sohn Heiner erlernte bei der Mutter den Kaufmannsberuf und wechselte zum Lebensmittelfilialisten Schätzlein, wo er bis zur Schließung der Filiale an der Schloßstraße Filialleiter war.

Familie Klausing

Bäckerei Klausing:

geb. 1871 Klausing, Hermann sen.
geb. 1895 Klausing, Wilhelm
geb. 1897 Klausing, Otto
geb. 1900 Klausing, Hermann
geb. 1909 Klausing, Friedrich
geb. 1871 Klausing, Hermann sen.
geb. 1895 Klausing, Wilhelm
geb. 1900 Klausing, Hermann
geb. 1935 Klausing, Hannelore

Der 1871 geborene Hermann Klausing war erst Bergmann von Beruf und erlernte später das Bäckerhandwerk. 1894 heiratete er die 1864 geborene Johanna Wetzel und ließ sich als Bäcker an der Schützenstraße 69 nieder. 1895 kam Sohn Wilhelm zur Welt, er erlernte das Bäckerhandwerk von 1909 bis 1912 bei W. Schwörer am

Wilhelmsplatz und wurde Bäckermeister. 1897 kam ein Otto Klausing zur Welt, welcher wohl früh verstarb. Denn 1898 wurde ein zweiter Otto Klausing beim Standesamt angemeldet. 1900 wurde der dritte Sohn Hermann Klausing geboren.
Wilhelm heiratete 1919 die 1900 geborene Johanna Kuhlmann und sie bekamen fünf Kinder. Hermann machte von 1915 bis 1918 beim Vater Hermann sen. eine Bäckerlehre und bestand die Prüfung mit „sehr gut".
1909 wurde Hermann Klausing sen. noch einmal Vater, Friedrich wurde der Sohn genannt. Friedrich wurde auch Bäckermeister und heiratete 1936 (Anna Nohlen oder Nolden). Sie bekamen zwei Kinder.
Ab 1920 nannte Wilhelm Klausing sein Geschäft Dampfbäckerei. Er hatte wohl zu dieser Zeit einen neuen Dampfbackofen gebaut. Auch im Gesellenverein machte er als neues Mitglied Dampf. Die 1935 geborene Tochter machte bei Wilhelm Monning von 1952 bis 1954 eine Ausbildung zur Bäckereifachverkäuferin.
Seit 1955 ist die Bäckerei Klausing an der Schützenstraße 69 nicht mehr im Adressbuch registriert. Sie ist der Werkserweiterung der Thyssen AG zum Opfer gefallen.

Bäckerei Karl Bäcker, Alstadener Straße:

geb. 1889	Bäcker, Karl
geb. 1921	Bäcker, Karl Hermann
	Bäcker, Ernst

Im Jahr 1912 gründete der 1889 geborene Karl Bäcker an der Alstadener Str. 10 eine Dampfbäckerei. Ein Dampfbackofen war ein Ofen, welcher Dampf in den Backherd führte, damit die Backwaren mehr Volumen und ein besseres Aussehen bekamen und damit den Anforderungen der modernen Kundschaft mehr entsprachen.
1920 kam Karl aus der Kriegsgefangenschaft zurüch und 1921 heiratete Karl die 1892 geborene Mathilde Klöffschen, und sie bekamen zwei Kinder. Noch im Jahr der Hochzeit kam Stammhalter Karl Hermann zur Welt. 1924 kam Bruder Ernst Hermann Bäcker zur Verstärkung.
Karl Hermann war es, der nach seiner Rückkehr aus der Kriegsgefangenschaft, den Betrieb wiedereröffnete. In einer Zeitungsanzeige pries Karl Bäcker 1930 unter dem Namen, "Mülheim Styrumer Brotfabrik" seinen Betrieb mit acht Dampfbacköfen an. Die Bäckers unterstützten 1964 ganz stark die Bemühungen des FC Styrum Mülheim in der zweiten Fußballbundesliga zu bleiben. Das glückte leider nicht, der Verein versank wieder in der Bedeutungslosigkeit. Im Jahr 2017 spielt er in der

Bezirksklasse.
Die Bäckerei Bäcker firmiert heute als „Backwarenvertrieb Ernst Bäcker".
Backwaren werden am Standort nicht mehr produziert.

Bäckerei Bourguignon:

geb. 1870 Bourguignon, Josef geb. 1904
Bourguignon, Wilhelm Theodor
geb. 1924 Bourguignon, Wilhelm Heinrich
geb. 1948 Bourguignon, Wolfgang

Der 1904 geborene Wilhelm Theodor Bourguignon hatte zehn Geschwister. Sein Vater Josef, 1870 geboren, heiratete 1899 Friederike Wilhelmine Rosendahl. Er war Eisenbahnschaffner und wohnte an der Feldstraße 82a. Wilhelm Theodor heiratete 1924 Paula Mehring von den Denkhauser Höfen, wo ihr Vater Wilhelm Mehring eine Bäckerei besaß. Im gleichen Jahr kamen Sohn Wilhelm Heinrich Bourguignon, Heinz genannt, zur Welt und Vater Theodor machte sich an der Feldstr. 82a als Bäckermeister selbständig.
Wilhelm Heinrich heiratete 1948 Johanna Gütner. 1948 kam auch Sohn Wolfgang zur Welt, der nicht mehr Bäcker wurde. Ab Mitte der zwanziger Jahre bis Mitte der fünfziger bestand die Bäckerei an der Feldstaße 82a.
Danach war Theo Bourguignon am Schildberg 21 mit einer Bäckerei zu Hause und ab 1990 am Winkhauser Weg 193. Heinz Obermann arbeitete in den neunziger Jahren, mit Heinz Bourguignon bei Bernhard Suthoff in Dümpten zusammen. Seit dieser Zeit ist die Bäckerei Bourguignon nicht mehr als Bäckerei im Adressbuch vertreten. Heute ist das Haus ein Wohnhaus.

Bäckerei Im Brahm, Styrum:

geb. 1843 im Brahm, Hermann
geb. 1868 im Brahm, Gerh. Fried. Ernst
geb. 1879 im Brahm, Hugo, sen.

geb. 1902 im Brahm, Hugo
geb. 1897 im Brahm, Hermann Karl
geb. 1904 im Brahm, Heinrich
geb. 1883 Tüch, Hans

im Brahm, 1919 RRZ

Eine schillernde Familie war die Bäckereifamilie im Brahm aus Styrum.
Hermann im Brahm, 1843 geboren, verbrachte unter anderem seine Gesellenzeit beim Bäckermeister Heinrich Römer in Speldorf. Verheiratet war er mit Anna Seeger und 1872 wohnte laut Adressbuch unter der Adresse Styrum 7/8. Das Anwesen lag an der Hüttenstraße/ Ecke Schützenstraße. Die Hüttenstraße und ein Teil der Schützenstraße gingen später in dem Werksgelände der sich rasant vergrößernden Thyssenwerke auf.
1885 legte sich Hermann im Brahm mit August Thyssen in einem Rechtsstreit an. Im Brahm behauptete, dass durch die neuerbaute Walzstraße so starke Belästigungen durch Russ, Staub, Geruch, Lärm und Dreck auftreten würden, dass dort weder Arbeit noch Wohnen mehr möglich sei.
Thyssen wollte die Bäckerei kaufen, aber im Brahm lehnte ab. Thyssen führte daraufhin an, dass im Brahm nur den Preis in die Höhe treiben wolle, um eine moderne Dampfbäckerei zu bauen. Thyssen bekam daraufhin vom Regierungspräsidenten in Düsseldorf verschiedene Auflagen, welche er auch wohl erfüllte.
1887 war der Streit gelöst, denn die Bäckerei im Brahm verschwand an der Hüttenstraße, und sie wurde an der Feldstraße neueröffnet.
1868 kam Gerhard Friedrich Ernst im Brahm zur Welt, und er heiratete 1890 die 1869 geborene Elisabeth Kempchen, eine Nachbarstochter. Er verstarb 1941.
1879 wurde Hugo im Brahm geboren. Hugo heiratete 1905 die 1884 geborene Anna Maria Emma Lindenberg, deren Vater Gerhard Lindenberg Bäcker war. Sie bekamen nur Töchter. Hugo machte beim Vater Hermann im Brahm von 1917 bis 1919 seine Bäckerlehrzeit.
1891 kam Hermann Heinrich zur Welt, 1893 Heinr. Joh. Ernst und 1895 Wilhelm im Brahm. 1897 wurde dem Bäckermeister Hermann Friedrich im Brahm der Stammhalter Hermann Karl geboren. Hermann Karl firmierte als Wirt, Bäcker und Winkelier. Er war in erster Ehe mit Elisabeth Leusing verheiratet, welche 1923 früh verstarb. 1926 heiratete Hermann Karl ein zweites Mal, die 1899 geborene Gertraud Busch, verw. Gildemeier. Auch Gertraud im Brahm verstarb schon früh, 1935.

Noch im gleichen Jahr heiratete Hermann Karl ein drittes Mal, die 1898 geborene Anna Blanke.
1904 bekam Hermann Fried. mit seiner Ehefrau, der geborenen Rosine Kufferath, einen Sohn. Heinrich hieß dieser. 1919 hatte Hermann Karl mit dem Ordnungsamt Probleme wegen Unregelmäßigkeiten bei den Lebensmittelkarten, welche nach dem ersten Weltkrieg die Lebensmittelrationierung regelten. Der Betrieb wurde zeitweilig geschlossen. Es kursierten auch Gerüchte, dass im Brahm mit selbstgeprägten Münzen Geschäfte machte. Im Brahm sah darin einen Racheakt von Mitstreitern.
Die Rhein Ruhr Zeitung schrieb 1919 über die Anmietung der Bäckerei im Brahm durch die Duisburger Oberhausener Konsumgesellschaft. 21 Konsumfilialen wurden aus Styrum beliefert.
Im gleichen Jahr mietete die Oberhausener Konsumgenossenschaft die Produktion für fünf Jahre, um ihr Konsumfilialnetz zu bedienen. In den zwanziger Jahren gab es eine Brotfabrik im Brahm in Duisburg Marxloh und ab 1934 in Krefeld, wo auch die Werbung mit dem kleinen Jungen an die Wand gemahlt war.
1977 übernahm die Brotfabrik im Brahm mit dem Mitbewerber Scherpel aus Dortmund die Speldorfer Brotfabrik Tenter & Dehnen.
1983 wurde der Krefelder Betrieb von Ernst im Brahm geschlossen.

Bäckerei im Brahm, DvE

Brotfabrik im Brahm, Krefeld, 1934

Nach dem Krieg, 1950, ist in Styrum Hans Tüch, geboren 1883, als Bäcker und Wirt im Adressbuch eingetragen. Hans Tüch war vorher in Broich am Mühlenberg als Bäcker und Wirt zu Hause. 1907 heiratete er die 1884 geborene Maria Hoß, und sie bekamen neun Kinder, davon sechs Jungen.

Nach Hans Tüch übernahm Eberhard Zeppan den Betrieb Feldstraße 86. Ende des letzten Jahrhunderts wurde aus der alten Wirtschaft und Bäckerei eine Wohnung.

Konditorei Gottschalk:

geb. 1873	Gottschalk, Josef sen.	verst. 1953
geb. 1907	Gottschalk, Josef Heinrich	
	Gottschalk, Geschw.	

1915

2015

Eine bekannte Konditorei in Styrum war die Bäckerei - Konditorei Josef Gottschalk. Sie befand sich an der 1910 noch Mülheimer Str. 92 genannten Adresse. Ab 1920 hieß es dort Oberhausener Str. 99.
Um 1910 gründete Josef Gottschalk eine Konditorei und meldete sich bei der Bäcker- und Konditoreninnung in Styrum an.
1906 heiratete er Josef Wilhelmina Johanna Tenart, 1880 geboren, und sie bekamen zwei Kinder. 1907 wurde Josef Gottschalk jun. geboren und absolvierte von 1922 bis 1925 eine Ausbildung beim Vater. 1970 sind noch die Geschwister Gottschalk als Geschäftsinhaber im Adressbuch geführt.
Paul Gehrmann, ein Bruder von Berthold, dem Konditormeister aus Styrum, hat dort immer gerne Hefeteilchen gekauft, weil diese so riesig groß und wohlschmeckend waren. Kurz nach 1970 wird das Geschäft geschlossen.
Aus der einstigen Konditorei entstanden Wohnungen. Gut zu erkennen sind aber auch noch die Schaufenster.
Die Fassade hat noch fast das Aussehen wie 1906.

Bäckerei Monning, Oberhausener Str.

geb. 1815 Monning, Wilhelm sen. verst. 1885
geb. 1841 Monning, Wilhelm jun.
geb. 1842 Monning, Hermann verst. 1905
geb. 1871 Monning, Friedrich Karl verst. 1953
geb. 1869 Monning Friedrich Wilhelm
geb. 1903 Monning, Wilhelm Fried. verst. 1980
geb. 1935 Monning, Wilhelm Fried. verst. 1955
geb. 1939 Monning, Fritz

1275 wird ein Monninghof in Speldorf erstmals urkundlich erwähnt. Fast 550 Jahre später, 1841 wurde in Styrum an der Ecke Oberhausener Str. /Roonstr. von Wilhelm Monning eine Bäckerei, mit Ziegelsteinen aus Styrumer Produktion, neu erbaut. Styrum 80 1/2 war die Hausnummer. Im gleichen Jahr gründete Wilhelm Monning, geb. 1815, die Bäckerei Monning und heiratete Wilhelmine Küpperbusch aus Kettwig, geboren 1809. Im Eröffnungsjahr 1841 kam Sohn Wilhelm jun. zur Welt, 1842 Sohn Hermann.

Hermann war in Styrum als "deutscher Hermann" bekannt, er war 1864 als Soldat im Deutsch-Dänischen Krieg dabei und schrieb ergreifende Feldpostbriefe in die Heimat. Hermann starb 1905 mit 63 Jahren.

Auch Bruder Wilhelm war ein begabter Heimatdichter. Wilhelm jun. war mit Anna Keienburg verheiratet und schnell stellte sich Nachwuchs ein. 1844 kam Otto auf die Welt und 1849 folgte Julius. Dazu kamen noch drei Schwestern.

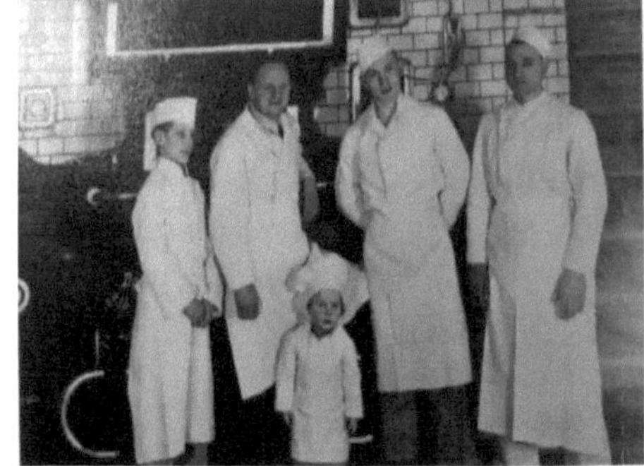

Wilhelm, 1903 u. Fritz, 1939

Styrum 80 1/2 nannte sich 1861 Styrum 160, ab 1910 hieß die Adresse Oberhausener Str. 130. Der 1869 geborene Friedrich Wilhelm wurde Kaufmann von Beruf.

Auch der 1871 geborene Sohn, Friedrich Karl bekam mit Gertrud Keienburg, geboren 1881, die er 1901 heiratete, sieben Kinder. Friedrich Karl wurde nur Fritz genannt und übernahm 1900 die Bäckerei. Friedrich Karl war in der Innung aktiv, er war 1930 u.a. Mitglied in der Gesellenprüfungskommision. Die nächste Generation hieß Wilhelm Friedrich, geboren 1903. 1917 - 1920 machte er seine Ausbildung zum Bäcker beim Vater Friedrich Karl.

1914 entstand ein Kurzschluß in der Bäckerei. Der kleine Sohn, 6 Jahre alt, machte sich an der Leitung zu schaffen und erzeugte einen Kurzschluß. Die Ofenlampe zersprang und der Geselle, mit dem Herausziehen der Brote beschäftigt, verletzte sich an der Hand. MZ 21.02.1914

1932 meldete Friedrich Monning die Geschäftsübergabe an den Sohn Wilhelm und im gleichen Jahr, 1932 heiratete er die 1909 geborene Margarethe Müller, und sie bekamen zwei Söhne.

1945 nach Kriegsende wurde Wilhelm Monning von den Alliierten als Obermeister der Bäckerinnung eingesetzt und später von der Innungsversammlung in dieser Position auch bestätigt. Er bekleidete das Amt von 1945 bis 1969 und war bei den Kollegen sehr angesehen.

1945 kam Wilhelm Monning als Nachrücker auch in den Stadtrat und versuchte so, mit seiner Partei, der CDU, die Interessen des Handwerks zu vertreten.

1935 kam Sohn Wilhelm Friedrich jun. zur Welt. Dieser verstarb 1955 mit gerade mal zwanzig Jahren.

Wilhelm Monning, geb. 1841

Bruder Fritz, 1939 geboren, machte von 1956 bis 1958 beim Vater die Bäckerausbildung und bestand die Prüfung mit "sehr gut". 1961 musste Fritz Monning aus gesundheitlichen Gründen den Bäckerberuf aufgeben, und so fand die lange Backtradition 1965 an der Oberhausener Straße 130 ihr Ende.

1980 starb Wilhelm Monning nach schwerer Krankheit mit 77 Jahren.

Fritz Monning ist ein sehr aktives Mitglied des Styrumer Geschichts Gesprächkreises. Er hat mir die Familienfotos der Bäckerei Monning für dieses Buch überlassen.

Bäckerei Monning, Neubau 1841, der Laden war links, die Backstube hinter dem Haus, links Wilhelm Monning (1815 – 1885)

Das Bild zeigt eine Mehlsiebmaschine. Die Mehlsäcke waren 100 kg schwer. Heute dürfen die Säcke nur noch 25 bis 50 kg wiegen. Fritz war in der fünften Generation Bäcker in Styrum mit einer über 100-jährigen Bäckerfamilientradition.

(Siehe auch „Styrum – ein starkes Stück Stadt“)

Bäckerei Gerads – Özer, Oberhausener Str.:

	Gerads, Theo,
geb. 1963	Özer, Mustafa
geb. 1997	Özer, Tolga
geb. 1994	Özer, Enis

1978 musste Theo Gerads, Konditorei und Cafébesitzer in Speldorf, seinen Betrieb wegen der Straßenerweiterung der Karlsruher Straße und den damit verbundenem Hausabriss, den Standort wechseln. Seine Wahl fiel auf ein Gebäude in Styrum an der Oberhausener Straße 146. Das Gebäude war das Kino "Odeon" und anstatt Filme, bekam man nun Kuchen und Backwaren vorgeführt. Theo Gerads hatte auch im neu erbauten Einkaufsforumin der Stadtmitte eine Filiale.

1990 kam das plötzliche Ende der Geradskonditorei. Theo Gerards arbeitete weiter als Betriebsberater.
Der 1963 geborene Mustafa Özer übernahm den Betrieb und stellte die Konditorei zusätzlich auf türkische Backwaren ein. Seine drei Söhne stiegen mit in den Betrieb ein. Tolga Özer wurde Geschäftsführer.
Enis Özer machte Anfang 2016 an der ersten deutschen Bäckerfachschule in Olpe seinen Bäckermeister und man konnte von nun an auf einen externen "deutschen Bäckermeister" zwecks Führung eines Handwerksbetriebes verzichten.
Außerdem feierte man 2015 das fündzwanzigste Geschäftsjubiläum. Das Backwarenangebot ist international. Der Betrieb gehört zu einer der letzten Bäckereien und Konditoreien in Mülheim, der noch Backwaren selbst herstellt.

Bäckerei Ehring, Thyssenstr.:

geb. 1849	Ehring, Friedrich	
geb. 1881	Ehring, Friedrich jun.	verst. 1968
geb. 1887	Ehring, Ferdinand	

Im Adressbuch von 1872 steht in Styrum als Wirt Friedrich Ehring, geboren 1849, eingetragen. Er hat 1875 Wilhelmine Spindick geheiratet und beide bekamen elf Kinder. Der 1881 geborene Friedrich wurde in Essen Bäcker und heiratete 1906 Karoline Kluthe. Ein weiterer Sohn war der 1887 geborene Ferdinand Ehring. Ferdinand machte von 1903 bis 1906 beim Bäcker Zaun an der Kohlenstraße eine Bäckerlehre. Ab 1920 war er unter der Adresse Thyssenstraße 21 mit einer Bäckerei mit angegliedertem Lebensmittelgeschäft selbständig. Ferdinand heiratete 1911 die 1888 geborene Gertrud Heckhoff aus Saarn, und sie bekamen drei Kinder. Gertrud verstarb sehr kurz nach dem letzten Kind. Ferdinand heiratete ein zweites Mal, 1924, und zwar die Schwester von Gertaud, nämlich die 1894 geborene Helene Heckhoff. Die erstgeborene Tochter, 1875 geboren, heiratete 1896 den Bäckermeister Wilhelm Horn von der Dohne 79.

Nach dem zweiten Weltkrieg hieß die Thyssenstraße Meißelstraße.
Bis 1957 war Ferdinand Ehring im Adressbuch als Ladeninhaber an der Meißelstr. 21/Ecke Moritzstraße gemeldet. In den siebziger Jahren war dort ein türkisches Lebensmittelgeschäft zu Hause. Seit ca. 2014 ist nun alles geschlossen.

Bäckerei Brinkmann, Heidestr.:

geb 1870	Brinkmann, Wilhelm Heinrich
geb. 1902	Brinkmann, Heinrich Johann Wilhelm
geb. 1907	Brinkmann, Wilhelm
geb. 1937	Brinkmann, Wilhelm jun.
geb. 1940	Brinkmann, Anneliese
geb. 1947	Brinkmann, Werner
	Boemann, Herbert
	Kürten, Walter
	Bäckerei Rörtgen

1920

Eine alteingesessene Bäckerei in Styrum war die Bäckerei Brinkmann, 1894 unter Styrum IV 60, später unter Heidestr. 24 und nach dem 2. Weltkrieg Heidestr. 62.

Der 1870 geborene Wilhelm Heinrich Brinkmann heiratete 1895 die Speldorferin Gertraud Dieker und sie bekamen stolze neun Kinder. 1902 war Wilh. Heinrich Beisitzer der Styrumer Zwangsinnung, welcher alle selbständigen Bäcker beitreten mussten. Nach dem Zusammenschluss mit der Mülheimer Bäcker- und Konditoreninnung, welcher 1920 erfolgte, war er auch dort aktiv.
1907 wurde Wilhelm Brinkmann geboren und machte von 1921 bis 1924 eine Bäckerlehre bei seinem Vater. Die Gesellenprüfung schloss er mit "sehr gut" ab.

1930 heiratete er in Münster. 1937 wurde Wilhelm Brinkmann jun. geboren. Auch er machte von 1951 bis 1954 beim Vater seine Ausbildung – genau so wie die 1940 geborene Tochter Anneliese.
1962 bis 1965 war Werner Brinkmann, geboren 1947, als Bäckerlehrling beim Vater Wilhelm jun. unter Vertrag.
Nach Wilhelm Brinkmann übernahm der Bäckermeister Herbert Boemann den Betrieb. Ab 1990 steht Walter Kürten als Inhaber der Bäckerei an der Heidestr. 62 im Adressbuch. Durch den Ausbau der Verbandstraße zur Autobahn 40 hat die Lage des Geschäftes sehr gelitten und heute steht das Ladenlokal leer. Die Bäckerei Brinkmann gibt es leider nicht mehr.

Tiroler Backstube, Hauskampstr. 7:

geb. 1918 Gehrmann, Paul verst. 2004

geb. 1949 Gehrmann, Berthold verst. 2008
Suthoff, Bernd

Berthold Gehrmann
Hauskampstraße 7 Telefon (02 08) 40 21 26
Mülheim (Ruhr)-Styrum 40 21 19

Für Festlichkeiten aller Art
(Tanz-Unterhaltung und Stimmung oder Party's)
steht Ihnen unsere 2-, 3-, 4- oder auch 5-Mann-Band
zur Verfügung!
Rufen Sie uns an unter:
Mülheim (02 08) 40 21 26 u. 40 21 19

Ein Original in Mülheim war der Styrumer Bäcker- und Konditormeister Berthold Gehrmann. Wenn anderen Bäckern, wie zu Weihnachten, die Arbeit über den Kopf wuchs, machte Berthold Gehrmann im Einkaufszentrum oder auch in seinem Laden Musik. Lesen sollte man auch die von ihm geschriebene Geschichte seiner Familie im 2. Band des Styrumer Geschichts-Gesprächkreises.

Bertold Gehrmann wurde 1949 als zweiter Sohn von Paul Gehrmann und seiner Frau Katharina Holz geboren. Er hatte einen älteren Bruder, Achim, 1945 geboren, vor sich und die Zwillinge Peter und Paul, 1950 geboren, als jüngere Geschwister hinter sich.

Paul und Katharina Gehrmann machten sich nach der Rückkehr Pauls aus der Gefangenschaft 1946 an der Meißelstraße 55 in Styrum mit einer Bäckerei, Konditorei und selbständig. Paul war auch in der Konditoreninnung im Vorstand aktiv.

Berthold Gehrmann machte von 1963 bis 1966 beim Konditormeister Ernst Pieper eine Konditorlehre. 1976 heiratete er Ellen Bücken und im gleichen Jahr übernahmen sie die Bäckerei und Konditorei von Willi Sensing an der Hauskampstraße 7. Willi Sensing war Vorsitzender des Bäckergesangvereins.
1978 wurde die Produktion an der Meißelstraße eingestellt.
Berthold Gehrmann nannte seine Bäckerei - Konditorei "Tiroler Backstube".
2004 verstarb Vater Paul Gehrmann und bereits vier Jahre später, verstarb Berthold Gehrmann.
Begraben wurde er auf eigenem Wunsch in einem weißen Sarg mit einer von seinem Bruder gemalten Klaviatur auf dem Sargdeckel. Außerdem stand dort noch aus der Operette "die Fledermaus", zu lesen: „Glücklich ist, wer vergisst, was nicht mehr zu ändern ist."
Ab 2000 übernahm Bernhard Suthoff den Betrieb und führte ihn bis zur Schließung.

Bäckerei Konditorei Heitkamp, Rosenkamp 23:

geb. 1857	Klugewitz, Johann Karl	verst. 1909	Styrum III 82
geb. 1857	Klugewitz, Johann Karl	verst. 1909	Hohenzollernring 47
geb. 1889	Klugewitz, Karl		
geb. 1906	Klugewitz, Wilhelm August	verst.	Rosenkamp 23
geb. 1906	Heitkamp, August	verst. 1955	
geb. 1935	Heitkamp, Karl Heinz	verst. 2002	

1894 wird der 1857 geborene Johann Karl Klugewitz im Adressbuch unter Styrum III 82 als Konditor mit eigener Konditorei genannt. 1886 heiratete er Anna Willmanns, geboren 1866. Beide bekamen zehn Kinder.

1920 ereignete sich vor dem Eckhaus ein niedergeschriebener Unfall, in den die freiwillige Feuerwehr Styrum verwickelt war. Durch einen Fahrfehler mit dem Leiterwagen landete dieser vor einem Baum, welcher die Allee schmückte. Der Unfall verlief ansonsten aber harmlos. Der Schaden wurde alkoholisch ertränkt.

1889 wurde Karl Klugewitz geboren und der Tradition entsprechend erlernte er von 1920 bis 1923 bei Ernst Obel das Konditorenhandwerk.

1945 kaufte August Heitkamp jun. aus Dümpten die Bäckerei Klugewitz. Er hatte von 1921 bis 1924 beim Vater seine Bäckerlehre absolviert. Im Jahr 1935 heiratete er die 1909 geborene Bernadine Heitmann.
1935 wurde Sohn Karl-Heinz geboren geboren, der von 1950 bis 1953 beim Vater seine Ausbildung machte. 1939 kam Bruder Dieter zur Welt.
1969 heiratete Karl Heinz. Christa Opitz war die Auserwählte. Sie bekamen einen Sohn. Der Sohn fand aber keinen Gefallen am Bäckerhandwerk.
2002 verstarb Karl Heinz Heitkamp. Seitdem ist die Vorzeigebäckerei am Rosenkamp verwaist. 2017 wurde das Haus an einen Installateur verkauft.

Bäckerei Wanders:

geb. 1827	Wanders, Jakob Styrum 106 1/2
geb. 1827	Wanders, Jakob
geb. 1861	Wanders, Jakob jun Styrum 229

14.5.1862 KruAA
Aechter westphälischer Pumpernickel ist bei mir fortwährend frisch zu haben, in dem selbiges Brod von mir gebacken wird.
OB, im Mai 1862 Jacob Wanders, Bäckermeister Essers B.6

1861 wird der 1837 geborene Peter Wink als Bäckergeselle bei dem 1827 geborenen Jakob Wanders unter Styrum 106 ½ genannt. Eine ältere Schwester von Peter Wink heiratete Jakob Wanders. Zur gleichen Zeit war der 1846 geborene Wilhelm Grüter als Bäckerlehrling dort angestellt. Im Camperbusch bei Rheinhausen war Jakob Wanders Eigentümer einer Turmwindmühle. Damit hat er wohl sein eigenes Mehl gemahlen. Die Bäckerei lag nach der Gebietsteilung in Oberhausen.

Bäckerei Dummen:

geb. 1852	Dummen, Wilhelm	
geb. 1882	Dummen, Gerh. Herm.	
geb. 1888	Dummen, Gerh. Wilh.	verst. 1931

1861 wird unter Styrum 77 ein Bäckergeselle namens Wilhelm Dummen genannt. Zur gleichen Zeit gab es unter Styrum II 16 die hübsche, 1856 geborene, Bäckermeistertochter Margarethe. Sie war die Tochter der Eheleute Gerhard Buschmann und Elisabeth, geborene Spliethoff. Zehn Jahre hatte Wilhelm Dummen einen Betrieb in Saarn I 333.

1882 kam Sohn Gerhard Wilhelm zur Welt und er heiratete 1919 Anna Tenholt. Gerhard Wilhelm verstarb schon mit 43 Jahren. Nach dem ersten Weltkrieg gab es die Bäckerei an der Alstadener Str. 32 nicht mehr.

7 Tage

Diese Karte enthält Einzelabschnitte über insgesamt:
2430 g Brot, davon 1450 g R-Brot
250 g Fleisch
150 g Butter
70 g Margarine
175 g Marmelade
200 g Zucker
150 g Nährmittel
60 g Kaffee-Ersatz
60 g Käse

Reichskarte für Urlauber
Gültig im deutschen Reichsgebiet

Ausgabestelle EA:

Name: ....

Wohnort: ....

Straße: ....

Ohne Namenseintragung ungültig! Nicht übertragbar! Sorgfältig aufbewahren!
Abtrennen der Einzelabschnitte nur durch Kleinverteiler, Gaststätten usw.

Brotkarte für Urlauber im zweiten Weltkrieg

Bäckerei Wegmann - Sense, Dümptener Str. 21:

geb. 1872 Wegmann, Florenz verst. 1911
geb. 1899 Wegmann, Florenz verst. 1919
geb. 1871 Wegmann, Josefine verst. 1938
geb. 1895 Sense, Hugo
geb. 1925 Sense, Heinz verst. 2017

1910 eröffnete der 1872 geborene Florenz Wegmann sen. an der Dümptener Str. 21 eine Bäckerei und Konditorei. 1896 hatte Florenz die 1871 geborene Elisabeth Josefine Funke geheiratet. Drei Jahre später kam Stammhalter Florenz Wegmann jun. zur Welt.

Florenz Wegmann verstarb 1911, und auch sein Sohn verstarb schon wenige Jahre später, 1919. Eine Zeitlang musste nun die Witwe Josefine Wegmann den Betrieb über die Runden bringen. 1924 heiratete die Tochter Anna Wegmann, geboren 1900, den Bäckermeister Hugo Sense, welcher 1895 das Licht der Welt erblickt hatte. Gemeinsam führten sie nun den Betrieb unter dem Namen Bäckerei Hugo Sense weiter. 1925 kam der ersehnte Stammhalter Heinz Sense auf die Welt und erlernte später das Konditor- und das Bäckerhandwerk und machte in beiden Gewerken seinen Meister.

Heinrich Josef Sense, wie der Geburtsname lautete, war in Styrum wegen seiner leckeren Brötchen bekannt. Bei Schichtwechsel der Thyssen- und Mannesmänner bildeten sich vor der Backstube, noch vor der Geschäftseröffnung, lange Schlangen, um die leckeren Brötchen zu ergattern.

Ende der neunziger Jahre stellte Heinz Sense den Backbetrieb ein. Heute ist dort ein Hauselementegeschäft beheimatet. Viele Styrumer erinnern sich noch gerne an die freundlichen Senses, wo die Kinder immer leckeres Eis am Stil bekamen.

H. Sense 2015

1915

Bäckerei von Felbert:

	von Felbert, Johann
geb. 1831	von Felbert, Hermann
geb. 1863	von Felbert, Max
geb. 1863	von Felbert, Max
geb. 1897	von Felbert, Kurt Aug.
geb. 1904	von Velbert, Bruno

Am 26. Juni 1861 erschien im Kreisblatt und Allgemeiner Anzeiger folgende herzergreifende Anzeige:

Es hat dem Allmächtigen über Leben und Tod gefallen, heute Abend 6 Uhr meine Threue Gattin Elisabeth geb. Korthäuer, im 23. Lebensjahre und im 2. unserer glücklichen Ehe, an den Folgen der Abnehmungs-Krankheit, von meiner Seite zu sich in die Ewigkeit hinüber zu nehmen.
Wie ihr Leben war auch ihr Tod, ruhig, sanft und gottergeben.
Tiefgebeugt stehe ich am Sarge der Dahingeschiedenen und kann nur der Gedanke mich trösten, daß wir einst dort oben wieder vereinigt werden.
Styrum bei Mülheim, 26.06.1861.
Der tiefbetrübte Gatte Hermann von Felbert, nebst Eltern und Geschwister.

Der trauernde Hermann von Felbert war mit der 1838 geborenen Elisabeth Kortheuer verheiratet und sie hatten sich erst 1859 das Jawort gegeben. Schon 1858 musste er den Verlust seines 21 Monate alten Sohnes Hugo beklagen.
1861 war die Adresse Styrum 104 6/8, 1872 Styrum IV 237, 1896 Styrum 206, 1910 war es die Oberhausener Str. 137 und danach gehörte die Bäckerei von Felbert zu Oberhausen.
1910 wird ein Max von Felbert als Bäckermeister und Mitglied der Styrumer Zwangsinnung und in der Tätigkeit als Beisitzer genannt. Verheiratet war er seit 1896 mit der 1875 geborenen Emma Wilhelmine Klees, und sie hatten zusammen drei Kinder. 1950 wird an der jetzt Mülheimer Str. eine Bäckerei mit dem Bäckermeister, Bruno von "Velbert" genannt.

Weitere Bäckereien in Styrum:

1861 geb. 1833 Rasch, Jakob Styrum 107 Zeitungsanzeigen, Grand und Futtermittel
1861 geb. 1834 Rasch, Josefine Styrum 107 Ehefrau, geb. Holler
1861 geb. 1843 Rasch, Matthias Styrum 107 Bruder, Geselle

1861 geb. 1836 Ingenhamm, Johann Styrum 107/11 Geselle
1861 geb. 1825 Siebenmorgen, Wilhelm Styrum 107/3 geschätzter Wert von 3036 Taler

Wilhelm Siebenmorgen hat in Alstaden ohne polizeiliche Genehmigung begonnen ein Wohnhaus zu bauen. Nach einer Strafzahlung sollen 1857 die Zimmer-, Maurer- und Brunnenarbeiten vollendet werden.
Vorsteher Stöckmann

1872 geb. 1800 Klapdor, Johann Mülheimer Str. Vater war Wirt in Broich
1886 Klapdor, Heinrich Wirt,
verh. 1905 mit Emma Korinthenberg, geb. 1877
1900 Lindenberg, Friedrich sen. Styrum Oberhausen
1903 geb. 1885 Lindenberg, Friedrich Styrum Vater war Mitglied der Zwangsinnung 1902

Bäckerladen um 1840

Mellinghofen – Eppinghofen

Bäckerei Konditorei Setzkorn, Sandstr. 126:

geb. 1796	Setzkorn, Wwe.
geb. 1831	Setzkorn, August
geb. 1826	Setzkorn, Gerhard
geb. 1860	Setzkorn, Wilhelm
	Setzkorn, Gerhard
geb. 1873	Setzkorn, Wilhelm
geb. 1879	Setzkorn, Hein. Karl
	Setzkorn, Gerhard jun.
geb. 1860	Setzkorn, Wilhelm Eig.

Unter der Adresse Eppinghofen 132a wird 1861 die 1796 geborene Witwe Setzkorn mit ihren Söhnen August, geboren 1831, und Carl, 1841 geboren, genannt.
An der Aktienstraße 19 1/4 wird bei der Volkszählung von 1861 der 1826 geborene Bäcker Gerhard Setzkorn mit seiner 11 Jahre jüngeren Frau Katharina Remberg und dem 1860 geborenen Sohn Wilhelm geführt. 1872 steht Gerhard Setzkorn unter der Sandstr. 21 im Adressbuch.
Wilhelm übernimmt später die Bäckerei und ist ab 1912 Innungsmitglied. Ein 1873 geborener Wilhelm und der 1879 geborene Bruder Heinrich Karl Setzkorn lassen sich zum Konditor ausbilden und werden an der Sandstr. 126 als Bäcker und Winkelier im Adressbuch geführt.
Wilhelm, 1873 geboren, heiratet 1908 die 1862 geborene Josefine Schwertfeger, welche sich als Konditorin ausgibt und somit in dem Laden mitarbeitet.

Bäckerei Klingenberger:

geb. 1864	Klingenberger, Georg Gustav	verst. 1930
	Klingenberger, Ernst Math.	
	Klingenberger, Ernst	
geb. 1898	Klingenberger, Wilhelm	
geb. 1900	Klingenberger, Otto	
	Klingenberger, Ernst Wwe.	

geb. 1937 Klingenberger, Erna

1900 wird Ernst Klingenberger an der Sandstr. 106 mit einer Bäckerei genannt. Verheiratet ist er mit Margarete Fohrmann. ernst war auch im Bäko-Vorstand aktiv. Der 1898 geborene Wilhelm Klingenberger macht von 1913 bis 1916 beim Vater seine Bäckerlehre. Bruder Otto, 1900 geboren, wird Konditor und heiratet 1930 die 1907 geborene Klara Kaiser.
Beide waren Söhne von Georg Gustav Klingenberger. Dieser war seit 1892 mit der 1868 geborenen Emma Schäfer verehelicht, und sie brachten es auf zehn Kinder.
Georg Gustav war Bauingenieur. Ein weiterer Sohn, Julius, wurde Metzger.
Ottos Ehefrau verstirbt sehr früh und 1937 heiratet Otto Klingenberger die Schwester seiner verstorbenen Frau, Anna Maria Kaiser. Im gleichen Jahr wird Erna Klingenberger geboren. Sie erlernt nach dem Krieg von 1952 bis 1955 beim Vater das Konditorenhandwerk und besteht die Gesellenprüfung mit "sehr gut".
Nach 1970 ist die Konditorei Klingenberger nicht mehr im Adressbuch vorhanden.

Konditorei Obel, Sandstr. 4:

geb. 1874 Obel, Ernst verst. 1956
geb. 1874 Obel, Ernst
Pflipsen, Wilhelm
geb. 1901 Bansberg, Clemens

Am heutigen Kreisverkehr der Eppinhofer Straße und der Sandstraße, gründete um die Jahrhundertwende der 1874 geborene Ernst Obel an der damaligen Sandstr. 4 eine Konditorei. Im Jahr 1900 hat er die Konditormeistertochter Maria Sander vom Kohlenkamp geheiratet, und sie bekamen zwei Kinder.
1937 beendete Ernst Obel seine Inhaberschaft an der Konditorei mit dem Austrag aus der Handwerksrolle und der Konditormeister Wilhelm Pflipsen übernahm den Betrieb. Er hatte gerade, 1936, seine Meisterprüfung bestanden.
Von 1938 bis 1939 wechselte die Konditorei schon wieder den Inhaber. Jetzt war der Konditormeister Clemens Bansberg der Inhaber. Das währte auch nicht lange. Jetzt gibt es an der Sandstr. 4 keine Konditorei mehr.
Heute ist dort ein Kiosk beheimatet.

Bäckerei Heimbach 1943, U.B. Richter *2015 P.Winkel*

Bäckerei Heimbach, Eppinghofer Str. 114:

geb. 1865	Hankel, Emil	verst. 1929
	Terstappen, Conrad	
	Heimbach, Otto	
geb. 1933	Heimbach, Christel	
	Heimbach, Aenne Ww.	
geb. 1946	Heimbach, Manfred	
	Bäckerei Meydan	

1900 wird der 1865 geborene Emil Hankel als Bäcker an der Eppinghofer Str. 114 genannt. Ab 1920 befindet sich sein Geschäft am Löhberg. 1927 ist Conrad Terstappen Bäckermeister an der Eppinghofer Straße und nach ihm kommt 1936 Otto Heimbach. Dieser verstirbt jung.

Weil Sohn Manfred für das Geschäft noch zu jung ist und seinen Bäckermeister noch nicht hat, führt die Witwe Aenne Heimbach, eine Volksschullehrerin, bis zur Volljährigkeit des Sohnes das Geschäft. Die 1933 geborene Tochter, Christel Heimbach, macht von 1948 bis 1951 eine Ausbildung zur Verkäuferin beim Vater Otto. Die beiden Fotos oben sind fast vom gleichen Standpunkt aufgenommen. Sie zeigen die Bäckerei Heimbach nach dem verheerenden Bombenangriff auf Mülheim und die Ecke Heißener Str. Eppinghofer Str. heute.

2000 stand Manfred Heimbach noch unter der Adresse Eppinghofer Str. 114 mit seiner Bäckerei. Als er sich zur Ruhe setzt, übernimmt die türkische Bäckerei Meydan den Betrieb. Sie befindet sich heute noch dort.

Bäckerei Fiedler, Bruchstr. 42:

geb. 1886	Fiedler, Heinrich Paul
geb. 1892	Fiedler, Emilie
geb. 1924	Fiedler, Karl Heinz Math.
geb. 1930	Fiedler, Paul Otto

1853 wird in Eppinghofen Karl Gustav Fiedler geboren. Er heiratet 1881 die 1859 geborene Anna Clöwen, und sie bekommen drei Kinder. Karl Gustav Fiedler wird Lehrer von Beruf. Der 1886 geborene Sohn, Heinrich Paul, möchte den Beruf des Konditors ergreifen und macht von 1901 bis 1904 seine Lehre. Er absolviert seine Meisterprüfung und heiratet 1921 die 1892 geborene Emilie Witthaus und gründet an der Bruchstraße 42 eine Konditorei.

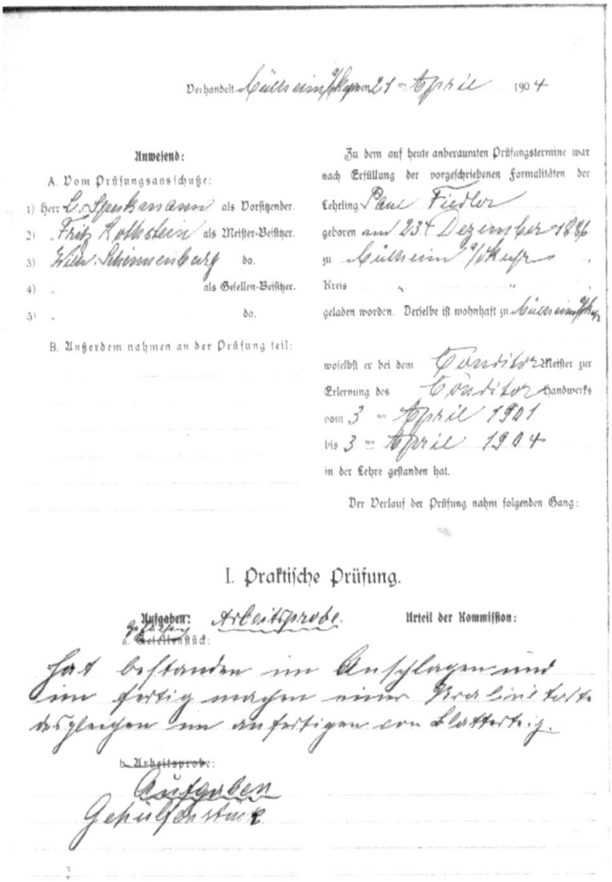
Verhandelt Mülheim-Eppinghofen 21. April 1904

Anwesend:

A. Vom Prüfungsausschuße:
1) Herr ... als Vorsitzender.
2) Fritz ... als Meister-Beisitzer.
3) ... do.
4) als Gesellen-Beisitzer.
5) do.

B. Außerdem nahmen an der Prüfung teil:

Zu dem auf heute anberaumten Prüfungstermine war nach Erfüllung der vorgeschriebenen Formalitäten der Lehrling Paul Fiedler geboren am 23. Dezember 1886 zu Mülheim/Ruhr Kreis geladen worden. Derselbe ist wohnhaft zu Mülheim-Eppinghofen woselbst er bei dem Konditor-Meister zur Erlernung des Konditor-Handwerks vom 3. April 1901 bis 3. April 1904 in der Lehre gestanden hat.

Der Verlauf der Prüfung nahm folgenden Gang:

I. Praktische Prüfung.

Aufgaben: Arbeitsprobe. Urteil der Kommission:

a. Gesellenstück:

b. Arbeitsprobe:

1924 wird Sohn Karl Heinz Mathias Fiedler und 1930 Paul Otto Fiedler geboren. Bee wählen den Beruf des Konditors und führen den Betrieb bis in die achtziger Jahre. Heute sind unter der Adresse Bruchstraße 42 Wohnungen.

Paul Otto Fiedler hat lange Zeit in der Konditorei Hens an der Teinerstraße gearbeitet.

Bäckerei Gerber, Löhstr. 54a, 1914 *Bäckerei Röntgen, 1894 MZ*

Bäckerei Röntgen, Löhstr. 54a:

	Bungert, Wilhelm sen.	
geb. 1838	Roentgen, Robert sen.	verst. 1914
geb. 1863	Roentgen, Robert jun.	verst. 1952
	Gerber, Hans	
geb. 1902	Röntgen, Robert Wilhelm	
geb. 1905	Röntgen, Robert Fried. Gustav	
	Hermann, Karl	

1872 beschreibt Bernd Brinkmann in seinem Buch über Brauereien am Froschenteich 42 den Brauer, Bäcker und Wirt Robert Röntgen sen.
Robert Röntgen war 1861 Geselle bei J. Denkhaus am Kreuzfeld 7. 1862 suchte Robert Röntgen per Anzeige in der RuR für den Froschenteich 44 für seine neu gegründete Bäckerei einen Gesellen.
1886 wohnt Robert Röntgen an der Löhstr. 50 und wird als Gründungsmitglied der Bäcker- und Konditoreninnung 1885 genannt.
An der Löhstr. 50 wird 1874 ein Bäcker namens Wilhelm Bungert sen. erwähnt. Verheiratet war dieser mit Catharina Daubenspeck. Eine Bäckerei Wilhelm Bungert jun. gab es 1913 bis zum ersten Weltkrieg am Hingberg 104.
Von 1891 bis 1893 wählen die Innungsmitglieder R. Röntgen zum Obermeister der neugegründeten Innung.

Die Bäckerei Robert Röntgen, gegründet 1862, Löhstr. 54a in Mülheim-Ruhr empfiehlt:
Spekulatius, das Pfund zu 60 u. 80 Pfennig, Mandelspekulstius 1 Mk.
Ferner empfehle meine frische Burgerbretzeln, schon vor Jahren ärztlich empfohlen. Zieback, Schaumringe für 12 und 5 Pfg. Pumänner mit Pfeifen, nur aus feinem Mürbeteig, sowie viele andere Gebäcke. *MZ, 1.12.1894*

Verheiratet war Robert Röntgen sen. mit Lisette Kalthof, 1840 geboren aus Mellinghofen. Der Ehe entsprossen 4 Kinder, ein Junge und 3 Mädchen.
Am 24.12.1911 feierten sie die Goldene Hochzeit.
In dieser Ehe wurde 1863 Robert jun. geboren. 1893 heiratete dieser Gertrud Schücks. 1902 kam Robert Wilhelm an der Löhstr. 54a zur Welt und drei Jahre später sein Bruder Robert Friedrich Gustav, welcher 1940 Inhaber der Bäckerei an der Löhstr. 54a war.
1917 bis 1927 standen auch die Bäcker Emil Hofmann und Hans Gerber im Adressbuch unter Löhstr. 54a.
1957 stand unter Löhstr. 54a noch ein Karl Hermann als Bäcker im Adressbuch und dann war Schluss.

Bäckerei Boix Aktienstr. 168:

	Frentzen, Heinrich
	Frentzen, Wilhelm
geb. 1906	Boix, Heinrich
	Fuhrmann, Heribert

Von 1920 bis 1923 machte der 1906 geborene Heinrich Boix beim Bäckermeister Heinrich Frentzen an der Aktienstraße 168 seine Ausbildung zum Bäcker.
Heinrich war im Gesellenausschuss der Innung aktiv. 1929 heiratete Heinrich Boix die 1906 geborene Anna Eickmeier. Um 1940 übernahm Heinrich Boix den Betrieb, in dem er seine Lehr- und Gesellenzeit verbracht hatte, von Heinrich und Wilhelm Frentzen. Sein Vater, Peter, war schon 1879 Bäcker in Löwenich bei Köln.
Ein Bruder von Heinrich, Johann, 1908 geboren, wurde Kaufmann.
Nach 1964 war der Betrieb nicht mehr im Adressbuch geführt. Heute steht dort ein Wohnhaus.

Bäckerei Rasfeld, Aktienstr. 174:

geb. 1855 Rasfeld, Peter Heinrich
geb. 1897 Rasfeld, Wilhelm Heinrich
geb. 1934 Rasfeld, Heinz Werner
geb. 1897 Rasfeld, Wwe
geb. 1960 Rasfeld, Klaus

Der Gründer der Bäckerei Rasfeld an der Aktienstraße 174 war der 1855 geborene Peter Heinrich Rasfeld, der Urgroßvater vom heutigen Inhaber Klaus Rasfeld. 1892 heiratete er Anna Sophia Maria Wenzel, 1860 geboren. 1897 kam der Stammhalter Wilhelm Heinrich Rasfeld auf die Welt. 1921 heiratete dieser die 1897 geborene Elisabeth Kiefer. 1927 verstarb Peter Heinrich Rasfeld.

1934 kam Sohn Heinz Werner Rasfeld auf die Welt. Wie seine Vorfahren wurde er auch Bäcker. Er erlernte das Handwerk bei Ernst Altenrath in Broich von 1950 bis 1953. 1983 übernahm er mit seiner Frau Almut den Betrieb vom Vater Wilhelm Heinrich. 1960 wurde Sohn Klaus Rasfeld geboren. Er erlernte das Bäckerhandwerk von 1974 bis 1977. 1986 übernahm Klaus den Betrieb von seiner Mutter, welche die Bäckerei nach dem Tod ihres Mannes, 1984, bis zur bestandenen Meisterprüfung von Klaus geführt hatte.

2013 gaben Klaus und seine Frau Stefanie Rasfeld die Bäckerei an der Aktienstraße und den Marktstand auf dem Mülheimer Wochenmarkt auf. Klaus arbeitet seitdem beim Kollegen Broehnhorst in Heißen.

Sohn Christian Rasfeld, 1990 geboren, machte seine Ausbildung bei der Bäckerei Kahrger.

Klaus und Stefanie Rasfeld

Bäckerei Spicker und oder Spieker:

geb. 1803 Spicker, Friedrich
geb. 1833 Spicker, Heinrich Eppinghofen 123
geb. 1861 Spieker, Georg Fried. Wilh. Eppinghofen 123
geb. 1888 Spicker, Fritz
geb. 1834 Spieker, Georg Hein. verst. 1895
geb. 1884 Spieker, Hugo Eppinghofer Str. 186

geb. 1836 Spicker, Wilhelm
geb. 1878 Spieker, Hugo Wilhelm verst. 1944 Eppinghofer Str. 186

geb. 1847 Spieker, Friedrich jun.
geb. 1878 Spicker, Gustav Eppinghofer Str. 136
geb. 1881 Spicker, Friedrich Eppinghofer Str. 186

geb. 1850 Spieker, Hermann Fried. verst. 1939

geb. 1886 Spieker, Carl Gustav verst. 1887

Im Buch über die Volkszählung 1861 wird unter der Adresse Eppinghofen 124 ein Friedrich Spieker, geboren 1803, mit der Berufsbezeichnung Wirt erwähnt. Verheiratet war er mit der 1810 geborenen Catharina Steines, und sie sechs Kinder. Der Name Spieker wurde zeitweise auch Spicker geschrieben, welches manche Personenzuordnung nicht einfacher macht. Jetzt, unter Eppinghofen 123, wird 1833 Sohn

Heinrich geboren. Er wurde ebenfalls Bäckermeister von Beruf und heiratete 1855 Elisabeth Marks. Ernst Marks, ein Bruder von Elisabeth, machte bei Heinrich Spieker seine Bäckerlehre.
Georg Heinrich Spieker, 1834 geboren, heiratete in zweiter Ehe auch eine Marks, nämlich 1880, die 1855 geborene Berta. Seine erste Frau war Wilhelmine Marks, die Schwester von Berta und Elisabeth. Sie verstarb 1879. Auch Georg Heinrich wurde Bäckermeister und Winkelier.
1892 und 1893 kam es zu einer Zwangsversteigerung der Bäckerei Heinrich Spieker. Weitere Brüder waren der 1836 geborene Wilhelm und der 1847 geborene Friedrich jun., der mit Gertraud Küpper verheiratet war und von Beruf Konditor. 1878 kam deren Sohn Hugo Wilhelm zur Welt. Auch er erlernte den Beruf des Konditors, machte 1904 lt. Zeitungsanzeige seine Meisterprüfung und heiratete1905 die 1880 geborene Christina Winnesberg. Er verstarb 1944 in Dessau.
Der 1850 geborene Hermann Friedrich jun. heiratete 1881 die 1854 geborene Gertrud Schaaphaus und wurde Heizer.
1861 wurde Georg Friedrich Wilh. als Sohn von Heinrich und Elisabeth Marks geboren. Er heiratete 1884 die 1862 geborene Anna Terjung.
Wilhelm Spieker machte sich 1884 in Styrum unter Styrum III 69 mit einer Bäckerei selbstständig. Unter der Adresse Eppinghofer Str. 186 wurden, 1878 Gustav Spicker und 1881 Friedrich Spicker geboren. Beide sind seit 1912 bei der Bäckerinnung eingetragene Mitglieder und Söhne von Friedrich jun. Der 1888 geborene Fritz machte von 1902 bis 1905 beim Onkel, Friedrich Spicker, seine Bäckerlehre und war 1910 mit einer Bäckerei am Scharpenbeg 46 vertreten.
Der 1884 geborene Sohn von Georg Heinrich, Hugo, nahm 1908 die 1884 geborene Maria Bender zur Frau. Er wurde Anstreicher.

Bäckerei Loh:

	Loh Wilhelm
geb. 1831	Loh, Hermann sen.
geb. 1859	Loh, Hermann jun.
geb. 1865	Loh, Gustav Hein.
geb. 1867	Loh, Fried. Wilh. Ernst verst. 1930
	Loh, Ernst

Im Boten für Stadt und Land wird 1842 folgendes beschrieben:

Das dem Hrn. Bäckermeister Wilhelm Loh hierselbst eigenthümlich zugehörige, auf dem Dickwalle hieselbst gelegene Erbe, bestehend aus einem Haupt-, Neben- und Hinterhaus, Stallung, Haushof, Baumhof und einem Garten, alles neben- und hintereinander liegend, verkauft werden.
Da dieses Erbe sich nicht allein zur Bäckerei, Bierbrauerei und einem Laden eignet, und diese Geschäfte in demselben lange Jahre mit gutem Erfolg betrieben worden sind, 1843 wurde die Besitzung auf 1898 Taler geschätzt und auf dem Weg der Subhastation verkauft
Fürstliches Gericht der Herschaft Broich

1859 wird unter Eppinghofen 127a Hermann Loh, geboren 1831, als Wirt und Bäcker genannt. Zu seiner Wirtin macht er die 1839 geborene Bertha Springorum. 1859 kommt Sohn Hermann jun. als Nachwuchsbäcker und Wirt auf die Welt.
1865 folgt Gustav Heinrich, welcher 1889 sich mit Margarethe Wilhelmina Becker, geboren 1866, vermählt.
Sein Bruder, Friedrich Wilhelm Ernst Loh, 1867 geboren und 1930 verstorben, heiratet 1892 Anna Elise Denkhaus, 1869 geboren. Friedrich Wilhelm Ernst wird Bäcker und Wirt. Mit Friedrich Wilhelm Ernst schließt sich der Kreis der Bäcker- und Wirtsfamilie Loh.

Bäckerei Möller, Heißener Straße 83:

geb. 1825	Möller, Gerhhard sen.		
geb. 1834	Möller, Wwe. Gerhard		
geb. 1859	Möller, Gerhard jun.	verst. 1917	
geb. 1885	Möller, Gerhard Johann		
geb. 1888	Möller, Johann		
geb. 1890	Möller, Hermann	verst. 1939	
geb. 1896	Möller, Robert		
geb. 1897	Möller, Hugo		
geb. 1855	Möller, Hermann	verst. 1900	Sandstr. 34
geb. 1880	Möller, Johann	verst. 1946	
geb. 1881	Möller, Gerhard		
geb. 1885	Möller, Hermann		
geb. 1888	Möller, Hermann		

geb. 1890 Möller, Gerhard verst. 1956
geb. 1892 Möller, Friedrich Wilhelm
geb. 1894 Möller, Wilhelm
Funke, Hermann
geb. 1943 Funke, Liesel

Name
(Firma)

geboren am 1

ist als Inhaber
eines Betriebes
am 193
in die Handwerksrolle eingetragen.

Düsseldorf, den 19

Handwerkskammer zu Düsseldorf

Präsident Syndikus

Beglaubigt

Gebühr RM 2.—

Eigenhändige Unterschrift

Die Handwerkskarte ist der Handwerkskammer zurückzugeben, wenn der Betrieb eingestellt wird.

Die weitverzweigte Familiengeschichte begann 1825 mit der Geburt von Gerhard Möller. Wohnhaft war er im Haus Eppinghofen 72 1/2a. Von Beruf war Gerhard noch Schiffer. Er heiratete Helene Terjung.

1855 wurde Sohn Hermann geboren. Hermann heiratete 1879 die 1859 geborene Maria Straßburger. Er erlernte den Bäckerberuf, machte seinen Bäckermeister und betrieb mit seinem 1859 geborenen Bruder Gerhard, jetzt Heißener Straße 83, eine Bäckerei und einen Winkelladen. Das Geschäft war 1893 mit der Summe von 13600 RM bei der Rheinischen Provinzial Feuerversicherung versichert. Vorher, 1892, musste Gerhard Möller allerdings Konkurs anmelden. Es ging aber weiter. Hermann Möller und Maria Straßburger bekamen sechs Söhne.

1880 kam Johann, er heiratete 1920 Anna Senz und wurde später Wirt.

1881 kam Gerhard zur Welt, 1888 Hermann, welcher 1922 Elfriede Lücker heiratete

und auch Wirt wurde. Vorher machte Hermann Möller bei August Sander von 1903 bis 1906 eine Conditorlehre. 1892 kam noch Gerhard, welcher 1923 Hulda Eichwein heiratete und Stadtassistent wurde.
Der 1859 geborene Gerhard, jüngerer Bruder von Hermann heiratete 1884 Gertraud Henriette Straßburger, die Schwester seiner Schwägerin Maria Straßburger.
1920 heiratete der 1888 geborene Johann Möller die 1895 geborene Elisabeth Lierhaus und er erlernte das Bäckerhandwerk. (Sohn von Gerhard jun. geb. 1859)
1890 wurde Hermann geboren, welcher 1922 die 1897 geboren Helene Ufer ehelichte und Schlosser wurde. Er verstarb 1939. 1896 kamen Robert und 1897 Hugo zur Welt.
Die letzteren erlernten nicht das Bäckerhandwerk, sondern übten andere Beruf aus. Im dritten Reich hieß die Heißener Str. noch Paul Wessel Str. Nach dem Krieg übernahm Hermann Funke die Bäckerei Möller an der Heißener Straße 83.
Hermann Funkes Tochter, Liesel, 1943 geboren, machte beim Vater von 1959 bis 1962 die Ausbildung zur Fachverkäuferin.
Heute steht an der Stelle, wo es einst die Bäckerei gab, ein prächtiges Wohnhaus, welches noch gar nicht so alt ist.

Bäckerei Hilterhaus:

geb. 1750	Hilterhaus, Johann	
geb. 1865	Hilterhaus, August Wilhelm	verst. 1939
geb. 1898	Hilterhaus, Wilhelm	
geb. 1905	Hilterhaus, Gerhard Fried.	
geb. 1934	Hilterhaus, Gerd Georg Wilhelm	
geb. 1917	Hilterhaus, Hermann	

An der Heißener Straße mit der Hausnummer 22 gab es die Bäcker Hilterhaus.
Schon 1802 fiel der Name Hilterhaus als Bäckermeister bei einem Hauskauf an der Leineweberstraße.
Der 1865 geborene August Wilhelm Hilterhaus heiratete 1896 Mathilde Möller von der Bäckerfamilie Möller von der Heißener Str. 83. Im gleichen Jahr gründete August an der Heißener Str. 22 eine Bäckerei und Kleinwarenladen, einen Winkelladen. 1898 kam Sohn Wilhelm zur Welt und erlernte das Konditorenhandwerk.
Der 1905 geborene Gerhard Friedrich erlernte von 1920 bis 1923 beim Vater das Konditorenhandwerk und machte später seinen Meister.

1930 heiratete Gerhard Friedrich die 1909 geborene Emma Linge. 1934 kam Sohn Gerd Georg Wilhelm Hilterhaus zur Welt. Im gleichen Jahr, es war wohl eine Doppelhochzeit, heiratete Bruder Wilhelm die 1903 geborene Agnes Bodenbach.
Der 1917 geborene Hermann erlernte bei Georg Hofmann von 1933 bis 1936 auf dem Dudel das Bäckerhandwerk. Im zweiten Weltkrieg wurde das Haus zerstört und nach dem Krieg wurde an seiner Stelle ein Geschäftshaus errichtet.

s **Einbrecher festgenommen.** Anfang dieser Woche wurden wiederholt Einbruchsdiebstähle verübt, u. a. bei dem Bäckermeister Hilterhaus, Heißener Straße, und dem Uhrmacher Rauchholz, Kirchplatz. Die Diebe drangen bei Hilterhaus durch das Oberlicht eines Fensters ein und stahlen Seife, Seifen- und Brotkarten und vereinnahmte Brotkartenabschnitte. Bei Rauchholz wurden für etwa 2000 Mk. Herren- und Damenuhren und Uhrketten gestohlen, und es wurde versucht, den Hund zu vergiften. Außerdem entwendeten die Diebe vor kurzer Zeit dem Althändler Reiner drei Anzüge. Der Polizei ist es nunmehr gelungen, einen der Diebe, den arbeitslosen Wilhelm Apholt, der schon wegen schweren Diebstahls vorbestraft ist, zu erwischen und in Sicherheit zu bringen.

MZ, 1916 Einbruch, Bäckerei Hilterhaus

Bäckerei Lübben - Hoffmann:

geb. 1877	Buchloh, Carl verst. 1918
	Hoffmann, Theodor
	Hoffmann, Heinz
geb. 1947	Hoffmann, Heinz Werner
geb. 1951	Hoffmann, Heinz
geb. 1954	Lübben, Walter
geb. 1954	Bäckerei Walter Lübben

Bäckerei Hoffmann - Lübben 100 Jahre

Um 1900 ist am Goetheplatz der 1877 geborene Carl Buchloh mit einer Bäckerei vertreten. Verheiratet war er mit Anna Hofstadt. 1918 fällt Carl Buchloh im ersten Weltkrieg. Schon 1916 eröffnete am Goetheplatz 3 der Bäckermeister Theodor Hoffmann eine Bäckerei und Konditorei. 1945 übernimmt nach der obligatorischen politischen Überprüfung sein Sohn Heinz Hoffmann den Betrieb. Heinz, der in der Bevölkerung wegen seiner Körperfülle auch „Puhmann Hoffmann“ genannt wurde, übergab den Betrieb später an seinen Sohn Heinz Werner. Dieser war mit Heinz Obermann und mir zusammen in der Berufsschule. Aus Gesundheitsgründen musste Heinz Werner den Beruf aufgeben.

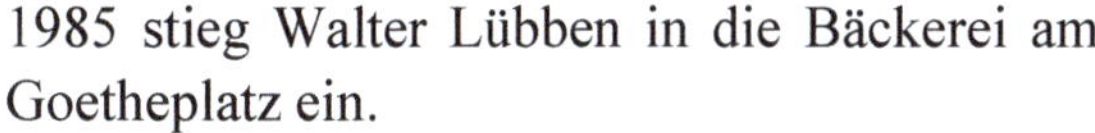
1985 stieg Walter Lübben in die Bäckerei am Goetheplatz ein.

Walter Lübben backt noch mit einem alten Krick Dampfbackofen hervorragendes Brot. Auch bietet er Backkurse für Kinder und Erwachsene an, welche sich lt. WAZ Jan. 2018, großer Beliebtheit erfreuen. Wenn der 1954 geborene Walter Lübben sein Rentenalter erreicht hat, also in ca. 3 Jahren, will er die Backstube am Goetheplatz abschließen. 2016 feierte Walter Lübben das 100-jährige Geschäftsjubiläum der Bäckerei Hoffmann - Lübben.

Bäckereien in Mellinghofen:

1861	geb. 1830	Hegels, Hermann	Mellinghofen 25 Ehef. Lisette, geb. 1832
			Lehrling Friedrich Schmitz geb. 1837
1872		Lüttgens, Karl	Mellinghofen 25
1900		Lüttgens, Karl	Mellinghofen 25

Dem Bäckermeister Heinrich Krusenbaum, Aktienstraße 127, ist am 24. Dezember d. J. die Brotverkaufsstelle wegen Unzuverlässigkeit entzogen worden. Krusenbaum hat seine Kunden noch für die 1. und 2. Woche der neuen Kartenperiode mit Brot zu beliefern. Von der dritten Woche ab werden die bei Krusenbaum eingetragenen Kunden von der Brotverkaufsstelle Konsumverein Eintracht, Aktienstraße 158, beliefert. 1054

Mülheim (Ruhr), den 20. Dezember 1920.

Der Oberbürgermeister: J. B. Tommes

RheinRuhrZeitung,1920

Bäckerei Koch:

1872	Krusenbaum, Hermann	Mellinghofer Str. 34
1900	Krusenbaum, Hermann	Aktienstr. 127
1895	Panzer, Johann	Notweg 5
1898	Koch, Jean	Notweg 5
1927	Koch, Johann	Notweg 5
1920	Krusenbaum, Heinrich	Aktienstr. 127
1930	Koch, Friedrich	Aktienstr. 127
1957	Koch, Josef	Aktienstr. 127

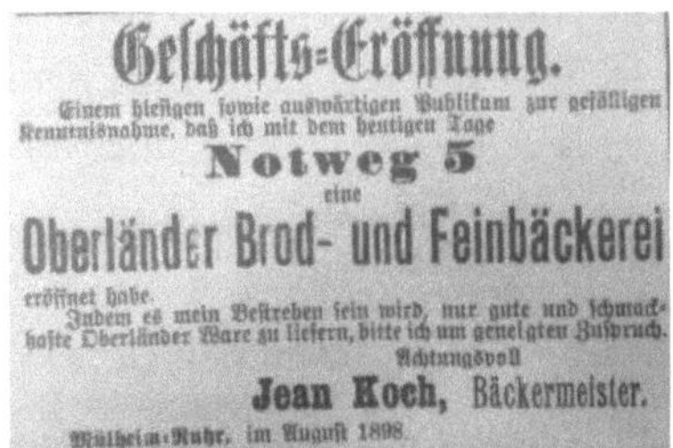

Geschäfts-Eröffnung.

Einem hiesigen sowie auswärtigen Publikum zur gefälligen Kenntnisnahme, daß ich mit dem heutigen Tage

Notweg 5

eine

Oberländer Brod- und Feinbäckerei

eröffnet habe.

Indem es mein Bestreben sein wird, nur gute und schmackhafte Oberländer Ware zu liefern, bitte ich um geneigten Zuspruch.

Achtungsvoll

Jean Koch, Bäckermeister.

Mülheim-Ruhr, im August 1898.

Im Adressbuch von 1872 wird an der Mellinghofer Str. 34 die Bäckerei Hermann Krusenbaum genannt. 1895 steht sie im Verzeichnis der Feuerversicherung mit einer Summe von 4100,- Reichsmark. Um 1900 lautet die Anschrift Aktienstraße127. Krusenbaum bleibt dort bis 1921 als Bäckermeister tätig. Am Notweg 5 eröffnet 1898 ein Jean oder auch Johann Koch eine Bäckerei. Sein Vorgänger, Johann Panzer, wird ebenfalls 1895 bei der Feuerversicherung mit einem Betrag von 3800 Mark erwähnt. Der Notweg hieß später Hindenburgstraße und danach Friedrich Ebert Straße. Ab

1921 übernimmt Friedrich Koch die Bäckerei von Hermann Krusenbaum an der Aktienstr. 127.
Nach dem zweiten Weltkrieg übernimmt Josef Koch den Betrieb und beliefert über lange Jahre andere Bäcker in Mülheim und Umgebung mit seinem beliebten Schwarzbrot.
Nach 1980 ist die Bäckerei Koch aus den Adressbüchern – und somit als Schwarzbrotspezialist – verschwunden. Heute steht dort ein großes Wohnhaus.

Bäckerei Langhoff:

geb. 1840	Langhoff, Hermann
1900	Langhoff, Johannes
1940	Langhoff, Joh. Wwe
1950	Langhöff, Emilie
1964	Langhoff, Heinz

Der 1840 in Walsum geborene, spätere Bäckermeister Hermann Langhoff war 1884 Eigentümer des Hauses Auerstr. 44. 1885 verstirbt er und ab 1903 steht Johannes Langhoff als Eigentümer der Bäckerei. 1900 ist Johannes Langhoff als Wirt, Bäcker und Spezereienhändler im Adressbuch unter der Adresse Auerstraße 44 verzeichnet.
1905 wird der Betrieb an der Hornstraße 20 angesiedelt.
Im gleichen Jahr wird in den Akten der Handwerkskammer zu Düsseldorf ein Verstoß gegen die Statuten angezeigt.
Johann Langhoff habe Lehrlinge nicht der Handwerkskammer gemeldet.
Ab 1940 wird die Witwe Emilie Langhoff mit einer Bäckerei an der Hornstr. 20 geführt. 1964 steht Heinz Langhoff dem Betrieb vor. 1990 geht der Ofen an der Hornstraße 20 aus. Es wird dort keine Bäckerei mehr erwähnt.

Bäckerei Moes, Eppinghofer Str.123:

geb. 1876	Moes, Peter	verst. 1927
geb. 1912	Moes, Josef	
geb. 1908	Moes, Aloys	
	Moes, Hans	

Eine Beschreibung zur Bäckerei Moes ist unter Moes in Saarn, Waldbleeke, zu finden.

Bäckerei Nünninghoff August - Fermer - Bertram:

geb. 1868	Nünninghoff, Carl August
geb. 1894	Nünninghoff, Fritz
geb. 1894	Nünninghoff, Fritz – Geselle
geb. 1895	Nünninghoff, Friederich
geb. 1936	Lauterfeld, Werner
geb. 1897	Nünninghoff, Johann Friederich
geb. 1924	Nünninghoff, Heinz Aug.
	Geschw. Rehmann
	Fermer, Otto
geb. 1970	Bertram, Kai

Zu den alteingesessenen Bäckereien in Mülheim gehört auch die Bäckerei August Nünninghoff an der Charlottenstr. 73.
1868 wurde Carl August Nünninghoff geboren. Carl August heiratete 1893 Christiane Anna Backhaus, 1868 geboren und schon 1899 verstorben. Drei Kinder schenkte sie Carl August. 1900 heiratete Carl August ein zweites Mal, die Auserwählte war B. Nierhaus, 1872 geboren und mit 82 Jahren verstorben.
Diese Ehe brachte ebenfalls drei Kinder. Der 1897 geborene Johann Friedrich heiratete 1922 die 1897 geborene Hilda, und sie bekamen einen Sohn.
Auch Johann Friedrich war Bäckermeister.

1895 kam Sohn Fritz zur Welt und machte von 1911 bis 1914 eine Bäckerlehre beim Vater. 1903 machte Hermann Weinberg eine Bäckerlehre bei Nünninghoff, ab 1904 musste er für die Ausbildung sogar Lehrgeld bezahlen.
1920 wurde Fritz als aktiver Mitstreiter im Gesellenverein genannt.
1951 übernahm er als Bäckermeister für ein paar Jahre den Vorsitz im Gesellenprüfungsausschuss.

Der 1924 geborene Sohn Heinz August Nünninghoff starb 1944 im Krieg und damit fehlte der Nachfolger im Betrieb. 1970 übernahm Otto Fermer den Betrieb und zog 1973 zur Heinrichstr. 33 in den Betrieb von

Franz Demes, weil das Haus Charlottenstr. 73 wegen einer Straßenerweiterung abgerissen wurde.

Bäckerei van de Mötter – Bertam:

geb. 1889 van de Mötter, Jakob sen.
geb. 1922 van de Mötter, Jakob jun.
Demes, Franz
Fermer, Otto
geb. 1970 Bertram, Kai

1915 gründete Jakob van de Mötter, 1889 geboren, im neu erbauten Haus an der Heinrichstr. 33 eine Bäckerei. 1911 war er bereits mit der 1886 geborenen Katharina Margareta Schulten den Bund fürs Leben eingegangen, und 1922 kam der Stammhalter Jakob jun. van de Mötter zur Welt. Jakob jun. machte von 1936 bis 1939 beim Vater die Bäckerlehre und wurde kurze Zeit darauf zur Wehrmacht eingezogen. 1942 fiel er im Krieg und damit gab es keinen Nachfolger.
1944 verstarb Jakob van de Mötter.
1940 übernahm Franz Demes den Betrieb und führte die Bäckerei mit angeschlossenem Lebensmittelladen bis 1970.
Es folgten Anne und Wilhelm Schmuck als Inhaber der Bäckerei mit Lebensmittelgeschäft. Ihr Nachfolger wurde Otto Fermer, der an der Charlottenstr. 73 bereits die Bäckerei von Fritz Nünninghoff als Pächter führte.
Die Bäckerei an der Charlottenstraße wurde 1973 wegen neuer Straßenführung zur mgehungsstraße abgerissen. Otto Fermer zog zur Heinrichstraße 33.
Von Otto Fermer übernahm Bäckermeister Kai Bertram den Betrieb und er führt ihn noch heute. Kai Bertram zählt zu den wenigen Bäcker und Konditoren, welche heute noch in Mülheim produzieren.

Konditorei Braun:

geb. 1909 Braun, Dietrich gefall. 1944 Kappenstr. 106
geb. 1900 Braun, Artur
Braun, August
geb. 1914 Braun, Adolf
Braun, Gerhard
geb. 1922 Braun, Rolf

Der Eigentümer der Bäckerei Eppinghofer Str. 123 war von 1920 bis 1930 der Bäcker Peter Moes. Die Bäckerei betrieb seit 1861 der Bäcker August Braun.
1900 wird Artur Braun geboren, und dieser macht von 1914 bis 1917 bei Gustav Sander eine Konditorlehre.
Der 1914 geborene Adolf Braun geht von 1930 bis 1933 zu Rudolf Sander in die Konditorlehre. Rolf Braun, 1922 als Sohn von Artur Braun geboren, macht von 1936 bis 1939 seine Konditorenausbildung beim Vater.
Nach dem Krieg ist die Bäckerfamilie Braun nicht mehr mit einer Bäckerei oder Konditorei vertreten.

Bäckerei Nünninghoff:

geb. 1889	Nünninghoff, Friedrich Wilhelm
geb. 1921	Nünninghoff, Karl Friedrich
geb. 1926	Nünninghoff, Hein. Wilhelm
geb. 1926	Nünninghoff, Wilhelm

Um 1900 wird an der Heinrichstraße 20 die Bäckerei Nünninghoff genannt.
Der 1889 geborene Friedrich Wilhelm Nünninghoff heiratete 1919 die 1892 geborene Katharina Johanna Becker und sie bekamen zwei Söhne. Der 1921 geborene Karl Friedrich machte von 1938 bis 1941 beim Vater seine Bäckerlehre.
Seine Gesellenprüfung musste wegen der Einberufung zur Wehrmacht vorgezogen werden.
Der 1926 geborene Bruder Heinrich Wilhelm machte seine Ausbildung zum Bäcker nach dem Krieg, von 1948 bis 1950. Ab 1970 steht keine Bäckerei Nünninghoff mehr an der Heinrichstraße 20 im Adressbuch. Heute steht dort ein Wohnhaus.

Bäckerei Buchloh:

geb. 1869	Buchloh, Gerhard Hermann
geb. 1870	Buchloh, H. Ww.
geb. 1907	Buchloh, Wilh. Gerhard
Herm.	Buchloh, H. Ww.

1869 wird an der Eppinghofer Str. 93 Hermann Buchloh geboren. 1894 heiratet er Wilhelmine Eva Luise Rofs, macht seinen Bäckermeister und gründete mit seiner Frau an der Eppinghofer Str. 93 eine Bäckerei. In Zeitungsanzeigen machen sie darauf aufmerksam, dass sie zweimal täglich frische Brötchen backen. Per Anzeige suchten sie Hilfe in Form eines Gesellen.

H. Buchloh, 1908

1907 kommt Gerhard Hermann zur Welt, macht 1930 seine Meisterprüfung und führt den Betrieb von 1936 bis 1937.

1937 wird ihm die Führung des Betriebs entzogen, und er wird aus der Handwerksrolle gelöscht. Die Gründe dafür sind unbekannt, ich vermute, die Politik steckte dahinter.

Bäckerei Rasche:

geb. 1851	Rasche, Karl Wilhelm
	Brinks, Johannes
	Endemann, Wilhelm
geb. 1902	Rasche, Lorenz
	Benecke, Wilhelm
geb. 1923	Rasche, Günter
geb. 1931	Rasche, Helmut
geb. 1939	Rasche, Hannelore
geb. 1941	Rasche, Karl Josef
	Hylla, Dieter
	Schaus, Manfred
	Weiss, Werner

Karl Wilhelm Rasche, 1851 geboren, heiratete 1878 Sophie Maria Clarin und sie bekamen 13 Kinder, welche von der Bäckerei an der Eppinghofer Str.186 ernährt wurden. 1920 war dort auch Johannes Brinks mit einer Bäckerei registriert. Heute ist die Eppinghofer Str. 186 das Spieker Eck.

Vor Lorenz Rasche war Fritz Spieker an der Eppinghofer Str. 186 tätig.

Der Letztgeborene war Lorenz, 1902 zur Welt gekommen. Lorenz Rasche wollte Bäcker werden und machte von 1916 bis 1919 beim Bäckermeister Heinrich Scholl an der Eppinghofer Str. 3 seine Ausbildung. 1926 heiratete er Gertrud Köntges und

sie brachten acht Kinder ans Licht der Backstube. Günter Rasche, ein Neffe, machte von 1937 bis 1940 beim Onkel Lorenz eine Bäckerlehre.
Der 1931 geborene Sohn, Helmut, war von 1946 bis 1949 beim Vater in der Ausbildung und anschließend hat er mit Willi Obermann und Walter Graf seinen Bäckermeister in Düsseldorf gemacht. Auch der 1941 geborene Karl Josef Rasche machte von 1955 bis 1958 beim Vater eine Lehre. Tochter Hannelore, 1939 geboren, machte ihre Ausbildung zur Verkäuferin von 1954 bis 1956 beim Vater.
1984 kam das Ende der Bäckerei Rasche an der Eppinghofer Str. 186.

Im Haus Eppinghofer Str. 200 begann das Bäckerwesen um 1920 mit Wilhelm Endemann. Dann war Wilhelm Benecke fünf Jahre dort als Bäcker tätig, bevor er in den dreißiger Jahren zur Oberhausener Straße wechselte und die Styrumer Brotfabrik führte. Danach übernahm Lorenz Rasche den Betrieb in der Nachbarschaft seiner Bäckerei.
1985 war Dieter Hylla mit einer Konditorei dort zu Hause und 1990 Manfred Schaus.
Danach wechselten sich im Ladenlokal noch verschiedene Bäckereien mit Filialgeschäften ab, wie der Bäcker Wiedelmann oder der Bäcker Peter aus Essen.
Ab 2014 ließ sich ein Afrikaladen dort nieder.

Bäckerei Bobbert, Jäger, Amshoff:

geb. 1880	Bobbert, Karl Josef	
geb. 1914	Bobbert, Karl Adolf Joh.	verst. 1943
geb. 1913	Jäger, Rudolf	verst. 1997
geb. 1953	Jäger, Günter	
geb. 1932	Amshoff, Alois	
	Amshoff Hermann	

Im Jahr 1880 wird Karl Josef Bobbert geboren. Er macht sich nach der Jahrhundertwende an der Jackenstr. 3 der späteren Schloßstraße selbstständig.
Karl Josef Bobbert meldete sich 1912 in der Bäckerinnung an und wechselte 1920 von der Jackenstr. 3 zur Aktienstraße

129b. Zusammen mit seiner Frau, Maria Senge, die er 1907 heiratete, bekamen sie vier Kinder. Der 1914 geborene Karl Adolf Johann Bobbert stieg in die Fußstapfen des Vaters und machte von 1929 bis 1932 bei Leo Tietz eine Konditorlehre. 1939 heiratete er Johanna Julia Hoffmann und kam 1943 im zweiten Weltkrieg ums Leben.
1945 stieg der Bäcker und Konditormeister Rudolf Jäger, geboren 1913, ins Geschäft von Karl Bobbert mit ein. Karl Bobbert blieb Eigentümer der Häuser 129b und 129c. 1957 ist Rudolf Jäger alleiniger Inhaber der Bäckerei und wechselt Ende der fünfziger Jahre zum Hustadtweg 48.
Sohn Günter Jäger, 1954 geboren, macht von 1968 bis 1971 beim Vater seine Ausbildung und arbeitet später bei Bernhard Sudhoff in Oberhausen.
Bernd Orlik verbrachte im Umfeld der Bäckerei Jäger am Hustadtweg seine Jugendzeit und wurde dort vom Bäckervirus infiziert. 1960 übernimmt Alois Amshoff die Bäckerei an der Aktienstr. 129b.
1970 baut der 1932 geborene Alois Amshoff an der Kappenstraße 81/ Ecke Nordstraße eine neue Bäckerei und Konditorei. 1999 wird Sohn Hermann Amshoff als Inhaber der Bäckerei Amshoff geführt. Er eröffnet mehrere Filialen, wie in Speldorf, Styrum und Winkhausen. 2015 übergibt er aus gesundheitlichen Gründen einen ganzen Betrieb der Bäckerei Hemmerle.

Bäckerei Konditorei Eppinghofer Str. 12:

	Dupin, Gerhard
geb. 1882	Dupin, Carl
	Maas, Gerhard
geb. 1860	Prause, Julius/Luis
	Herker, Johann
	Herker, Hermann
	Herker, Johannes
	Herker, Karl Heinz

Im Jahr 1872 wird unter der Adresse Eppinghofer Str. 12 Gerhard Dupin selbständig mit einer Bäckerei genannt. 1874 wird ein kleiner Brand in der Backstube aktenkundig. Sein Sohn Carl Dupin, 1882 geboren, änderte die Bäckerei in eine Konditorei um. Unter der gleichen Adresse wird 1910 Johann Herker als selbstständiger Konditor geführt. Vor Johann Herker war Gerhard Maas dort Konditor. Louis Prause ver-

zierte mit seiner 1895 angetrauten Lisette Stecklenbeck dort Torten. Johann Herker ist auch im neu gegründeten Konditoren-Innungsvorstand tätig. Johann folgt 1920 Hermann Herker an der Eppinghofer Str. 12.
Johann Herker steht ab 1930 unter der Adresse Kaiserstr. 45 im Adressbuch.
Das ist das Haus neben dem Café Ringel, dem in den fünfziger Jahren bekannten Schüler und Jugendtreff. Nach der Bombennacht 1943 stand dort kein Haus mehr. Ab 1959 wird der Sohn oder Enkel von Johann, Karl Heinz Herker, an der Kirchstraße 80 – vormals Café Hack – im Adressbuch als Bäckermeister genannt.

Bäckerei Zähres:

Eppinghofen

geb. 1815 Zähres, Mathias
geb. 1822 Zähres, Hermann verst. 1880
geb. 1845 Zähres, Wilhelm sen.
geb. 1848 Zähres, Hermann verst. 1886

geg. 1849 Zähres, Wirich verst. 1882
geb. 1878 Zähres, Wilhelm Herm.
geb. 1885 Zähres, Hermann verst. 1957
geb. 1869 Buchloh, Hermann, sen
Buchloh, Hermann, jun.
geb. 1885 Zähres, Hermann
geb. 1919 Zähres, Hermann Wilhelm
geb. 1921 Zähres, Hans Werner
geb. 1899 Zerres, Heinrich
Zerres, Heinrich
Zeeres, Heinrich

Saarn

geb. 1815 Zähres, Matthias
geb. 1845 Zähres, Gustav Mathias
geb. 1855 Zähres, Heinrich verst.1929
geb. 1888 Zähres, Heinrich jun. verst. 1953
geb. 1901 Zähres, Wilhelm August

Unter der Adresse Eppinghofen 93 wurde 1861 der 1822 geborene Bäckermeister Hermann Zähres genannt. Er war mit Anna Mellinghoff verheiratet. Sein Bruder Mathias Zähres war mit Christina Rossenbeck verheiratet und beide waren Bäcker von Beruf. Sohn Wilhelm kam 1845 zur Welt, Sohn Hermann 1848 und Wirich Zähres 1849. Vier weitere Kinder sind früh verstorben. Zu dieser Zeit war H. Brandt, geboren 1844, Geselle bei Hermann Zähres.
Wirich Zähres heiratete 1876 Helene Tübben, und sie hatten zwei Töchter. Er verstarb, 1882, in jungem Alter von 37 Jahren. 1875 heiratete Hermann Zähres Anna Volkenborn.
1885 erblickte Hermann Zähres das Licht der Welt. Er heiratete 1918 Katharina Vorhoff, und sie bekamen zwei Kinder. 1957 verstarb Hermann.
1878 kam Wilhelm Hermann, Sohn von Hermann Zähres, zur Welt. Er heiratete 1907 Kath. Wilh. Schönnenbeck. Wilh. Hermann erwählt den Beruf des Kaufmanns.
Die Familie Zähres verlegte die geschäftlichen Aktivitäten zum Kohlenkamp 19.
An der alten Adresse wurde 1900 Hermann Buchloh, geb. 1869, genannt.
Sein Sohn, Hermann Buchloh jun. macht 1930 seine Bäckermeisterprüfung und ist von 1936 bis 1937 an der Eppinghofer Straße tätig.
Wilhelm Zähres war 1912 in die Bäckerinnung eingetreten.
Der 1899 geborene Heinrich Zähres suchte sich 1928 Anna Brinkmann, 1901 in Styrum geboren, zur Ehefrau aus. Ihr Vater war Wilhelm Heinrich Brinkmann, Bäckermeister in Styrum, geboren in Andernach und verheiratet mit Gertraud Dieker. Heinrich Zähres war an der Mühlenstr. 155 als Bäckermeister beheimatet.
1919 kam Sohn Hermann Wilhelm, Sohn vom 1885 geborenen Hermann Zähres, zur Welt. Er heiratete 1947 Ilse Mundt. Bruder Hans Werner Zähres, 1921 geboren, heiratete ein Jahr später Brunhilde Schulz.
Von 1940 bis in die sechziger Jahre des letzten Jahrhunderts gab es in Styrum an der Augustastraße 6, die Bäckerei Heinrich Zeeres. Das Haus gehörte Heinrich Tofahrn von der Schwerinstraße. Von welchem Zweig der Familie diese Zerres oder Zähres stammen, muss noch geklärt werden.
Erwähnung fand auch 1897 ein Bäcker und Kaufmann Heinrich Zähres, geboren 1855 in Saarn durch eine Zwangsversteigerung seines Grundstücks mit Gebäude. Er war der dritte Bruder von Hermann und Mathias.
Verheiratet war Heinrich seit 1882 mit Margarete Pattberg. 1888 kam Sohn Heinrich jun. zur Welt, auch er wurde später Bäcker und Kaufmann in Saarn und heiratete 1915 die 1892 geborene Helene Schlösser, und zwei Kinder erfüllten das Familien-

glück. Heinrich Zähres sen. hatte noch einen Bruder namens Gustav Mathias, geboren 1845. Beide stammen vom 1815 geborenen Mathias Zähres ab, wohl einem Bruder von Hermann Zähres aus Eppinghofen 93. Mathias sen. war mit Christine Rosenbeck verheiratet.
Gustav Mathias ehelichte 1874 die 1851 geborene Katharina Vetter. Alle drei waren Bäcker von Beruf.

Ferdinand Hölterhoff 1833 -1913 Eppinghofer Str. 126, Sohn von Wirt Karl Wilh. Hölterhoff und Johanna Kaiser
Heinrich Hölterhoff verh. mit Klara Maria Broschmann.

Bäckerei Konditorei Stein:

geb. 1810	Stein, Johann Heinrich	
geb. 1850	Stein, Gerhard	verst. 1936
geb. 1881	Stein, Ernst Wilhelm	verst. 1958
	Stein, Gustav	
geb. 1912	Stein, Friedrich	gefall. 1943

1810 meldete der Bäcker Ludwig August Stein mit seiner Frau Gertraud Damomboun, die Geburt ihres Sohnes Johann Heinrich an.
Unter der Adresse Eppinghofer Str. 141 gab es im Adressbuch die Konditorei und Bäckerei von dem 1850 geborenen Bäckermeister Gerhard Stein. Mit 25 Jahren machte er sich dort selbstständig und heiratete im gleichen Jahr Anna Elisabeth Volkenborn. Ein Jahr später heiratete Gerhard Stein ein zweites Mal und zwar Caroline Kalthoff.
Zuerst kam Gustav und 1881 kam Sohn Ernst zur Welt. Ernst warb 1906 um die Hand von Maria Ruhr, welche 1883 das Licht der Welt erblickt hatte. Sohn Ernst Friedrich, 1912 geboren, erlernte das Konditorenhandwerk und gründete eine Konditorei am Hingberg 96. Er ist 1943 in Russland gefallen.
Gustav Stein war noch bis 1930 an der Eppinghofer Straße 141 als selbstständiger Konditor tätig.

Bäckerei Stehlgen:

1861 geb. 1800 Stehlgen, Hermann verst. 187 Mellinghofen 32 1/2

1880 gcb. 1839 Stehlgen, Heinrich Mellinghofen 32 1/2
Wirt und Spezereienhändler,
1880 = Mellinghofen 86
1861 geb. 1846 Stehlgen, Ferdinand Mellinghofen 32 1/2
1880 nicht mehr im Adressbuch

In Eppinghofen verteilte in diesem Winter die Geschäftsführung der Zinkhütte für Bedürftige Brodzettel, womit dies bei Ortsansäßigen Bäckern Brod bekamen. Leider wurden nicht alle Bäcker berücksichtigt und gingen somit leer aus. Diese Beschwerde landete in der Rhein Ruhr Zeitung vom 7, Feb. 1861.

1930 wird der Bauplatz und die Hausbesitzung Eintrachtstr. 31, Besitzer Ehefrau Bäckermeister Wilhelm Stehlgen öffentlich zwangsversteigert.

Bäckerei Jockel, Vereinsstr. 27:

Jockel, Wilhelm sen
geb. 1908 Jockel, Wilhelm jun.
geb. 1916 Jockel, Hans
geb. 1946 Jockel, Gerd

Im Jahr 1900 eröffnete Wilhelm Jockel sen. an der Vereinsstraße 27/Ecke Heißener Straße eine Bäckerei. Sein Sohn Hans, 1916 geboren, hat den Beruf bei Paul Litt von 1930 bis 1933 am Kohlenkamp erlernt. Wilhelm sen. verstarb 1968. Vor ihm,
1908 wurde der Stammhalter Wilhelm Jockel jun. geboren und erlernte von 1923 bis 1926 beim Vater den Beruf des Bäckers. Die Gesellenprüfung bestand er mit "sehr gut". 1943 heiratete er Henriette Kaths aus der bekannten Bäckerfamilie. Nebenbei war er in der Bäckerinnung aktiv, wo er zum Vorstand gehört.
1946 kam Sohn Gerd zur Welt. Ebenso wie Vater und Großvater wurde er Bäcker.

Seine Lehrzeit absolvierte er von 1961 bis 1964 beim Konditormeister Otto Schorn. Ab 2014 ist die Bäckerei geschlossen. Zuletzt hat sich noch ein türkischer Bäcker dort versucht, aber vergebens. Damit hat wieder ein alteingesessener Backbetrieb den Überlebenskampf aufgegeben. Geschäft geschlossen, zuletzt StehCafé.

Bäckerei Neuhaus:

1861	geb.1820	Neuhaus, Mathias
1861	geb.1839	Dinsing, Carl
1861	geb.1857	Neuhaus, Heinrich
1861	geb.1859	Neuhaus, Friedrich
	geb.1887	Neuhaus, Heinrich Mathias
	geb.1891	Neuhaus, Hermann
1875	geb.1857	Neuhaus, Heinrich

Im Volkszählungsbuch von 1861 steht Mathias Neuhaus mit einer Bäckerei in Eppinghofen. Verheiratet war er mit Maria Dinsing und seine Mutter war Katharina Dellmann. Mathias wurde 1820 geboren. Bei ihnen war auch der Stiefsohn Carl Dinsing, welcher später Kath. Fellmann heiratete, gemeldet.
1857 erblickte Heinrich das Licht der Backstube. 1885 heiratete er Anna Klockhaus 1865 geboren. Sechs Kinder bekamen sie. 1859 kam Friedrich als Verstärkung für die Backstube zur Welt. Er heiratete 1883 Johanna Kiepen und sie schenkte ihm drei Mädchen, aber keinen Bäcker.
1887 kam Enkel Heinrich Mathias und 1891 Hermann als Stammhalter.
Heinrich Neuhaus übernahm die Bäckerei aber nicht, er arbeitete als angestellter Bäckergeselle.

1859 Bäckerei H. Lohmann Eppinghofen 127 Bäckerei u. Wirtschaft
RRZ Archiv, Adressb.
1859 Bäckerei H. Lohmann Eppinghofen 127 sucht einen erfahrenen Bäckerge sellen Essers B. 3

1868 von der Brüggen, Heinrich Eppinghofen sucht einen selbstständig arbeitenden Gesellen

Bäckerei Strengbier:

Strengbier, Heinrich
Strengbier, Wilhelm
geb. 1883 Strengbier, Wilhelm

An der Charlottenstraße 7 gab es um die Jahrhundetwende die Bäckerei Heinrich und Wilhelm Strengbier. Heinrich war mit Elisabeth Peters verehelicht. Sohn Wilhelm, 1883 geboren, heiratete 1909 die 1883 geborene Elisabeth Burgsmüller. Bei Strengbiers machten mehrere später selbstständige Bäcker, wie Willi Naaf von 1905 bis 1908, ihre Bäckerlehre. Seit 1905 waren Heinrich und danach auch Wilhelm Strengbier in der Handwerksrolle in Düsseldorf eingetragen.

Bäckerei Gustav Pohl:

geb. 1868 Pohl, Gustav
verst. 1915 Mellinghofer Str. 7

Ist das Leben köstlich gewesen,
So ist es Mühe und Arbeit gewesen.

Gestern Abend 6 Uhr entschlief sanft nach langem, mit großer Geduld ertragenem, schwerem Leiden, mein innigstgeliebter Gatte, unser guter Vater, Schwiegersohn, Bruder, Schwager und Onkel

der Bäckermeister

Gustav Pohl

im eben vollendeten 47. Lebensjahre.

Um stille Teilnahme bitten die trauernden Hinterbliebenen:

Frau Gustav Pohl, Anna geb. Lierhaus
Julius Pohl
Aenne Pohl
Gustav Pohl

Mülheim-Ruhr, Bad Oynhausen, Hamburg, Wanne, Dortmund, Tondern (Schleswig-Holstein), Duisbg.-Meiderich, östl. und westl. Kriegsschauplatz, den 18. November 1915.

Die Beerdigung findet am Sonntag den 21. November 1915, nachm. 2 Uhr vom Sterbehause Mellinghoferstr. 7 aus statt. Die Trauerfeier ½ Stunde vorher im Hause.

Von Beileidsbesuchen bitten wir tgl. abzusehen.

Allen denen aus Versehen keine Nachricht zugegangen ist diene dieses als solche.

Berufsverbände, Zusammenschlüsse und Besonderheiten:

Zusammengefasst hier ein paar Daten von Zusammenschlüssen der Bäcker- und Konditroenberufsgruppe in Mülheim. Ein ausführlicher Bericht über sie würde ein weiteres Buch füllen.

Gründung der Bäcker- und Konditoreninnung 1885

1885 Es gab 25 Gründungsmitglieder und im gleichen Jahr kamen noch 14 Mitglieder dazu.

1828 49 Bäckereien und Konditoreien
1855 51 Bäckereien und Konditoreien
1857 48 Bäckereien und Konditoreien
1872 98 Bäckereien und Konditoreien
1940 158 Bäckereien und Konditoreien
1958 127 Bäckereien und Konditoreien
2015 10 Bäckereien und Konditoreien

Nro. 216 des Gebäude-Katasters. Des Mobil.-Vers.-Reg. Nro.

Rheinische Provinzial-Feuer-Societät.

Kreis	Bürgermeisterei	Wohnort	Straße	Nro. des Hauses
Mülheim a/d Ruhr	Mülheim a/d Ruhr	Mülheim a/d Ruhr	Althofstraße	No. 12

Antrag auf Versicherung von Mobilar, Waaren etc.

(Name, Vorname und Stand)

Die Unterzeichneten Gebrüder Rieken, Kaufleute

beantragt hierdurch die Versicherung der umstehend declarirten Gegenstände bei der Provinzial-Feuer-Societät zum Gesammtbetrage von 43400 Mark, wünscht, daß die Versicherung wo möglich anfange am 1ten Januar 1894 und gibt auf die

nachstehenden Fragen:	folgende Antwort:
1. Wem gehören die zu versichernden Gegenstände?	Gebrüder Rieken.
2. In welchen Gebäuden befinden sich dieselben?	Althofstraße No. 12 …
3. Wem gehören diese Gebäude? Wo und wie hoch sind sie versichert und bis wann? Alter (wie viel Jahre ungefähr) und jetziger Bauzustand.	… Johann Rieken. In der Rhein. Provinzial Feuer Societät …
4. Wie sind die Umfassungswände, Giebel und Schornsteine derselben gebaut?	Wohnhaus in Fachwerk, Lagerräume massiv.
5. Woraus besteht die Bedachung?	… Dachziegel.
6. Werden Gewerbe darin betrieben und welche?	… Mehlhandlung, Bäckerei u. Colonialwarenhandlung
7. Lagern darin größere Quantitäten leicht brennbarer Stoffe?	Nein.
8. Wie weit liegen die nächsten Nachbargebäude entfernt? Wie sind sie bedacht?	… Dachziegel
9. Werden in denselben Gewerbe betrieben oder größere Quantitäten leicht brennbarer Stoffe aufbewahrt?	Nein
10. Befinden sich innerhalb 100' Entfernung Gebäude unter Stroh-, Rohr- oder Holz-Dachung? Befindet sich innerhalb 50' Entfernung eine Fabrik oder ein feuergefährliches Etablissement?	Nein
11. Welche Gegenstände hat der Antragende bereits in obigen Gebäuden versichert, bei welcher Gesellschaft, bis wann, wie hoch und zu welcher Prämie?	Keine
12. Wo waren dieselben früher versichert, wie hoch? zu welcher Prämie und bis wann? Und wenn bei der Societät, unter welcher Police-Nummer?	Police No. 3452, bei der Societät …
13. Ist die vorliegende Versicherung schon von einer andern Gesellschaft abgelehnt oder aufgehoben worden und warum?	Nein
14. Hat der Antragende schon einmal Brandschaden erlitten? wann? welche Gesellschaft hat ihn entschädigt?	Nein.

Anmerkung: Die Fragen 4, 5 und 8 können auch im Situationsplan beantwortet, resp. erledigt werden.
Goldene und silberne Sachen, Spitzen, Cachemirs, Gemälde, Sculpturen und alle Gegenstände, die einen Kunst- oder Liebhaberei-Werth haben, sind nur dann versichert, wenn sie in der Police besonders benannt sind.

Mülheim a/d Ruhr, den 31ten December 1893. Unterschrift des Antragstellers. Gebrüder Rieken.

Gegen die umstehende Versicherung ist nichts zu erinnern. Die Gebäude, worin die Gegenstände sich befinden, liegen wie oben angegeben und sind sub Nr. .... Cat. bei der Societät in Klasse .... zum Beitrags-Satze von .... versichert.

........, den ten .... 189 .

Mehl- und Rohstoffgroßhandel Geb. Rieken

1918 Gründung der Bäcker- und Konditoren Einkaufs Genossenschaft:

Ehrenvor.: Louis Speckmann — Obermeister
Vorsitz.: Hermann Becker — Holländische Bäcker
Hugo Hens — Bäckerei Konditorei Teinerstr.
Geschäftsf.: Johann Rieken — Mehlgroßhandel Geb. Rieken, Althofstr. 12
Sitz: Vorsterstr. 54 Mitglieder der ersten Stunde

1961 Fusion mit der Bäcker- und Konditoreneinkaufsgenossenschaft Duisburg und Mülheim
1965 Fusion mit der Bäcker- und Konditoreneinkaufsgenossenschaft Essen, Duisburg, Mülheim
2017 Sitz Bäko West e. G. in Bochum, Willich und Inden.

1910 Trennung der Konditoreninnung von der Bäckerinnung wegen unterschiedlicher berufspezifischer Interessen. 18 Mitglieder zählte die neue Innung.
Vorsitz: Rudolf Sander, Heinrich Lohscheidt, August Herzbruch, Ludwig Groß, Fritz Brandt, Gustav Sander, Johannes Herker,

1985 75-Jahrfeier

Bäckerzunft 1740/41 MStA, Broicher Akte 1011/55, Bl. 19 lt. A. ten Brink

Was die sämtlichen Brod und Weckbäcker anbelangt 1740/1741
Diese 20 Bäcker versuchten 1740 in Mülheim eine Bäckerzunft zu etablieren:

Teinerstr.:
- Adam Müller Nr. 16
- Adam Jordan Nr. 22
- Wwe. Osterkamps
- Heifert Sellerbeck Nr. 13
- Wwe. Jochmann Nr. 22

Kettwiger Str.:
- Hermann Kuhn Nr. 10
- Joergen Kocks Nr. 15
- Matheis Sellerbeck, Althofstr. 2
- Wilhelm Gar Althofstr. 2

Delle:
- Becker
- Wwe. Neckel, Menden
- Wilhelm im Bieg Nr. 26
- Teiß Kalthoff
- Wwe. Portmann
- Caspar Kalthoff

Kohlenkamp:
- Henrich Lackens
- Gerth Gerths
- Jan Ricken Althofstr.

Unterbeck – Bachstr.:
- Adam Baltes, Löhberg 27, Jägerhof
- Jan Mühlenfeld, später Auerstr.

Oberbeck – Dickswall:
- Wwe. Osterkamps
- Barthold Breitbach

Bäckerzunft in Verbindung mit der Grafschaft Broich ein Ausfuhrstopp und Zollrechte, lt Festschrift 1312/5/5, Beendigung der Zünfte durch Napoleon 1809. Uneingeschränkte Gewerbefreiheit unter der Preußischen Herschaft bis 1897. Danach folgte ein neues Handwerksgesetz, welches die Selbstverwaltung in Innungen bis zu den Handwerkskammern regelte.

1888 Satzungsgebende Versammlung zur Bäckerinnungskrankenkasse der Arbeiter

3. Aug. 1857 Rhein Ruhr Zeitung
Einladung an alle Mülheimer Handwerksmeister
Zur Besprechung über die einzuführende Handwerksgesellen Unterstützungskasse beim Wirt Güllenstern in der Tonhalle

1859 Anzeige,
Ein Backofen, ein Beutelkasten, Backtröge und allerlei Zubehör für eine Bäckerei sind beim Commisionär de Leuw anzukaufen DU

Bäckereimaschinenfabrik J.W. Kleinbrahm:

1860 Kleinbrahm, Wilhelm Löhberg 21 Anzeige, RRZ 1860/2 Dezimalwaagen werden angefertigt oder repariert, mit Garantie
1858 Kleinbrahm, Wilhelm Auerstr.8 Maschinenfabrik, Dezimalwaagenfabrikant
1868 Kleinbrahm, Johann Wilhelm Heißener Str. Schlossermeister, Bäckereimaschinen

Über die Bäckereimaschinenfabrik Kleinbrahm kann man im Buch von Prof. Dr. Wessel, Pioniere der Mülheimer Wirtschaft, Band 3 viele Informationen finden.

1887 Innungsversammlung der Bäcker und Konditoren: Teilnehmer

Speckmann
Becker Hermann
Osthoff Johann
Lockermann Johann
Rieken Johann
Bielstein Hermann
Brandt H.
von der Brüggen Hein.

Röntgen Robert
Kempchen Johann
Benninghofen
Langhoff
Siepmann August
Wellmann Wilhelm
Tohl Hermann
Rolf Karl
Setzkorn August
Lüttgens
Hilberath Johann
Setzkorn Karl

Möller Gerhard
Möller Hermann
an Huef Heinrich
Faßbender Robert
Fastrich Hermann
Schönnenbeck Heinrich
Endemann Wilhelm
Küpper Wilhelm
Hofmann Ernst
Storb Johann
Stein Gerhard
Schwarz Friedrich

Polizeiverordnung vom 12. Juni 1857 Rhein Ruhr Zeitung

Auf Grund der Polizeiverordnung § 5 über das Gesetz zur Polizeiverwaltung von 1850 wird hiermit verordnet:

§ 1 Außer den im § 27der Gewerbeordnung von 1845 gewerblichen Anlagen, wie
……
20 (Backöfen von Bäcker und Konditoröfen)

§ 2 Zum Betrieb der schon bestehenden oben genannten Anlagen, für welche einep olizeiliche Genehmigung nicht nachgesagt wurde, ist dieselbe in Feuer, Bau und gesundheitlichen Rücksichten nachträglich einzuholen.

§ 3 Nichtbeachtung dieser Verordnung ist mit Geldbußen oder Gefängnis zu ahnden

Der Bürgermeister *Polizei Commissar* *Beigeordneter*

Oberbüschen *Jüchen* *Coupienne*

Anzeige RRZ 1858:
Krankenhauscomite, Offerten für Weißbrodlieferung für Sept. u. Okt.

1860 Ein Ruhrschiffer ist nach dem Verzehr von Buchweizenpfannekuchen zu Tode gekommen, ein zweiter konnte genesen RRZeitung 2. Qu. 1860

1907 wurde die Bäckersterbekasse gegründet mit 67 Mitgliedern

Bekanntmachung 1. Sept. 1857 Rhein Ruhr Zeitung

Bei der in der letzen Zeit vorgekommenen Revision des Gewichtes des Brodes bei den Bäckern und Brodverkäufern hat sich wiederholt zu leichtes Brod in den Verkaufslokalen einzelner derselben vorgefunden. In Zukunft wird außer der strengsten Bestrafung der Contraventieten, die Veröffentlichung der Namen der Bäcker und Brodverkäufer, bei denen zu leichtes Brod gefunden wird, durch die Rhein- und Ruhrzeitung stattfinden.
Oberbürgermeister Polizei Commissar

Oberbüschen v. Jüchen

Buch "Schule des Bäckers, von S. Reideleiter bei Julius Bagel 1857

Bekanntmachung

Das Publikum wird auf die Vorschriften des§ 29 der Straßen Ordnung
Polizei Reglement aufmerksam gemacht.
wonach bei Vermeidung von Strafe die Straßen während der Sommertage dreimal des Tages und zwar um 9 Uhr, um 12 Uhr und um 17 Uhr mit frischem Wasser zu begießen sind. Auch muß immer ein Eimer oder Kübel Wasser vor jeder Haustüre stehen.
1858 Bürgermeister

1858 Badeverbot am Mühlenbach, im neuen Hafen und im Fabrikkanal
gegen Strafe von 1 bis 5 Thaler Der Bürgermeister

Bäckerei um 1635

Bildnachweis, Seitennummer:
Heinz Obermann, Titelblatt, 148,149,
Von Eicken, Dirk, 2,
Fa. Ireks Arkady, 4
Museum der Brotkultur, Ulm, 5,7,186,212,
F. Grossenbeck, 12
Änne Hens, 14,15,195,
Uwe Burghard Richter, 17,23,54,65,138,
Konditorenfestschrift,20,21,22,39,43,54,59,96,110,
P.Winkel,9,10,21,23,26,27,28,34,37,55,76,84,88,96,98,99,102,104,105,106,112,119,121,
133,137,145,151,155,156,157,159,167,170,175,178,179,182,184,188,196,197,199,206,
MHStA, Festschrift Speckmann,31,33,
B. Simmerock,36,66,79,82,94,116,140,154,160,167,168,
MHStA, 47,48,83,100,111,129,152,189,194,201,208,
Stadtspiegel 1992, 56,58
M.Rühweller,57,
Andreas ten Brink,9,133,
Bäckerei Hemmerle,61,
Dr. Volker Krieger, 68,
Ruth Trappmann,75,77,
Festschrift kath. Schule Kurfürstenstr., 87,87,101,122,
Makosch-Peres,90,
Kloster Saarn, Dr. Hans Fischer, 95,
von der Bey, 97,98,
Schäfer-Steiner,107,108,
Speldorfer Interessengemeinschaft, 108, 123,
Dipl. Ing. Thomas Waldow,120,
Festschrift Konsum Genossenschaft,MHStA. 124,125,
Bäckerei Döbbe,143
Deutsche Bäckerzeitung, 144
Styrumer Geschichts Gesprächs Kreis,163,164,166,171,173,175,184,
Bäckerei Kamphaus,169,
Fritz Monning,176,177,
Berthold Gehrmann, 181,

Quellenangaben:
Am Anfang war das Adressbuch der Stadt Mülheim an der Ruhr von 1958. Bei einer Büroauflösung 1961 habe ich es geschenkt bekommen und ab und zu zu als Nachschlagezwecken benutzt.
Nach der Fertigstellung des Heftchens der Broicher Interessengemeinschft über die Duisburger Straße, an dem ich mitmachen durfte, listete ich die Bäcker und Konditoren von 1958 auf, begab mich ins Stadtarchiv und beackerte die vorhandenen Adressbücher bis 1860.
Nach den Adressbüchern kamen die, wenn im Mülheimer Stadtarchiv vorhandenen, Hochzeitskarten zur Durchsicht. Weiteres Quellenmaterial sichtete ich in:

Signaturen im Mülheimer Stadt Archiv.
Die Backschule, Band 1, 1969 Heinrich Büskens
Das Bäckerbuch, 2006, Josef Loderbauer
AMD, Video, „vom Korn zum Brot“
Volkszählung 1861, Band 1 – 8, Bärbel Essers, 2008
Mülheimer Brauereien, Bernd Brinkmann, 2008,
Zeitschrift des Geschichtsvereins Mülheim an der Ruhr
Geschichte des Kirchenhügels, Andreas ten Brink, 2016, Mülheimer Edition
Bäckerei und Brotfabriken der Fam. Oesterwind, 2017, Michael Rühweller,
Styrum – ein starkes Stück Stadt, Band 1-4, Geschichtss und Gesprächskreis in der Feldmannstiftung, 2000,
Stadtspiegel, Mülheim an der Ruhr, 1990, 1992
Von Nonnen und Pistolen, Heinz Weirauch, Heft 83/2010,
Zeitschrift des Geschichtsvereins
Mülheim an der Ruhr,
Rhein Ruhr Zeitung, 1858 – 1862, MHStA 1430/
MHStA, 1540/ 31-48, 254 – 257, Gesellenprüfungsprotokolle 1913 – 1965,
Bäckerinnung und Konditoreninnung,
MHStA, 1312 Festschriften der Bäcker- und Konditoreninnung
Konditorei Sander, Festschrift zum 225 Jubiläum,
Frau Dr. Kaufhold, Internetauftritt,
Stammliste der Familie Jeppel, Petra Seidemann, Mülheim an der Ruhr
Familienbibel der Fam. Trappmann, Seitenauszüge und Fotos der Familie
Zeitzeugen und Familienangehörige,
noch aktive Bäcker und Konditoren als Informanten.

MHStA, 1200/1492-1495, Eichamt
Bäckerei Krieger, Fotos, Zeitungsausschnitte und Unterlagen der Bäckerei
Bäckerei Lauterbach, Lageplan, Zeichnungenvon Dipl. Ing. Thomas Waldow, MH,
Internetauftritte der Bäckerei Hemmerle, Bäckerei Döbbe, Bäckerei Rasfeld,
Internetauftritt der Bäckerei Döbbe, Ralf und Antonius Döbbe
Styrum, ein starkes Stück Stadt, Band 5, 2017, Bäckerei Monning
Menden, in Mülheim an der Ruhr, 1200 Jahre, Andreas ten Brink, Bäckerei Kamp-mann
MHStA, 1440/80 – 30, 80 – 41, 80 – 61
Pioniere der Mülheimer Wirtschaft, Prof. Dr. Horst A. Wessel, StadtCafé' Sander,

Ein ganz großes Dankeschön an:

Meine Frau Maria Elise Winkel
Bärbel Essers
Bernd Simmerock
Angelika Küpperbusch, Moers
Heinz Obermann
Archiv der Stadt Mülheim an der Ruhr
Andreas ten Brink
Bäcker-Innung Rhein Ruhr, Duisburg
National Bank, Mülheim an der Ruhr
BÄKO Einkaufgenossenschaft e.G.
Rolandmühle Mills United GmbH, Recklinghausen
Bäckerei Döbbe, Mülheim
Styrumer Geschichtsgesprächskreis e.V.
Prof. Dr. Horst A. Wessel
Bernd Spliedhoff
Manuela Klumpjan, Verlegerin, Hattingen

Sie alle haben mich großartig unterstützt, gestärkt, ermuntert und mit schönen alten Bildern, Zeitungsanzeigen sowie anderen Informationen befeuert.

Nicht zu vergessen die heute noch backenden Betriebe in Mülheim, welche auch den Vertrieb des Buches durch Verkauf in ihren Geschäften und Informationen mittragen. Wie die Bäckerei Kahrger, Bäckerei Bertram, Bäckerei Orlik, Bäckerei Lübben, Bäckerei Broichhausen, Bäckerei Özer, Bäckerei Döbbe.

Erhältlich ist das Buch natürlich auch in den Buchhandlungen:
Hilberath &Lange, Saarn
Broicher Bücherträume, Broich
Buchhandlung am Löhberg 4

Wir bedanken uns ganz herzlich bei den großzügigen Sponsoren, ohne die dieses Buch nicht hätte erscheinen können!
Herzlichen Dank an:

Bäcker-Innung Rhein-Ruhr, Keniastraße 12, 47269 Duisburg,
www.baecker-innung-rhein-ruhr.de

NATIONAL-BANK, Aktiengesellschaft, Dr. Stricker, Theaterplatz 8, 45127 Essen,
www.national-bank.de

BÄKO WEST eG, Linsellesstraße 93, 47877 Willich, www.baekowest.de

Roland Mills West GmbH, Am Stadthafen 22, 45663 Recklinghausen,
www.rolandmillsunited.de

Döbbe Bäckereien GmbH & Co. KG, Wiehagen 19, 45472 Mülheim an der Ruhr,
www.doebbe.de

Heinz Obermann, Winkhauser Weg 63, 45473 Mülheim an der Ruhr

Namensverzeichnis:

Über den Herausgeber:

Peter Winkel
kam im September 1947, schon mit Bäckerblut infiziert, auf die Welt, denn Vater und mütterlicherseits der Großvater, waren selbstständige Bäckermeister. Nach dem schulischen und beruflichen Werdegang, welcher Peter Winkel zum Bäckermeister und Sensorik-Sachverständigen brachte, war er in größeren Bäckereien tätig.
Mit seiner Ehefrau, Maria Elise zog es beide teilweise hoch hinaus. Ob Sommer oder Winter, ein paar Dreitausender mussten dran glauben. Flach und weit geht auch. Beide treiben mit ihrem kleinen Segelboot „Mittwoch" eifrig Wassersport.
Heißbegehrt sind seine Spekulatien, welche er zur Adventszeit hobbymäßig in seiner „kleinsten Backstube des Ruhrgebietes" backt.
Berüchtigt ist auch sein selbst ausgebauter Rotwein, mit dem Namen „Mülheimer Ochsenblut". Und jetzt noch die Historie der Mülheimer Bäcker und Konditoren ...